사도세자와 두 임금의 시선

총괄	전용훈(장서각 관장)
주관	장서각 왕실문헌연구실
도록	
기획·원고	김덕수
편집	하은미
교정	장서각 왕실문헌연구실(정은주, 김덕수, 김윤정, 김우진, 박진성, 박철민)
사진촬영	한국문화재사진연구소(한정엽), 장서각 자료보존관리팀(한상빈, 김샘, 김다운)

사진협조
국가기록원
국립고궁박물관
국립문화유산연구원
국립중앙도서관
국립중앙박물관
국외소재문화유산재단
류성권
서울대학교 규장각한국학연구원
야마구치현립대학 부속도서관山口県立大学図書館
연세대학교 박물관

전시	
기획	하은미
지원	설현지, 최도영
자료출납	장서각 자료보존관리팀(김기태, 이재준, 임지영, 김민현, 박하늘)
보존처리	장서각 자료보존관리팀(김나형, 김소연, 김예인, 성연심, 신이나, 최점복)

일러두기

- 이 책은 2024년 장서각 기획전 〈사도세자와 두 임금의 시선(2024. 10. 7. ~ 12. 27.)〉의 도록이다.

- 자료 설명은 자료 명칭(한글, 한자), 연대, 수량, 판종, 크기(세로×가로)cm, 소장처, 문화유산 지정사항, 설명 순서로 실었다.

- 작성·간행 연대의 경우, 고문서는 작성 연대, 고서는 간행 연도를 표기하였다.

- 한국학중앙연구원 장서각 소장자료는 '청구기호'로 표기하고, 기증·기탁 자료는 '장서각(원 소장처)'로 표기하였다.

- 본문 가운데 책 제목은 「 」, 글 제목은 「 」, 작품 제목은 《 》나 〈 〉로, 인용한 구절은 " "로 표기하였다.

- 서로 연관되는 자료는 도판번호-1, 도판번호-2 등으로 묶어서 번호를 부여하였다.

2024년
장서각 기획전

사도세자와
두 임금의 시선

한국학중앙연구원 藏書閣
THE ACADEMY OF KOREAN STUDIES

인사말

한국학중앙연구원은 명실상부한 한국학 연구의 본산이고 장서각은 한국학 연구에 문헌적 토대를 제공하는 아카이브입니다. 장서각에는 조선 왕실과 민간 사대부 문헌 16만여 점이 소장되어 있습니다. 장서각 소장 고문헌을 대상으로 기초연구를 수행한 뒤 그 결과물을 학계와 일반 대중에게 소개하는 일은 장서각의 중요한 책무 중 하나입니다.

특히 2011년 7월 장서각 건물을 신축한 이래, 매년 수준 높은 전시를 열어 다양한 컬렉션을 선보인 바 있습니다. '조선의 국왕과 선비', '영조대왕', '우복 정경세', '조선의 공신', '양동마을 경주손씨', '조선시대 재산상속 문서, 분재기', '시권, 국가경영의 지혜를 묻다', '한글, 소통과 배려의 문자', '옛사람들의 사랑과 치정', '봉모, 오백 년 조선왕조의 지혜', '조선 왕실의 비석과 지석 탑본', '기묘명현의 꿈과 우정, 그리고 기억', '장서각에서 찾은 조선의 명품', '숙종과 그의 시대' 등의 경우처럼 전시 주제와 영역을 한국학 전반으로 확대함으로써 수장고 속에 갈무리된 고문헌에 생기를 불어넣었습니다.

올해는 영조가 즉위한 지 300주년이 되는 해입니다. 이에 금년 전시는 영조와 그의 시대에 초점을 맞추었습니다. 상반기 온라인 특별전에서는 '조선의 중흥군주 영조대왕'을 주제로 영조의 생애와 치적 등을 통시적으로 다루었고, 하반기 기획전에서는 18세기 조선 정치사에 커다란 그늘을 드리운 사도세자와 임오화변을 들여다보기로 하였습니다.

이번 기획전은 '사도세자와 두 임금의 시선'입니다. 사도세자의 삶을 조망하되 국왕이자 부친으로서 영조의 입장과 사왕嗣王이자 아들로서 정조의 속내를 드러내고자 애썼습니다. 세손 정조는 생부가 남긴 동궁 자리에 앉은 채 10여 년 동안 할아버지 영조로부터 국정 전반에 걸쳐 세심한 가르침을 받으며 군주로서의 소양을 다졌습니다. 하지만 사도세자를 향한 정조의 생각은 영조와는 사뭇 달랐습니다. 본 기획전을 통해 사도세자를 바라보는 두 임금의 상반된 시선을 느낄 수 있을 것입니다.

장서각에 소장된 영조와 정조의 어제·어필 원고는 왕실 문헌의 보고로서 장서각의 정체성을 여실히 보여주는 자료입니다. 또한 정조가 세손 시절에 정리한 생부의 시문 및 즉위 이후에 수집한 사도세자 예제·예필 원고도 장서각의 소중한 유산입니다. 이들 자료가 금번 기획전에서 대거 소개되는 점을 기쁘게 생각합니다. 한편 사도세자가 제작하거나 정조가 수집한 자료 중에서 현재 다른 기관에 전하는 것들도 여럿 있습니다. 이들은 장서각 소장 사도세자 예제·예필과 소종래가 같은 자료군으로 모두 정조의 친람을 거쳤고 정조의 회한을 불러일으킨 전적입니다. 흩어져 전하던 일부 자료들이 도록 속에서 이미지의 형태로나마 해후하는 모습을 보는 것은 이채로운 경험을 선사할 것입니다.

구슬이 서 말이라도 꿰어야 보배라는 말이 있습니다. 앞으로도 장서각에서는 장서각 소장 고문헌을 관류하는 한국 문화의 특징을 지속적으로 탐구하여 그 결과물을 학계와 일반 대중에게 소개하겠습니다. 전시 준비를 위해 십시일반으로 힘을 모은 장서각 식구들에게 감사의 뜻을 전합니다.

2024년 10월
장서각 관장
전용훈

전시 개요

한 치 앞을 내다보기 어려운 혼돈의 정국 속에서 영조는 보위에 올랐습니다. 노론의 힘을 등에 업고 왕세제에 책봉되더니 천신만고 끝에 등극했습니다. 이때 영조 나이 31세였습니다. 28세의 늦은 나이에 제왕학을 접했지만 특유의 치밀함과 근실함으로 자신의 약점을 메꾸어 나감으로써 대기만성형 군주가 되었습니다. 늘그막의 자평처럼 탕평, 균역법, 청계천 준설은 그의 최고 업적으로 꼽기에 손색이 없거니와 여종의 공역 폐지, 서얼의 허통 및 적통 승계 정책은 사회적 약자에 대한 배려심을 잘 보여줍니다. 그야말로 애민 군주의 전형이었습니다.

그런 영조도 자식 교육은 뜻대로 되지 않았습니다. 세자 자리가 오래 비어 있는 데다가 손주 볼 나이에 얻은 아들이라 사도세자에게 거는 기대가 각별했습니다. 큰 기대는 어느새 혹독한 교육열로 바뀌었습니다. 어린 사도는 시강원 관원에 둘러싸여 무거운 책과 씨름해야 했고 10세 무렵부터 공부에 염증을 느끼기 시작했습니다. 기대가 컸던 만큼 실망도 컸습니다. 세자의 일거수일투족이 못마땅한 영조와 이런 부왕을 두려워하는 사도. 이 악순환의 고리가 반복되면서 부자간의 갈등은 회복 불가능한 단계로 접어들었습니다.

사도 본인도 인지하고 염려하던 초기 울화병은 극심한 정신질환으로 이어졌고 광적인 증상과 기행이 엽기적으로 변하더니 급기야 부왕의 역린을 건드렸습니다. 나경언의 고변으로 세자 폐위를 마음먹은 영조는 1762년 윤5월 13일 사도의 생모 영빈이 아들의 죄상을 고하며 대처분을 요구하자 사도를 서인으로 만든 뒤 자신의 의지를 관철시켰습니다. 사도가 죽자 세자 위호를 회복시키고 '사도思悼'라는 초라한 시호를 내렸으며 일련의 상장례 절차도 최대한 단출하게 진행했습니다. 사당과 묘소에 붙인 '수은垂恩'이란 이름은 패악한 자식을 포용하여 아비로서 은혜를 베풀었다는 뜻입니다. 반면 영빈에 대한 예우는 달랐습니다. 그녀 사당과 묘소를 '의열義烈'로 명명한 것도 부족했는지 시호 '의열'을 하사했습니다. 영빈의 결단 덕분에 종사가 안정되고 의리와 윤리가 밝아졌다는 이유입니다. 영조는 사도의 처분이 사사로운 감정에 따르지 않고 공적인 의리를 지킨 것이라고 여겼습니다.

즉위 직전 정조는 판단력이 흐려진 영조를 설득하여 임오화변 관련 기록을 세초함으로써 생부에 관한 부정적 기억이 회자되고 양산되는 것을 원천 봉쇄했고 이것은 사도 추숭의 단초가 되었습니다. 그리고 즉위하던 날 본인이 사도 아들임을 천명하며 생부 추숭의 의지를 드러냈습니다. 먼저 '장헌莊獻'이란 시호를 올리고 묘묘墓廟를 영우원과 경모궁으로 승격시켰으며 영빈의 궁묘宮廟 호칭을 '선희宣禧'로 고쳤습니다. 세 차례 존호를 올렸는데 마지막 존호는 여덟 글자로 짓되 옥책과 금인까지 제작했고 영우원 천장으로 원소 추숭을 마무리했습니다. 사도 태실을 가봉하고 『선원계보기략』에 생부의 내외자손록을 만든 것도 전례 없는 일이며 사도 관련 유적을 성역화하는 데 심혈을 기울였습니다. 생부 추숭의 최종 단계는 행장 찬술과 문집 간행입니다. 정조는 생부의 소양과 자질을 현양하고 불후함을 도모하기 위해 사도의 삶을 과장하거나 가공했을 뿐만 아니라 부친 시문을 개작하고 위작을 끼워 넣는 일까지 서슴지 않았습니다.

한자투성이 고문헌과 딱딱한 설명이 즐비한 전시이지만 관람을 마치고 나서 인간관계에서 소통과 공감의 중요성을 되짚어볼 수 있기를 바랍니다. 부자간이든 부부간이든 친구 간이든 연인 간이든 관계의 기본은 논리와 기대가 아닌 소통과 공감입니다. 그리고 공평과 공익을 추구하고 사심과 사익을 경계하는 것은 공자 이래 옛 선현의 가르침입니다. 하지만 공사公私의 분별과 실천은 어려운 사안입니다. 우리는 공사의 분별심이 무뎌진 시대를 살고 있습니다. 본 전시가 공사의 잣대로 우리 주변을 성찰하는 계기가 될 수 있기를 기대합니다.

2024년 10월
장서각 왕실문헌연구실

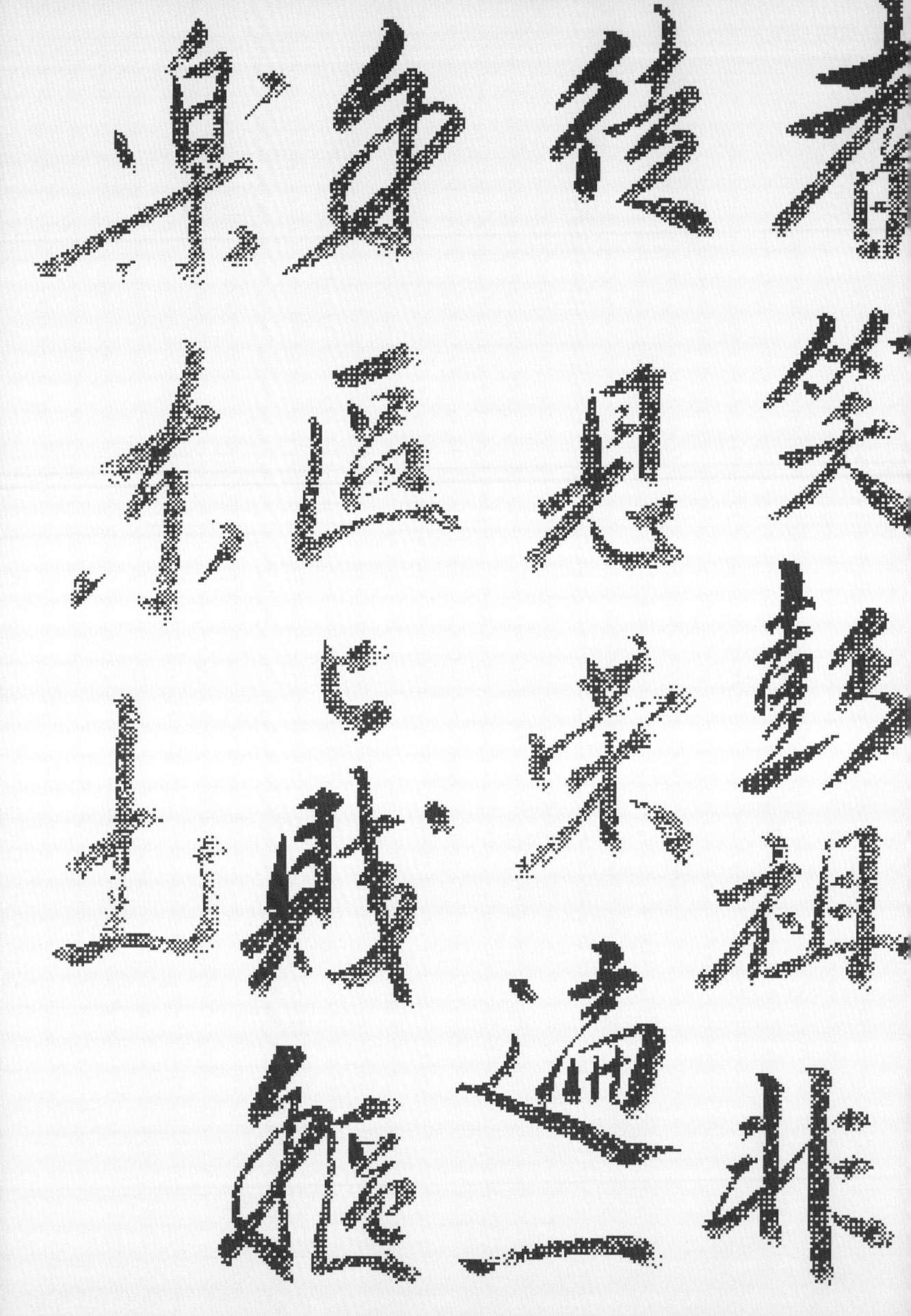

목차

I. 효장세자의 사망과 영조의 슬픔 — 10

II. 사도세자의 탄생과 영조의 기대 — 24

III. 사도세자의 일탈과 영조의 절망 — 56

IV. 영조의 결단과 영빈 의열의 현창 — 80

V. 정조의 비애와 사도세자 추숭 — 126

논고 — 180
사도세자 시문에 대한 국왕 정조의 개작 및 위작 양상

도판 목록 — 198

I.

효장세자의 사망과 영조의 슬픔

1728년(영조 4) 11월 16일 늦은 밤, 창경궁 진수당進壽堂에서 영조의 흐느낌이 새어 나왔다. 외아들 효장세자(1719~1728)가 죽은 것이다. 이날은 효장 생모의 기일이기도 했다. 효장은 영조가 연잉군 시절에 출합하여 창의궁에서 지낼 때 소실 정빈 이씨에게서 본 첫째 아들이자 부왕 숙종의 생전에 태어난 유일한 손자였다. 숙빈 최씨의 상중에 아이를 가졌다고 부왕의 질책을 받긴 했지만 정빈과 효장에 대한 영조의 애정은 남달랐다. 혼미한 정국에서 왕세제에 책봉된 영조가 우여곡절 끝에 즉위하자 효장도 8세의 나이로 세자가 되었고 이듬해 조문명의 딸과 가례를 올렸다. 이런 아들을 바라보는 영조의 시선은 애틋했다. 세 살배기 때 생모를 여읜 어린 효장이 떠올랐기 때문이다.

영조는 효장의 임종을 지켰다. 숨지기 전 아들의 뺨에 얼굴을 대고 "나를 알아보겠느냐?"라고 물으니 효장은 가늘게 대답하며 눈물을 흘렸다. 영조의 슬픔은 깊었다. 신료들이 누차 상명지통喪明之痛을 경계할 정도로 영조의 슬픔은 깊었다. 세자 사후에 '효장孝章'이란 시호를 내리고 요절한 아들을 위해 행록行錄과 지문誌文을 친히 지어 아비로서의 소회를 행간에 아로새겼다. 그래도 비탄한 심정이 가시지 않자 연보年譜를 손수 제작하더니 판각하여 궐내에 보관하게 했다. 아들의 짧은 삶이 불후하기를 바란 것이다. 영조는 효장의 묘지에서 아들의 죽음을 '훙서薨逝'로 표현했다. 신료들은 전례에 따라 '졸卒' 자로 수정할 것을 건의했으나 영조는 뜻을 굽히지 않았다. 훗날 며느리 효순현빈孝純賢嬪이 죽을 때도 행록과 지문을 지으며 그녀의 죽음을 '훙서'로 표기했다. 아들 내외에 대한 일종의 예우인 셈이다. 이처럼 국왕이 왕실 인물의 죽음을 애도하며 행장이나 묘도문자 등을 찬술하는 것은 이후 조선 왕실의 새로운 전통이 되었다.

01.

『효장세자 상례등록孝章世子喪禮謄錄』

1731년(영조 7)
1책, 필사본
40.0×25.6cm
K2-3048

효장세자가 사망한 1728년(영조 4) 11월 16일부터 효장묘 孝章廟에 입묘入廟한 1731년 1월 4일 사이에 상장 과정에서 이루어진 일련의 계사啓辭와 전교傳敎 등을 계제사稽制司에서 일자별로 정리한 책이다.

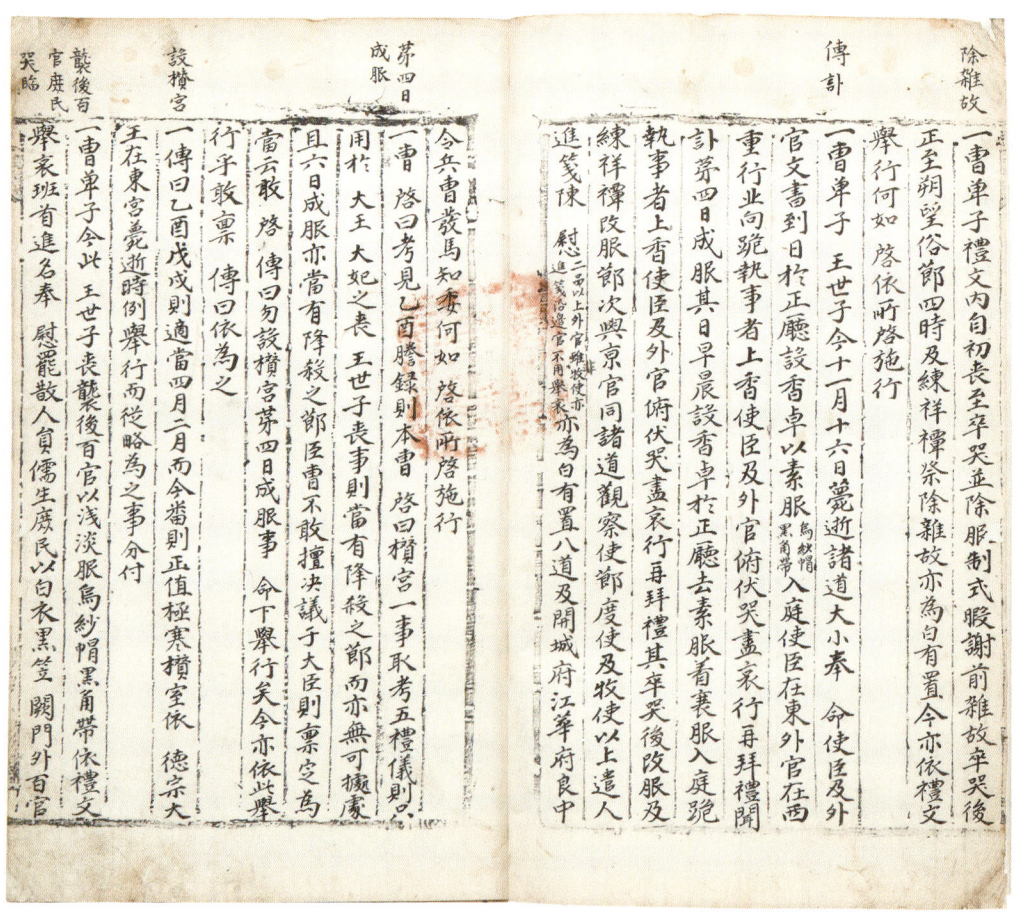

무신년[1728] 11월 16일 해시亥時
「효장세자 훙서」
효장세자가 창경궁 진수당進壽堂에서 훙서하였다. 석 달이 지난 기유년[1729] 정월 26일에 파주 순릉順陵의 왼쪽 언덕 을좌乙坐 신향辛向에 장사 지낼 예정이다.

「입시 전교」
동일 3경更 무렵에 전교하기를 "시임·원임 대신과 예조판서는 모두 입시하라."고 하였다. 【17일 파루罷漏 때 고복皐復을 했으나 16일에 상이 난 것으로 하교하였다.】

「예조 당상의 금루 입접」
행 판서 이집李㙫, 참판 이익한李翊漢, 참의 유명응俞命凝, 좌랑 김중태金重泰가 금루禁漏에 입접入接하였다.

무신년 11월 17일
「사전四殿의 거애擧哀와 백관의 곡림哭臨」
예조에서 아뢰기를 "이번 세자의 초상에 대전, 대왕대비전, 왕대비전, 중궁전이 거애擧哀하는 의주를 마련하여 들입니다. 그리고 백관이 변복變服하고 곡림哭臨하는 절차를 규례대로 거행하려 합니다." 라고 하니, 알았다고 전교하였다. 【이조, 병조】

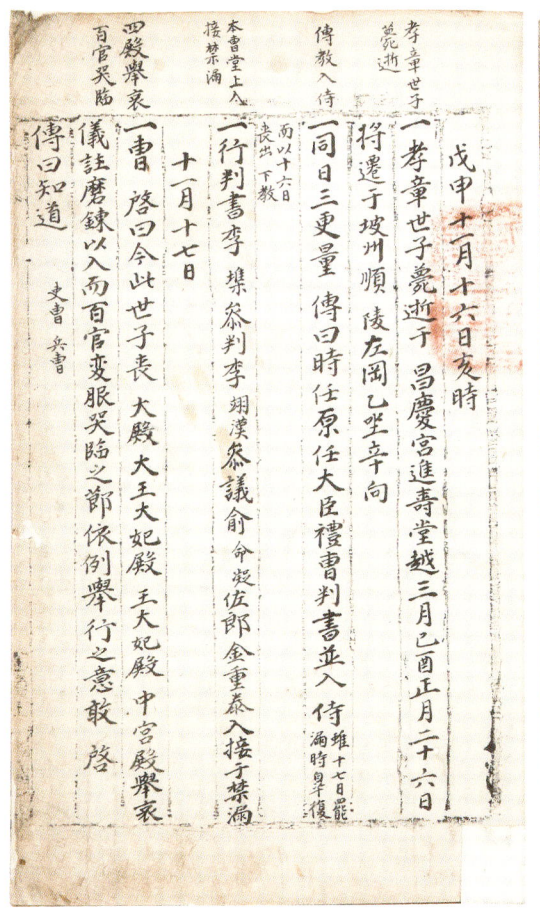 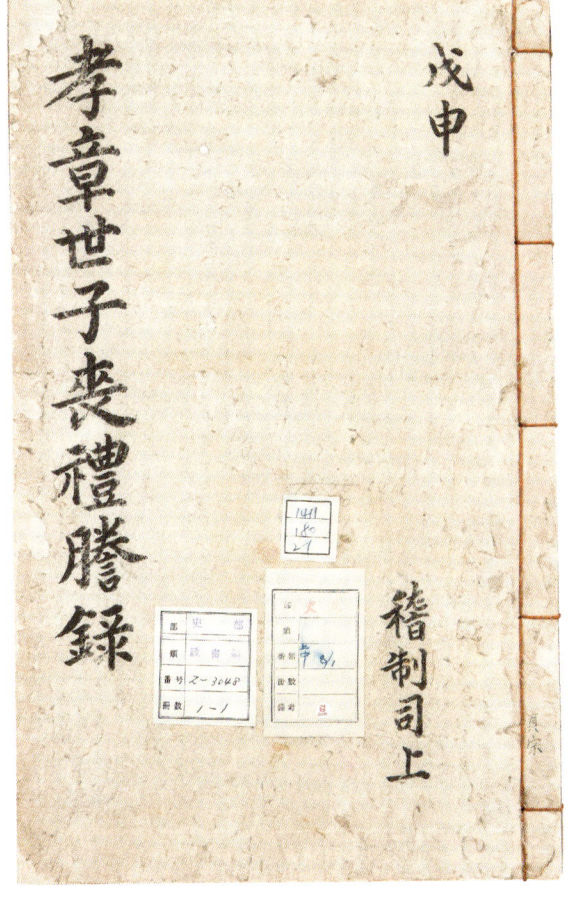

I. 효장세자의 사망과 영조의 슬픔

02.
어제 『효장세자 연보孝章世子年譜』

1728년(영조 4)
1책, 목판본
26.5×17.7cm
K2-4715

영조가 1728년 12월에 손수 짓고 쓴 효장세자 연보를 판목에 새겨 간행한 뒤 녹색 비단으로 장황한 책이다. 도합 10장으로 구성되었으며 제첨은 전서로 적혀 있다. 제1장 편제면에는 '춘궁春宮'과 '효장세자연보'가 각각 전서와 해서로 쓰여 있다. 제2장은 '효장세자묘도孝章世子墓圖'와 효장묘 형국에 대한 설명이다. 제3장부터 제7장까지가 「연보」로서 효장의 행적을 기술했다. 제8장부터 제10장 사이에 차제된 「연보 후서年譜後敍」에서 연보를 친히 짓고 쓴 이유를 피력했다. 요절한 자식을 위해 행록行錄과 지문誌文에 이어 전례에도 없는 연보까지 직접 짓고 썼으며 목판본으로 간행한 뒤 비단으로 장황하여 궐내에 보관하게 한 사실은 부왕 영조가 느꼈을 상실감을 여실히 보여준다.

「연보 후서年譜後敍」

왕실에는 예로부터 연보가 없다. 원량元良이 사저로부터 대궐에 들어왔으니 어찌 내가 믿고 의지할 뿐이었겠는가! 왕세자로 정한 뒤에 종사의 중임과 신민의 안녕이 이 한 사람에게 달려 있었는데 지금 급작스레 세상을 떠났다. 내가 애통해하는 것은 사사로움 때문이 아니라 바로 나라를 위해서다. 행록과 지문을 친히 짓고 지문도 직접 썼으나 지극히 서글픈 마음이 여전히 가시지 않기에 연보를 짓고 스스로 썼다. 아아! 우리 원량이 10년간 살아온 사실들이 후세까지 민멸되지 않기를 바라면서 이에 판각하여 궐내에 보관한다. 아아! 애통하도다. 아무리 오랜 시간이 지나더라도 이 마음과 이 슬픔을 어찌 억누를 수 있으랴! 아아! 애통하도다.

같은 해 모월 모일에 종이를 앞에 두고 눈물을 삼키며 쓰다.

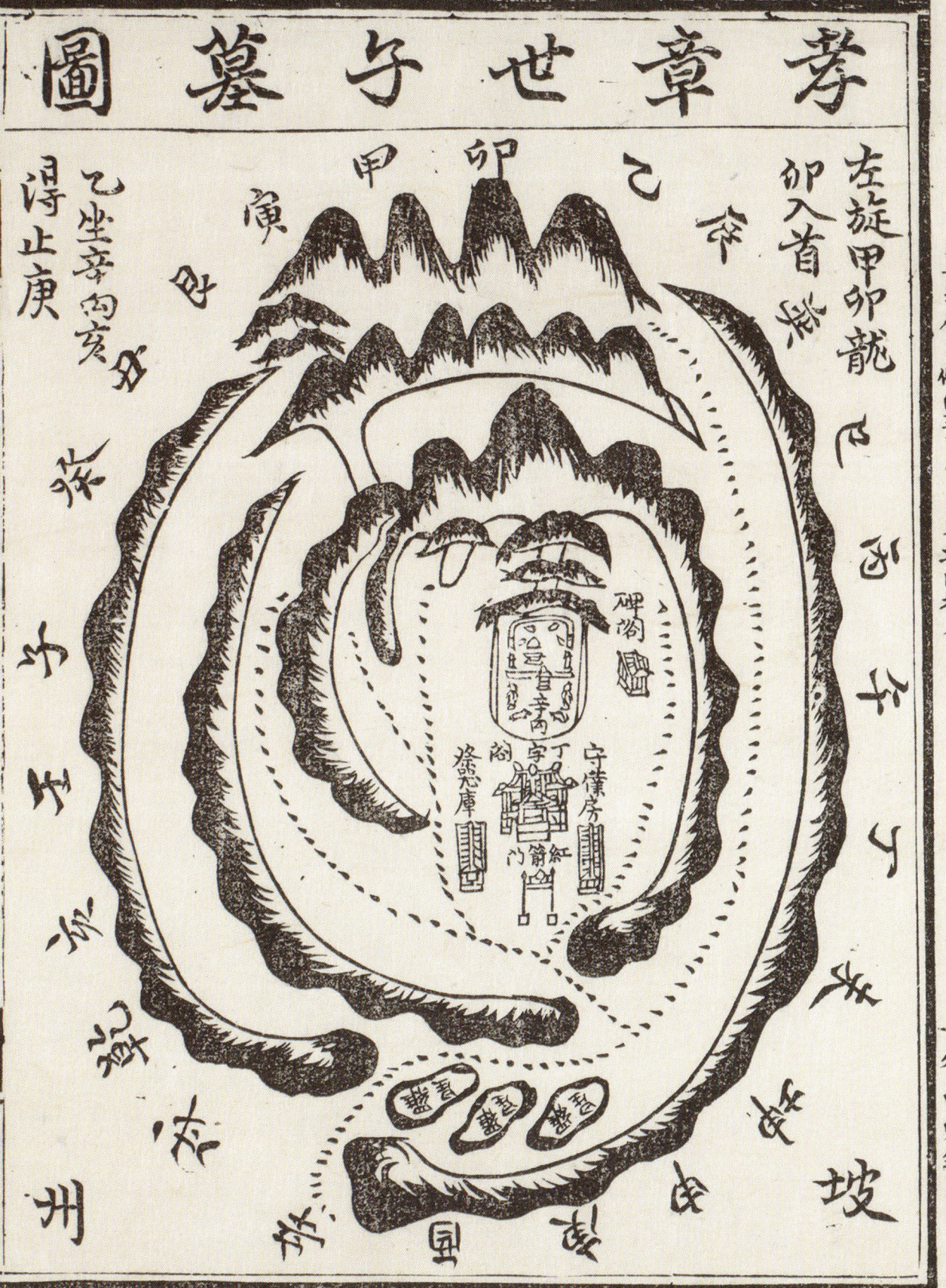

御製御筆孝章世子年譜

世子諱緈字聖敬初名萬福諡曰孝章
己亥肅廟四十五年二月十五日申時生于順化
坊彰義洞宮私第即靖嬪李氏所誕也
庚子肅廟十六年二歲妹有尚在順化坊北部
辛丑元景廟年三歲秋予先冰儲入闕冬十
月始為入闕以予進冊儲副世子生母

坊州卯坐
順陵左崗卯坐
亥渭水庚己向次名条里洞乙坐辛向
閏五月丁酉襲衣始後在戌申續月丸
有曲墻觀遊石及長明町一支石一雙名
一改為九牢石一雙謹制
厚陵石物搖丁字閣迎簷制

年譜後叙

年譜後叙
王公家古無年譜而
元良自私邸入闕為
豈特予之僞重定僅之

大臣陳達天親寫誌文庶無餘憾矣嗚
呼痛哉嗚呼痛哉〇附祖鑑即宮官趙
顯命命鄭錫五
宮僚趙顯命書其無傳受音矣又命宮官陳
達入樺寫親狀八幅善可法於春宮音
令春坊當進己製序文矣因進嬪宮宮
僚私親忌日故也新卜墓所即
良私親忌日故也新卜墓所即明陵
所之間靖嬪墓山即高嶺私親塋
慎為特葬此用亦同趣中幸共十丈
皇明崇禎紀元後百一年戊申季冬
自親製
自親寫

03.

어제 『행록行錄』

1728년(영조 4)
1책, 필사본
30.4×22.1cm
K2-678

영조가 효장세자의 생평을 서술한 행록行錄과 묘지문墓誌文, 조문명趙文命이 찬술한 시책문諡冊文, 이의현李宜顯이 찬술한 애책문哀冊文이 실려 있다. 표지에 행록과 지문이 영조 친제親製임을 명시했다. 첫 번째 작품인 「어제행록」의 제목 아래에 '정본어필正本御筆'이라 적음으로써 영조가 친히 교정한 뒤 어필로 정리한 사실을 밝혔다. 개별 작품의 제목 위에 붉은색 관주를 찍어 매 작품을 구별했다. 「행록」은 세자의 효성스러운 면모와 어른스러운 행적에 초점을 맞춰 기술했다. 이것은 효장孝章이라는 시호의 의미와도 상통한다.

04.

〈효장세자 묘지석 탑본〉

1729년(영조 5)
1축, 탑본
199.5×87.7cm(지석 표제)
K2-5284-1

영조가 직접 짓고 쓴 효장세자 묘지석을 탑본하여 족자 형태로 장황하여 만든 것이다. 전면과 후면 글씨 모두 어필이다. 효장 사후에 그의 행록을 찬술해 두었다가 일부 내용을 첨삭하여 지문으로 삼았다. 이 지문에서 영조는 세자의 죽음을 '훙서薨逝'로 표현했다. 신료들이 전례에 따라 '졸卒' 자로 수정할 것을 건의했으나 지석은 땅에 묻혀 사람들이 볼 수 없다는 이유를 들며 영조는 뜻을 굽히지 않았다. 23년 후 효순현빈孝純賢嬪이 죽을 때도 행록과 지문을 지으며 며느리의 죽음을 '훙서'로 표기했다.

〈효장세자 묘지석 지문 탑본〉

「효장세자 묘지」 중
병세가 위중할 때 내 얼굴을 그 얼굴에 대며 "나를 알아보겠느냐?"라고 묻자, 가녀린 목소리로 대답하며 눈물이 뺨을 적셨다. 정성스러운 효심이 마음속에 맺혀 사라지지 않았기 때문이다. 아아! 통탄스럽다! 무신년[1728] 11월 16일 해시에 창경궁 진수당에서 훙서했으니 바로 정빈의 기일이다.

〈효장세자 묘지석 표제 탑본〉

05.
어제『제문祭文』

1729년(영조 5)
1책, 필사본
30.3×22.1cm
K4-5692

1729년 1월에 영조가 효장세자를 애도하며 친히 작성한 제문 2편과 의정부, 종친부, 돈녕부, 충훈부 등에서 올린 제문 5편이 수록된 책이다. 어제 제문 2편이 실려 있으므로 표지 우측 상단에 '친제제문親製祭文'이라 적었다. 어제 제문은 동년 1월 4일의 전작례奠酌禮, 1월 23일의 다례茶禮를 위해 작성한 것이고, 나머지 제문은 동년 1월 7일에서 19일 사이에 진향進香하며 올린 것이다. 첫 번째 작품인 「전작시 친제제문」의 제목 아래에 영조가 주묵으로 '정본어필正本御筆'이라 적음으로써 손수 교정과 필사를 수행한 것임을 밝혔다. 영조 어제『행록行錄』과 유사한 형태이다. 개별 작품 제목 위에 붉은색 관주를 찍어 매 작품을 구별했고, 어제 제문의 경우에는 의미가 분절되는 곳에 붉은색 점을 찍었으며, 글자 보록補錄을 지시할 때도 해당 부분에 세필 주묵으로 써 넣었다. 「충훈부 진향제문」의 경우, 제향의 주체를 풍릉군 조문명趙文命으로 수정하도록 지시했는데, 조문명이 효장의 장인이기 때문이다.

06.

어제어필 『감회感懷』

1729년(영조 5)
2첩, 필사본
27.0×14.6cm
K4-417

1729년 11월 15일과 16일에 영조가 창경궁 요화당瑤華堂에서 효장세자에 대한 그리움을 칠언절구 10수에 담아 어필로 적은 것을 비단으로 첩장한 책이다. 15일 요화당에서 재숙齋宿하며 지은 시편 5수가 건첩乾帖에 실려 있고 이튿날 같은 곳에서 지은 시편 5수가 곤첩坤帖에 실려 있다. 11월 16일은 효장의 소상小祥이었다. 각 첩의 마지막 면에 어필 주묵으로 '송죽재松竹齋'라고 적었다. 송죽재는 숙빈 최씨의 위패를 모신 육상궁의 재실 이름이다. 당시 영조가 '송죽재'라는 자호를 사용한 것으로 여겨진다.

嗚呼練月是朞日	아아! 소상 달에 일주년이 되었으니
自此舍衰卽也吉	이제부터 최복 벗고 길복을 입어야지.
情不窮乎禮有限	감정에는 끝이 없고 예법에는 기한이 있거늘
衷心痛意往今一	애통한 이내 마음은 예나 지금이나 한결같구나.

昨年東邸舊書齋	작년까지 동궁의 오래된 서재였는데
秋月春花幾歲來	가을달과 봄꽃이 몇 해나 찾아왔던가!
今臥此堂感慨切	이제 이 당에 눕자 감개가 무량하거늘
詠詩豈述滿腔哀	어찌 시 읊조리며 가슴 가득한 슬픔을 말하랴!

이 시 5수는 기유년[1729] 동짓달 15일에 요화당에서 재숙할 때 지었다. 이날은 효장세자의 소상 재일이다. 송죽재.

又

嗚呼練月是昔日
自此含哀卽此老
懷不寫芳禮有限
衰心痛意迨今一

二聖俱長臨几筵
典衣償祝耐能宣
呼嗟世子夢醒裡
痛矣獎章丁酉歲

又

昨年東邸舊書齋
秋月春花幾歲來
今臥此堂感慨切
詠詩豈述滿腔哀

步窗子首已扁
至月十五日齋宿
還筆堂時作昔
孝章室小祥齋
日也 [印]

松开齋

又

忍言今日此懷哉
兩歲春秋瞬息廻
天道旋環衰又樂
既乎居極泰乎來

此時五首已扁
至月十五日正夕
還筆堂中作是日
孝章室小祥正
日也 [印]

松开齋

○感懷 五首

獨坐堂內夜氣清
庭前月色粉墻明
追惟往歲心惆悵
半晌時時更鼓聲

又

節屆一陽屬仲冬
元情歲月何怱怱
眠余今日忠孝儀
達德九容一夢中

又

候忽光傯練事迴
此心若割豈堪哉
中宵輾此正時至
□□東門□□□

○感懷 五首

眠夜素辰今日紅
昔年歲月俄頃中
進憶往家心隹目
追憶如新淚自潸

又

夜氣清明無底雲
隆冬深夜却寒重
思惟往昔三加日
一倡感傷淚溫裾

又

三更四點哭覰宸
明燭起前破帳中
揮淚豐原說往昔
□宸公□□一部司

(상)『감회』건乾, (하)『감회』곤坤

II.

사도세자의 탄생과
영조의 기대

1735년(영조 11) 1월 21일 축시, 온갖 복이 모인다는 뜻의 창경궁 집복헌集福軒에서 사도세자가 태어났다. 8년 전 화평옹주를 시작으로 딸만 다섯을 낳은 영빈이 마침내 왕자를 출산한 것이다. 영조의 보령은 42세로, 손주를 볼 나이에 어렵게 얻은 아들이라 기쁨이 이만저만하지 않았다. 효장세자가 죽은 지 7년이 지나도록 동궁 자리가 비어 있어 늘 조바심을 느끼던 터라 그 감회가 남달랐다. 영조는 대신들을 불러놓고 "삼종 혈맥이 끊어질 뻔하다가 비로소 이어졌다. 이제 다행히 돌아가서 열성조를 뵐 면목이 서게 되었으니 기쁜 마음이 지극하고 감회 또한 깊도다."라고 말했다.

영조는 사도가 태어나자마자 정성왕후의 양자로 삼고 원자로 정하더니 14개월 만에 왕세자로 책봉했다. 영조는 갓 태어난 세자에게 기대가 컸던 나머지 밤을 새워 가며 세자가 공부할 책을 필사하는 수고조차 마다하지 않았다. 부왕의 마음에 부응이라도 하듯이 세자는 자못 영민한 면모를 보였다. 하지만 영조의 지나친 기대는 혹독한 교육열로 바뀌었고 어린 세자는 시강원 관원에 둘러싸인 채 무거운 책과 씨름해야 했다. 1735년 4월에 갓 80일 된 아들을 위해 영조는 「춘궁육잠春宮六箴」을 지어 국왕의 덕목을 훈계하더니 1743년(영조 19)에는 관례를 앞둔 세자를 위해 『훈유訓諭』를 지었고, 2년 뒤에는 어려움을 모르고 자란 세자를 위해 『상훈常訓』을 지었다. 1749년에는 대리청정을 시작하는 세자를 위해 『정훈政訓』을 지었고, 1756년(영조 32)에는 『훈서訓書』를 지은 뒤 내사기內賜記까지 손수 적어 세자에게 건넸으며, 1758년에는 『속상훈續常訓』을 지어 7년 전 내려 준 『상훈』을 부연했다. 영조가 세자를 훈계하고자 찬술한 글은 50종을 상회한다. 인내와 독서를 통한 공부가 최선이라고 여겼기에 신교身敎가 아닌, 언교言敎에 치중한 것이다. 과유불급이라고 했다. 세자는 10세 무렵부터 공부에 염증을 느끼기 시작했고 영조의 실망과 분노는 눈덩이처럼 커져 갔다.

07.

『왕세자 책봉죽책王世子冊封竹冊』

1736년(영조 12)
24.7×14.5cm(총 길이 95.4cm)
국립고궁박물관

1736년 3월 15일 창덕궁 양정합養正閣에서 원자 사도를 왕세자로 책봉하면서 내린 죽책이다. 총 6첩으로 죽간 5족이 1첩을 이룬다. 죽책 앞면에 음각으로 죽책문을 새기고 글자에 금니를 채웠다. 각 첩의 위아래를 주황색 꾸밈천으로 감싸고 당초문 변철로 그 위를 두른 뒤 두정을 박아 마무리했다. 태어난 날에 원자로 정호定號하고 태어난 지 14개월 만에 세자로 책봉한 것은 매우 이례적인 조치로서 사도에 대한 영조의 기대를 잘 보여준다. 죽책문은 대제학 윤순尹淳이 지었고 글씨는 공조판서 김취로金取魯가 썼다.

유세차 병진[1736년] 3월 을미삭 15일 기유에 왕이 이르노라.

세자를 미리 세우는 것은 진실로 나라를 공고히 만드는 급선무요, 명호를 더 높이는 것은 바로 천명을 다지기 위한 큰 계책이다. 이에 전장典章에 따라 종사의 부탁을 빛내고자 한다. 아! 너 원자元子 훤愃은 내가 매우 다행스럽게도 늦게나마 얻었고, 하늘이 또한 특이한 자질을 부여하였다. 품에 안겨 있을 때도 지각과 사려가 먼저 트여서 말을 하지 않아도 엄연히 깨우침이 있는 듯하였고, 그를 바라보면 기국과 도량이 이미 드러나 우뚝이 성대한 덕을 이룰 징표가 있었다. 돌아보건대 처음 태어났을 때 높고 깊음이 범상하였으니 장성했을 때 총명하고 인효仁孝할 것을 기필할 수 있다.

삼종三宗을 이었으니 10년 동안의 한밤의 근심을 감추게 되었고 팔도가 기뻐 노래 부르니 온 조정이 중리重离의 경사에 고무되었다. 비록 원자의 명호가 정해지고 국본國本이 돌아갈 곳이 있으나 왕세자 자리가 비어 있어 인심이 오래도록 답답해하였다. 이미 첫돌이 지났으니 기쁜 마음이 갑절이나 간절하고 시기로 보아도 일찍감치 책봉하는 것이 더욱 마땅하다. 이 때문에 여러 신료들이 조속히 합의했고 내 뜻에도 진정 흡족하였다.

이에 너를 명하여 왕세자로 삼노니, 너는 많은 복을 받고 유년기의 의절을 힘써 닦아서 갓난아이의 순수한 마음을 따르고 대인의 학문에 나아가도록 하라. 보고 듣고 말하고 행동함에 있어서는 근시近侍들의 비속한 관습에 물들지 말 것이며, 예악과 시서를 익힘에 있어서는 반드시 빈사賓師가 인도하는 바른길을 따라서, 밤낮으로 부지런히 힘쓰되 성실과 공경을 좇아 공부를 더하고 일취월장하되 높고 밝음을 다하여 성인의 경지에 이르도록 하며, 조종의 정일한 법도를 잘 계승하여 부모가 높이 기대하고 희망하는 마음을 저버리지 말도록 하라. 그러므로 이에 교시하는 것이니, 의당 잘 알 것이라 여긴다.

08.
『왕세자 가례등록王世子嘉禮謄錄』

1744년(영조 20)
1책, 필사본
42.7×27.0cm
K2-2681

1744년 정월에 치러진 사도세자와 세자빈 홍씨洪氏의 가례 과정을 예조에서 날짜별로 정리한 등록이다. 1743년(영조 19) 2월 21일 세자빈 간택을 위해 금혼령을 내리는 시점부터 간택단자 봉입, 초간택, 재간택, 삼간택, 물목단자 작성, 납채, 책빈, 친영, 태묘 전알, 묘현례, 경과慶科 설행, 초계醮戒 등을 거쳐 1744년 1월 13일 가례에 참여한 관원들에게 상격賞格을 내리는 비망기까지 실려 있다.

계해년[1743] 2월 21일
「금혼」
전교하기를 "우리나라는 모든 일에 일찍 서두른다. 조금 전 예조에 하교한 것도 있고 연석에서 대신大臣도 진달한 것이 있다. 이 명령을 내리면 소란스러워질 폐단이 없지 않겠지만 관례冠禮가 머지않아 앞으로도 차례대로 거행될 것이니 혼인을 먼저 시행하지 않을 수 없다. 9세부터 13세까지 혼인을 금하는 일을 해당 조에 분부하라."고 하였다.

「별단 서입」
예조에서 아뢰기를 "……하도록 명을 내리셨습니다. 오늘부터 규례대로 혼인을 금하도록 서울과 지방에 분부하고 국혼과 관련된 금지 대상 이외에 혼인을 허락하는 다섯 가지 조목을 별단에 써서 들입니다. 감히 아룁니다." 하니, 알았다고 전교하였다.

계해년[1743] 2월 22일
「혼인을 허락하는 5가지 조목」
예조에서 단자를 올려 국혼과 관련된 금지 대상 이외에 혼인을 허락하는 5가지 조목을 아뢰었다. 별단. 1. 국성國姓. 1. 세자의 이성異姓 친족으로 혼기에 해당하는 자로서 8촌까지. 1. 왕비의 동성 친족으로서 7촌까지, 이성 친족으로서 6촌까지. 1. 본관이 다른 이씨李氏 성姓. 1. 부모 중에 한 사람이라도 생존해 있지 않은 자. 건륭 8년 2월 22일 아룁니다.

王世子嘉禮謄錄

癸亥二月二十一日

禁婚

傳曰我國凡事早動我者有下敎禮書者追中大臣
亦有陳達者此令之下不無紛紜之端甚可不逮未頭亦
有撞擧行之事禁令不可不先自今九歲至十三歲禁婚
事分付該曹

書 啓曰云云 命下矣自今日派別禁婚嫁事分付
宗外而 國婚禁限外許婚五條別單書入之意敢啓
傳曰知道

別單
一曹單子 國婚禁限外許婚五條 別單 一國姓一世子異
許婚 姓親從堂婚者限八寸一王妃同姓親限七寸異姓限六寸
五條

禁婚

傳曰我國凡事[...]

癸亥二月二十二日

一姓貫不同李姓一父母末俱舍者乾隆八年二月二十二日 啓

一净煉を子及八道西都二曹爲相考事節 啓下敎曹
五條啓辭云云 啓下萬有置 啓下內辭緣奉審上項許婚
五條外士夫家處女年自九歲至十三歲各別禁婚事分付
及道內各邑良中 嚴明知委施行爲乎矣到付日時回移事
一今二月二十二日大臣備局堂上 引見入侍時 傳曰今書該
曹所秉五條外光城縣陽之孫亦在勿禁之中依此分付

年歲
啓辭云云

國舅
家句
禁婚

揀擇一
今七月十七日大臣備局堂上 引見入侍時 傳曰禁婚已過半年
京外將企待處分預爲揀擇而後枝者枝之許婚恭當許

癸亥七月十七日

09.

『세자빈 보첩世子嬪譜牒』

1882년(고종 19)
2책, 필사본
45.7×34.7cm
K2-1692

순회세자順懷世子의 빈嬪 공회빈恭懷嬪 윤씨, 소현세자의 빈 민회빈愍懷嬪 강씨, 사도세자의 빈 혜빈惠嬪 홍씨, 순종 세자 시절에 세자빈으로 책봉된 민씨의 세계世系를 기록한 보첩이다. 혜빈 홍씨 계통은 증조부터 4대손과 외조부터 1대손을 기록했다. 정조 연간 이후에 사도세자와 혜빈에게 추상된 시호와 존호를 위시하여 혜빈을 중심으로 풍산 홍씨 일문의 가계를 일목요연하게 확인할 수 있다.

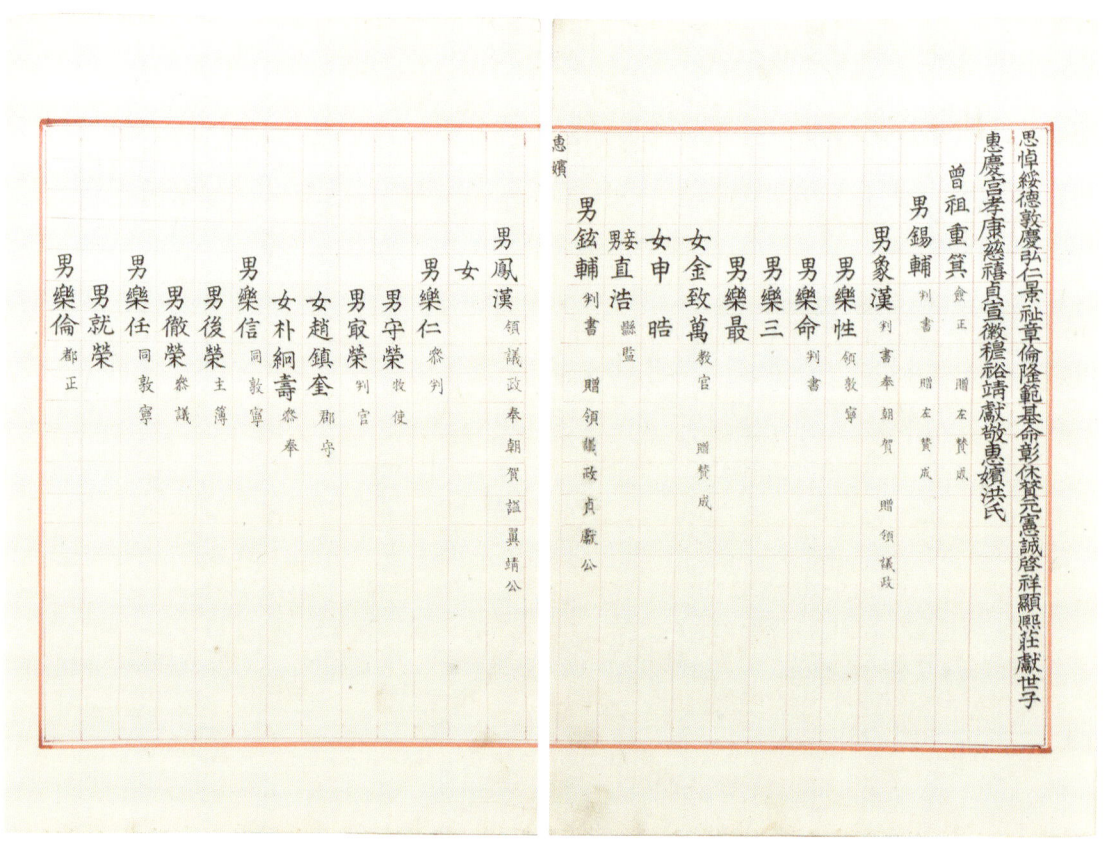

10.
『**어제 춘궁육잠**御製春宮六箴』

1736년(영조 12)
1책, 필사본
32.6×22.3cm
K2-1957

영조가 갓 태어난 사도세자를 위해 1735년(영조 11)과 1736년에 지은 5편의 잠언과 시편을 엮은 책이다. 「춘궁육잠春宮六箴」, 「지희시志喜詩」, 「훈저팔잠訓儲八箴」, 「양정합명養正閤銘」, 「함인정명涵仁亭銘」이 수록되어 있는데 어린 아들을 향한 영조의 당부와 염원, 세자 책봉의 기쁨 등을 각각의 시문 속에 형상화했다. 이 중에 「춘궁육잠」은 1735년 등석燈夕, 즉 4월 8일에 찬술한 것으로 태어난 지 80일도 안 된 세자에게 '돈효제敦孝弟', '존사부尊師傅', '친현사親賢士', '근강학勤講學', '정용모正容貌', '무절약務節約'을 훈계하는 내용이다.

「어제 춘궁육잠」【서문을 같이 쓰다.】
내가 즉위한 지 11번째 되는 해 정월에 원량元良을 위해 저승전儲承殿을 보수하여 이곳에 머물게 했고 여름 6월이 지나 저승전 벽에 '육잠'을 써서 붙였다. 첫째는 '효제를 돈독히 하라', 둘째는 '사부를 존경하라', 셋째는 '어진 선비를 가까이하라', 넷째는 '강학에 힘써라', 다섯째는 '용모를 바르게 하라', 여섯째는 '절약에 힘써라'이다. 요순堯舜의 도는 효제孝弟일 뿐이다. 우리 조정의 법도 역시 효를 백행의 근본으로 여긴다. 부모에게 효도하고 형제간에 우애한다면 이것으로 나라를 다스릴 수 있고 이것으로 백성을 교화시킬 수 있다. 지금 내가 육잠의 맨 앞에 효제를 둔 것은 그 뜻이 깊다. 옛사람이 말하기를 "원량한 사람이 있으면 천하가 바르게 된다."고 했는데 하물며 8년 동안 조야에서 학수고대한 나머지 이전 역사에도 드문 나라의 경사가 생겼으니 나의 바람과 경향의 기대가 어떠하겠는가! 아, 너 원자는 나의 이러한 뜻을 체득하여, 어려서 웃을 수 있을 때부터 덕성을 함양하고, 취학하여 서연을 하는 겨를에도 반드시 내시로 하여금 아침저녁으로 이것을 암송하며 저승전에 출입하게 하여라. 아침저녁으로 스스로 반성하여 행실을 돈독히 함을 반드시 이렇게 하고, 사부에 대한 존경을 반드시 이렇게 하고, 어진 선비와 친밀함을 반드시 이렇게 하고, 학문에 근실함을 반드시 이렇게 하고, 용모를 바르게 함을 반드시 이렇게 하고, 절약을 반드시 이렇게 하여라. 아무리 다급해도 부지런히 힘쓰고 아무리 짧은 순간이라도 부지런히 힘써서 학문이 날로 진보하고 덕이 날로 새로워진다면 우리나라가 거의 잘 다스려질 것이요 종묘 제사를 맡길 수 있을 것이니 어찌 소홀할 수 있겠느냐. 힘쓰고 힘쓸지어다.

御製春宮六箴 幷小序

予於嗣服十有一年春正月為元良修
補儲承殿乃命寔此殿而越夏六月以
六箴書付殿壁一曰敦孝弟二曰尊師
傅三曰親賢士四曰勤講學五曰正容
貌六曰務節約堯舜之道孝弟而已我
朝家法其亦惟此孝者百行之本孝於

親友於同氣則以此而可以御國以此
而可以化民予今冠於六箴之首者其
意深也夫古人云一有元良萬國以貞
況八年朝野顒望之餘乃有窣牒之邦
慶予之所堂中外期待當如何乎咨爾
元良體予此意自幼能笑時涵養德性
逮夫就學膏鬯之暇必使内豎朝夕誦

此出入此殿夙夜觀省敦行必於是敬
傅必於是親賢必於是勤學必於是正
容必於是節約必於是造次孜孜須臾
孜孜學日進德日新則吾國其庶幾也
主鬯其有托也豈可忽諸其勉之其勉
之哉

其敦孝弟箴曰

猗歟文武德冠百王其道惟何以孝御
邦洞洞屬屬善繼舊章能孝能弟表式
萬方

其尊師傅箴曰

賢保賢傅左右元良朝夕輔導必也正
方敬哉欽哉禮儀洋洋行一三善表乎
國庠

「돈효제잠敦孝弟箴」
猗歟文武 德冠百王　아름답도다! 문왕과 무왕은 덕이 백왕의 으뜸이거늘
其道惟何 以孝御邦　그 도는 무엇인가? 효로써 나라를 다스렸지.
洞洞屬屬 善繼舊章　공경하고 삼가면서 옛 전장을 잘 계승했고
能孝能弟 表式萬方　능히 효도하고 능히 우애하여 천하에 모범이 되었네.

「존사부잠尊師傅箴」
賢保賢傅 左右元良　현명한 보保와 부傅가 원량을 보좌하면서
朝夕輔導 必也正方　조석으로 도와 이끄는 건 반드시 방정함이네.
敬哉欽哉 禮儀洋洋　공경하고 엄숙한 나머지 예절과 의식이 충만하고
行一三善 表乎國庠　실천 하나로 세 개의 선을 알게 하니¹ 성균관의 본보기가 되리라.

「친현사잠親賢士箴」
可觀其號 仁乃爲春　원량이란 호칭은 사람에게는 인仁이요 시절로는 봄이니
若欲爲善 賢士宜親　선을 행하고 싶으면 의당 어진 선비를 가까이해야 하는 법.²
蒙養最貴 豈泛其辰　어릴 때 공부가 가장 귀중하니 어찌 그때를 범범히 여길까!
自古賢辟 前後正人　예로부터 어진 임금은 바른 사람을 앞뒤에 두었지.

「근강학잠勤講學箴」
修己講學 文質彬彬　수신하고 강학하면 문채와 바탕이 조화를 이루지만
其若忽也 面墻其身　만약 소홀히 한다면 담장을 마주하고 선 것과 다름없지.
我德旣明 自然仁民　내 덕이 밝아지면 자연스럽게 백성을 사랑하게 되니
勤勤孜孜 日新又新　부지런히 힘쓰며 나날이 새롭게 하고 또 새롭게 하라.

「정용모잠正容貌箴」
頭容其直 手容其恭　머리 모양이 곧고 손 모양이 공손하면
望其儀表 可觀其中　그 의표만 바라봐도 그 마음을 살필 수 있지.
外方內直 表裏純同　겉이 바르고 속이 곧으면 겉과 속이 똑같아지고
心乎修德 自可正容　마음으로 덕을 닦으면 용모가 저절로 바르게 되네.

「무절약잠務節約箴」
粵昔堯舜 土階三重　옛적에 요순堯舜은 흙으로 세 칸 섬돌을 만들었고
身衣大練 治化融融　몸에 거친 베옷을 걸쳤으나 정치와 교화가 화락하였지.
節用愛民 夫子謂公　절용과 애민을 공자께서는 조정의 일이라 여겼으니
效法三代 勉也心中　삼대三代를 본받기 위해 마음속으로 힘써야지.

때는 을묘년 여름 초파일 저녁에 직접 짓고 나서 쓰게 하다.

1　실천 하나로 세 개의 선을 알게 하니[行一三善]: 『예기』, 권6, 「문왕세자(文王世子)」에 "한 가지 일을 행하여 세 가지 선을 알게 하는 것은 오직 세자일 뿐이니, 이는 세자가 학궁(學宮)에서 연치(年齒)를 따짐을 이른다.[行一物而三善皆得者, 唯世子而已, 其齒於學之謂也]"가 보인다.

2　원량이란 호칭은 […] 가까이해야 하는 법: 『주역』, 「건괘(乾卦)」 문언(文言)에 "원(元)은 만물을 생장하게 하는 시작이니, 천지의 덕이 이보다 우선함이 없다. 그러므로 계절에서는 봄이 되고 사람에게는 인이 되어 모든 선의 으뜸이 된다.[元者, 生物之始, 天地之德, 莫先於此. 故於時爲春, 於人則爲仁, 而衆善之長也]"가 보인다. 원량(元良)이라는 호칭에 착안하여 『주역』에서 수록된 원(元)의 개념을 가져온 듯하다.

11.
『경모궁 보양청일기』景慕宮輔養廳日記

1736년(영조 12)
1책, 필사본
36.4×24.0cm
서울대학교 규장각한국학연구원

1735년(영조 11) 7월에 사도세자를 위해 보양청을 설립한 시점부터 이듬해 정월 초하루에 보양청을 폐지할 때까지 보양청의 설치와 관원의 임명, 각종 의례의 제정, 보양청의 행사 등을 날짜별로 기록한 책이다. 보양청은 원자元子나 원손元孫의 보호와 양육을 담당한 기관이다. 영조는 사도가 태어나자마자 원자로 정하더니 1689년(숙종 15) 원자 경종의 전례에 따라 6개월 만에 보양청을 설치했는데 1736년 정월에 시강원과의 임무 중첩을 이유로 보양청을 폐지했다.

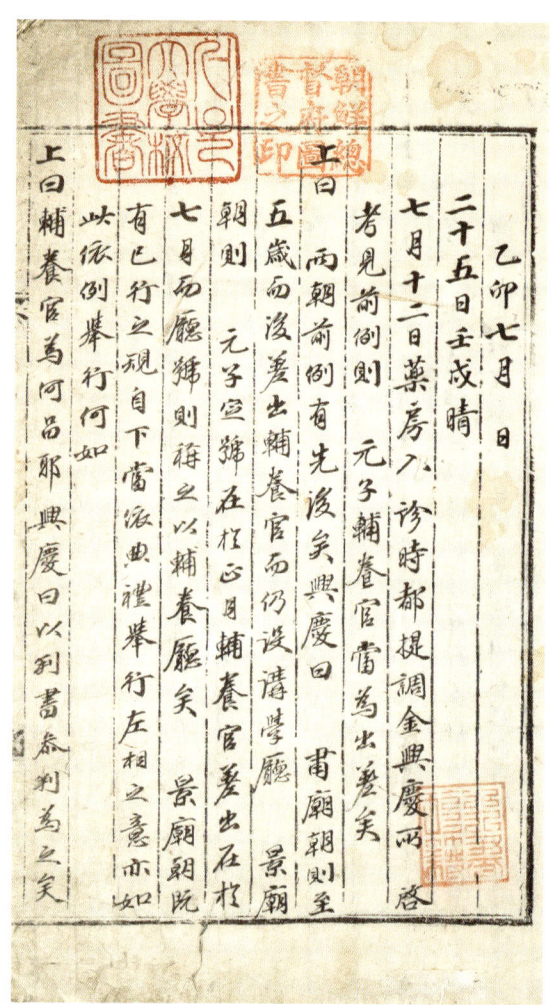

7월 12일 약방藥房이 입진할 때 도제조 김흥경金興慶이 아뢰기를 "전례를 살펴보니 원자보양관元子輔養官을 차출해야 합니다."라고 하자, 상이 이르기를 "두 조정의 전례에 시기적으로 선후의 차이가 있다."라고 하였다. 김흥경이 아뢰기를 "숙종의 경우는 5세가 된 뒤에 보양관을 차출하고 이어 강학청을 설치하도록 하였습니다. 경종의 경우는 원자의 위호位號를 정한 것이 정월이고 보양관을 차출한 것이 7월이며 관청의 명칭을 '보양청'이라 하였습니다. 경종 때 이미 행한 전례가 있으니 아래에서 예법에 따라 거행하겠습니다. 좌상의 뜻도 이와 같으니 전례대로 거행하는 것이 어떻겠습니까?"라고 하였다.

12.
『훈유訓諭』

1743년(영조 19)
1첩, 탁인본
52.7×32.7cm
K2-1963

1743년 3월 17일 관례를 치르는 사도를 위해 영조가 동년 2월에 직접 짓고 쓴 「훈유訓諭」를 모각하여 첩으로 만든 것이다. 서두에 '훈유'라는 제명이 있고, 이어서 "뜻을 원대하게 세우고 사람들을 관대하게 부리고 공평한 마음으로 똑같이 대하고 현명하고 유능한 자에게 일을 맡겨라.[弘毅立志, 寬簡御衆, 公心一視, 任賢使能]"라는 16자가 있다. 다음으로 충질忠質, 문승文勝, 관인寬仁, 조제調劑의 장단점을 거론하며 이 열여섯 글자 보다 나은 훈유는 없다고 하였다. 영조는 이 훈유를 간행하고 장황하여 세자, 의정부, 춘추관에 내리라고 명했다. 그리고 당부하는 내용을 이어가다가 세자에게 '달達'이라는 서압署押을 내려 주었다. 영조 어압御押은 '통通'인데 과거에 숙종에게 하사받은 것이다. 자신의 어압에 담긴 뜻을 염두에 두고 세자에게 지어 준 예압睿押이다. 영조와 사도의 서압을 합치면 '통달'이 된다.

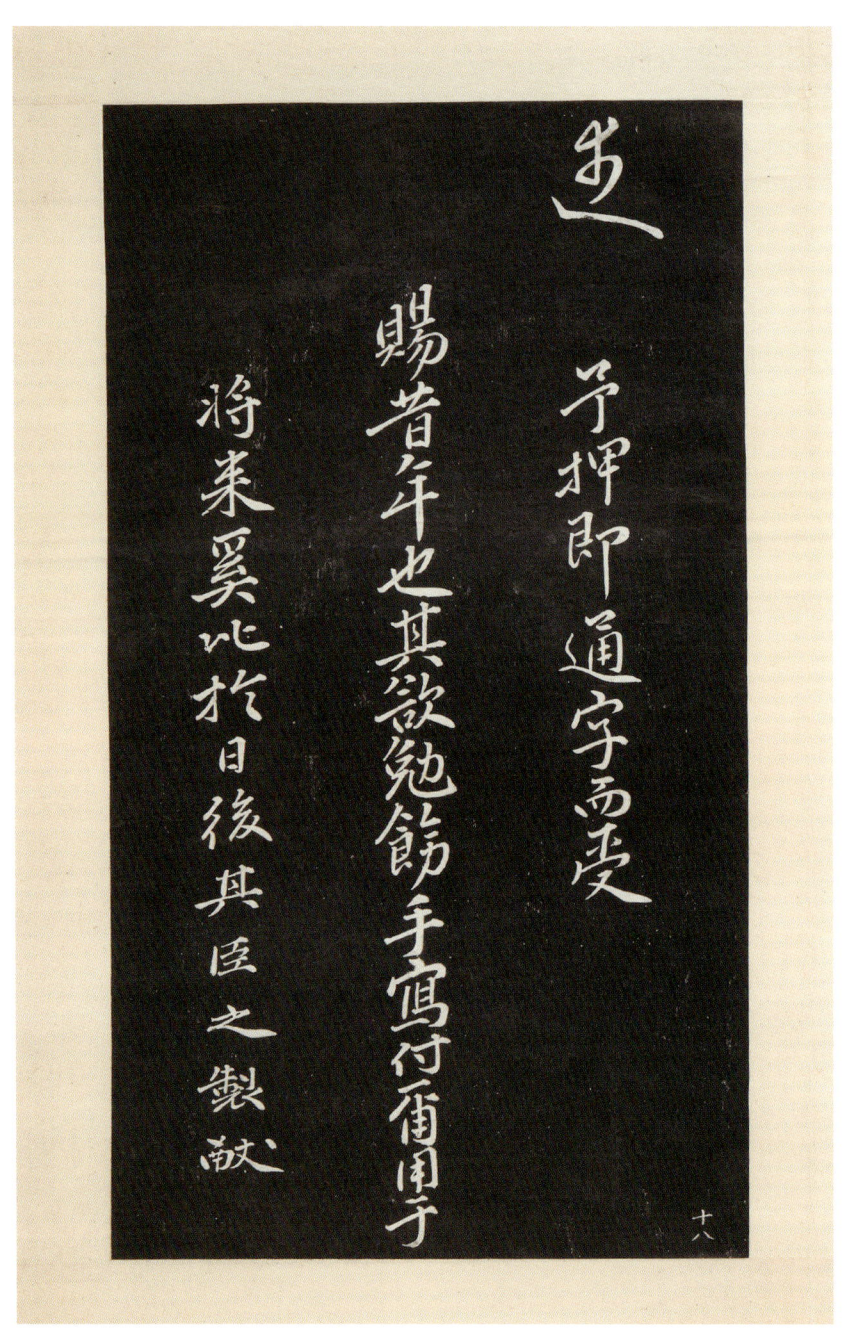

'달達'【내 어압은 '통通' 자로서 옛날에 선왕에게 받은 것이다. 권면하고자 손수 '달' 자를 써서 너에게 주어 장래에 사용하게 하는 것이니 어찌 훗날 신하가 지어 바치는 것에 비하겠느냐!】

13.
**어제「노인이 스스로 탄식하는 것을 흉내낸
회문시倣老人自歎回文詩」**

『열성어제』 권19
1776년(정조 즉위)
39권 21책, 금속활자본(현종실록자)
34.6×22.5cm
K4-11

1746년(영조 22) 5월에 영조가 출생 및 성장과정에서 사도세자가 보여준 영특한 면모를 회상하며 자신뿐만 아니라 조야朝野에서 느끼던 기쁨을 형상화한 시이다. '기쁠 희喜' 자를 운각으로 삼되 회문시回文詩이므로 처음 두 구와 마지막 두 구를 모두 '희' 자로 맺었다. 전편에 '희' 자가 12번 나올 만큼 기쁨이 충만한 작품임에도 불구하고 시제에서는 노인이 자탄한다고 하였다. 『승정원일기』 1746년 5월 21일 조에 의하면 이날 영조는 승지에게 이 시를 받아 적게 한 뒤 세자가 근래에 놀기만 좋아하고 배우기를 싫어하여 학문적 성취가 없을까 염려했으며 비만한 탓에 연신 땀을 흘리는 12세 아들을 근심스러운 시선으로 바라보았다. 우려와 탄식을 한시라는 양식을 통해 역설적으로 표현한 것이다.

傍人若問最何先	옆 사람이 무엇이 가장 우선이냐고 물으면
涵養正今爲首喜	함양 공부가 바로 지금 가장 기쁘다고 말했네.
父母能書知五方	'부모' 글자를 쓸 수 있고 '오방'을 아니
指呼世子曰余喜	세자를 손짓하여 부르며 나의 기쁨이라 말했네.
文王在案已知尊	문왕의 글이 책상에 있어 조부를 높일 줄 알았고
聽讀抄經且有喜	경전 읽는 소리 듣는 것 역시 기쁨이었네.
自古來今樂萬般	예로부터 지금까지 온갖 즐거움이 있지만
豈如吾國君臣喜	어찌 우리나라 군신이 느끼는 기쁨과 같으랴.
玆將今者一邦喜	이에 지금 온 나라가 기뻐하는 마음으로
長祝吾東百歲喜	우리 동방의 백 년 기쁨을 길이 축원하네.

列聖御製卷之十九

英宗大王

詩

倣老人自歎回文詩

清燕高堂中有喜回文潤筆賦詩喜重光邦慶有
元良朝野欣欣八域喜氣禀純然冲歲時一人岐
嶷萬人喜幼時也能識乾坤稍長好文弄筆喜金
殿開居氣亦閒憑軒觀步此心喜傍人若問家何
先涵養正今爲首喜父母能書知五方指呼世子
曰余喜文王在案已知尊聽讀抄經且有喜自古

14.

『**어제 상훈**御製常訓』

1745년(영조 21)
1책, 목판본
32.0×20.5cm
K2-1854

영조가 1745년 6월 8일에 세자와 후대 왕들에게 국왕으로서 갖추어야 할 도리를 가르치기 위해 편찬한 훈서로서 교서관에서 목판으로 간행하였다. 6월 8일은 부친 숙종의 기일이다. 수성守城의 군주는 창업과 중흥의 군주와는 달리 어려움을 모르고 자랐기 때문에 정치의 요체를 알기 어려우므로 군왕의 도리를 가르치기 위해 이 글을 지었다고 하였다. 경천敬天, 법조法祖, 돈친惇親, 애민愛民, 거당袪黨, 숭검崇儉, 여정勵精, 근학勤學 등 8개 조항으로 구성된다. 영조는 실제로 여러 차례 세자의 시좌를 명한 뒤 이 책을 강론했고 세자와 문답을 주고받았다.

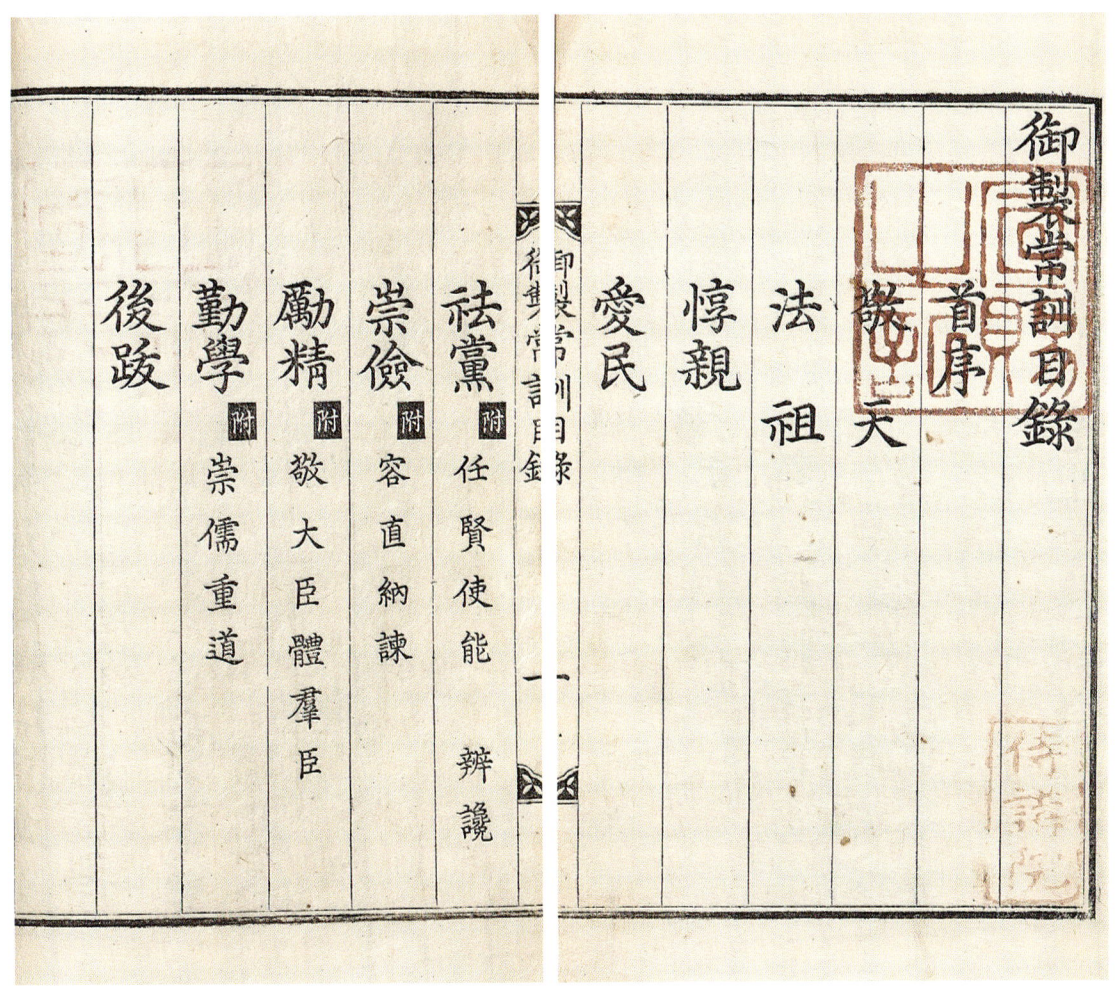

15.

『어제 상훈언해御製常訓諺解』

1745년(영조 21)
1책, 금속활자본(무신자)
31.5×20.8cm
K2-1855

1745년(영조 21) 6월에 교서관에서 목판으로 간행한 『어제상훈』을 언해한 책이다. 한자와 한글 발음을 병기한 부분과 이것을 언해한 부분으로 구분된다.

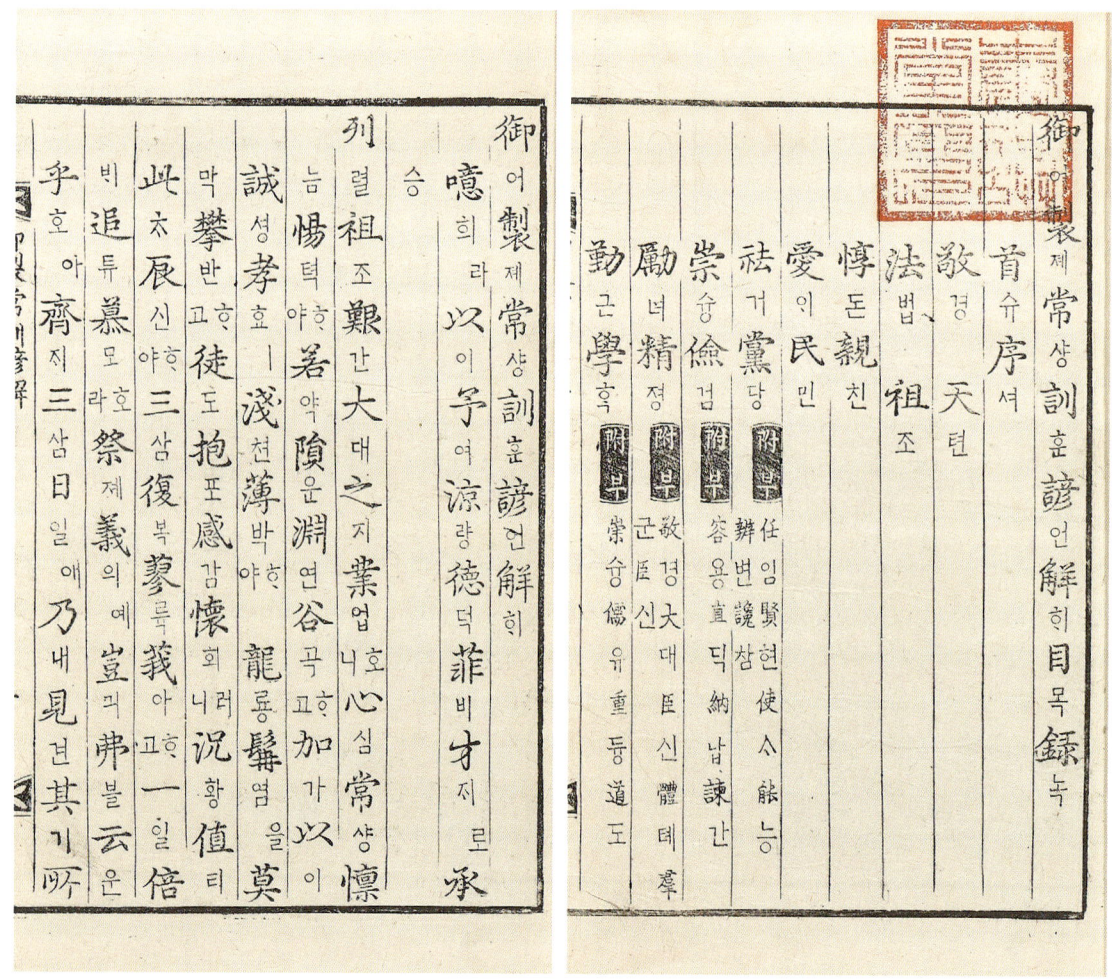

16.

『어제 자성편御製自省篇』

1746년(영조 22)
2책, 목판본
33.7×21.2cm
K4-4104

1746년 영조가 독서와 일상을 통해 느끼고 생각한 바를 모아서 엮은 책이다. 이 책의 저술 동기는 먼저 세자를 훈계하기 위해서고 다음으로 자신의 생활에 대한 반성 자료로 삼기 위해서다. 학문에서 성찰이 가장 중요하다고 전제한 뒤 자신이 성찰을 통해 체득한 지식을 엮어 세자에게 내리니 잘 살펴서 실천할 것을 서문에서 밝혔다. 이 책은 수신修身의 방법론을 112조목으로 제시한 내편內篇과 치인治人의 방법론을 108조목으로 제시한 외편外篇으로 구성된다. 내편에서는 영조 자신이 부왕을 7년간 시탕侍湯하던 일, 경종과의 형제애 등을 기술했고, 외편에서는 역대 사서史書에서 역대 제왕들의 본받을 만한 선행을 선발하였다.

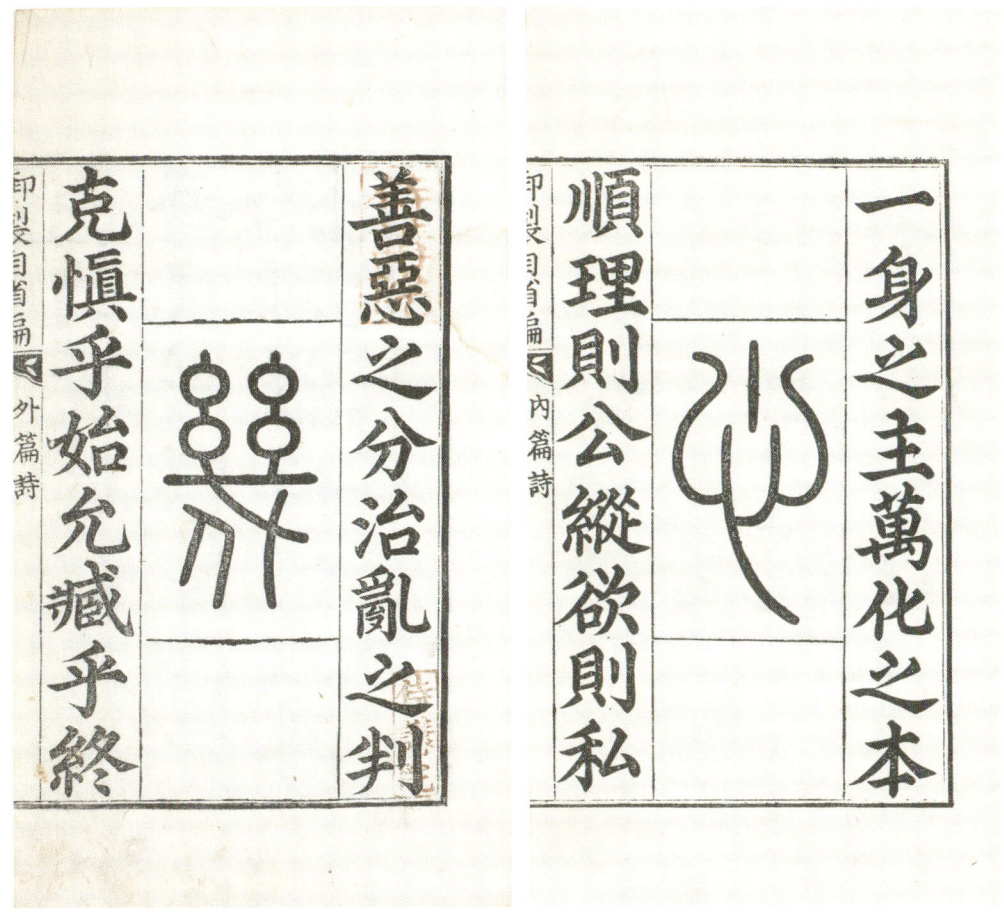

17.
『어제 자성편언해御製自省篇諺解』

1746년(영조 22)
2책, 필사본
37.6×24.2cm
K4-4106

1746년 영조가 왕세자를 훈계하고 자신을 성찰하기 위해 간행한『어제 자성편』을 한글로 언해한 책이다. 이 책은 본래 한문본과 함께 간행하려 했던 초본草本으로 여겨진다. 서체가 정연하고 흘림이 없으며 편집이 잘되어 있고 표지 장정이 호화롭다.

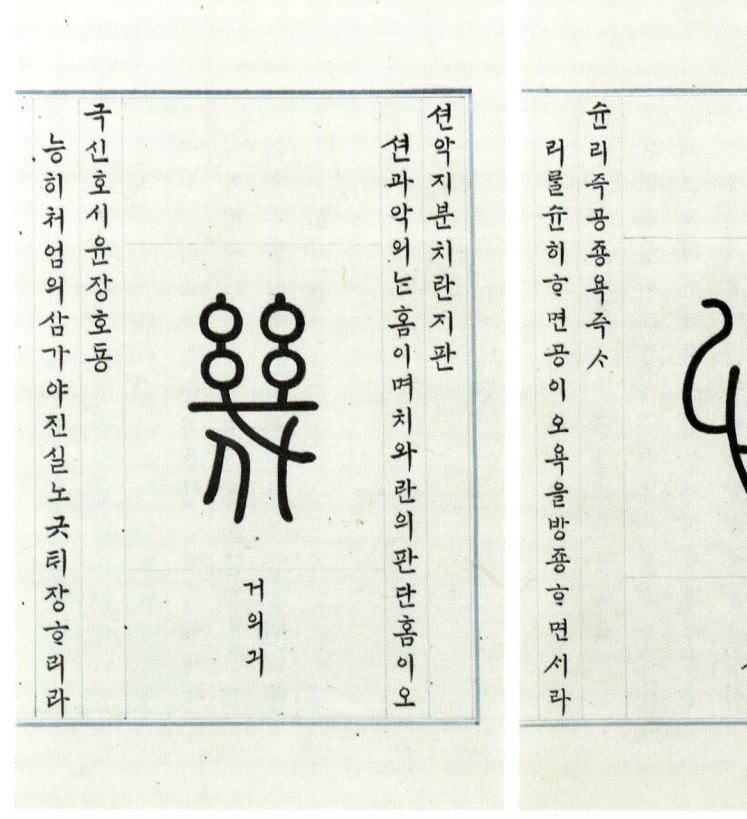
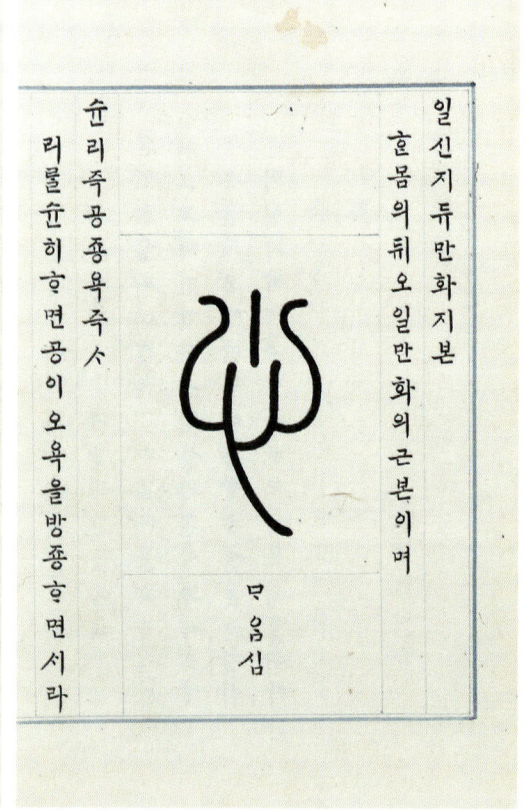

18.

『어제 정훈御製政訓』

1749년(영조 25)
1책, 금속활자본(무신자)
30.7×19.5cm
K2-1880

영조가 1749년(영조 25) 1월 27일 대리청정을 시작하는 사도세자에게 정치의 요체를 훈계하기 위해 지은 책이다. 대리청정 이틀 전인 1월 25일 밤에 영조는 원경하元景夏와 조명리趙明履를 불러 정훈政訓을 구두로 말하며 받아 적게 했다. 수신修身, 존현尊賢, 친친親親, 경대신敬大臣, 체군신體群臣, 자서민子庶民, 내백공來百工, 유원인柔遠人, 엄근습嚴近習, 계분화戒紛華 등 10개 항목으로 구성된다.

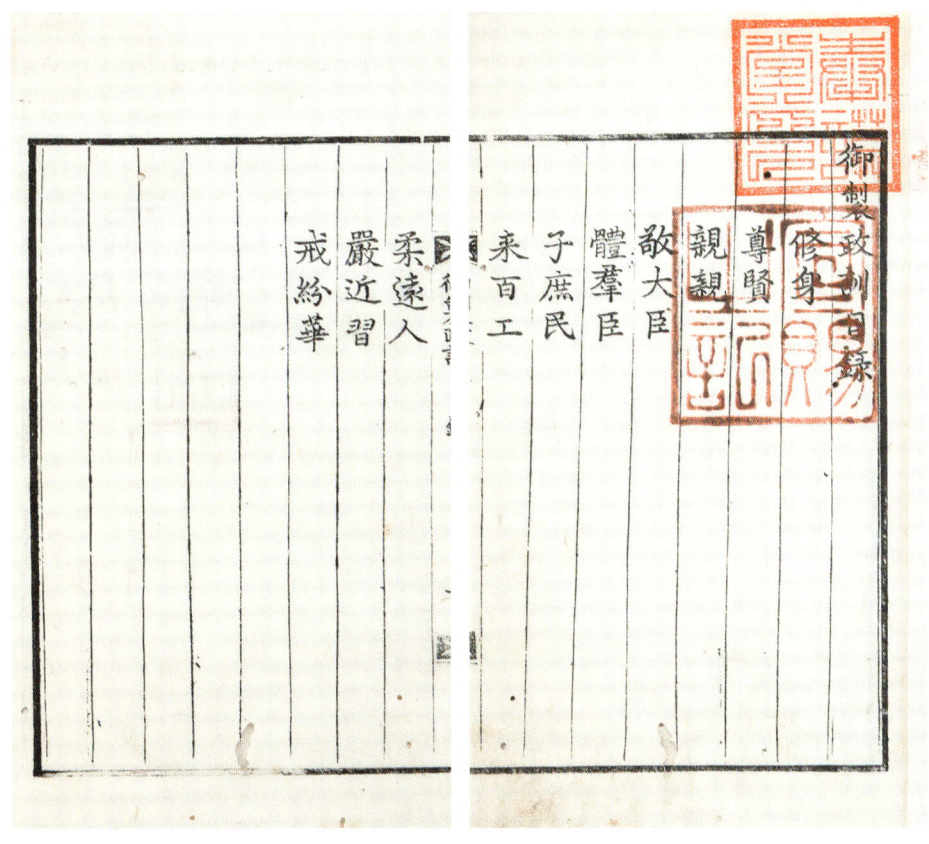

19.

『어제 훈서御製訓書』

1756년(영조 32)
1책, 목판본
31.5×20.2cm
K2-1903

영조가 1756년 6월 7일에 숙종의 기제사를 맞아 선원전 재실에 나아가 자신과 세자를 독려하기 위해 지은 훈서이다. 전반부에서 성性, 도道, 교教를 설명했는데, 그림의 형태로 작성한 어제어필 「성도교도性道教圖」, 명銘으로 작성한 어제어필 「성도교명性道教銘」, 「성도교도」를 설명한 어제 「성도교도설性道教圖說」이 실려 있다. 이어지는 어제 훈서에서는 경천敬天, 애민愛民, 예신禮臣 3개 항목으로 군왕의 책무를 기술했다. 서두에 1757년 8월에 영조가 사도에게 이 책을 내리며 당부의 뜻을 직접 적은 내사기內賜記가 보인다.

영조 어제어필 내사기

언해를 갖춘 『어제훈서』 1건, 언해를 갖춘 『중용』 1건, 붓 10개, 먹 10개를 가져와 친히 주니 잘 읽고 잘 써서 육순 노인이 너를 권면하는 뜻에 부응하여라. 절절한 내 뜻을 첫 장에 몸소 적었다. 모든 글자가 다 나의 친필이다. 정축년[1757] 8월 2일.

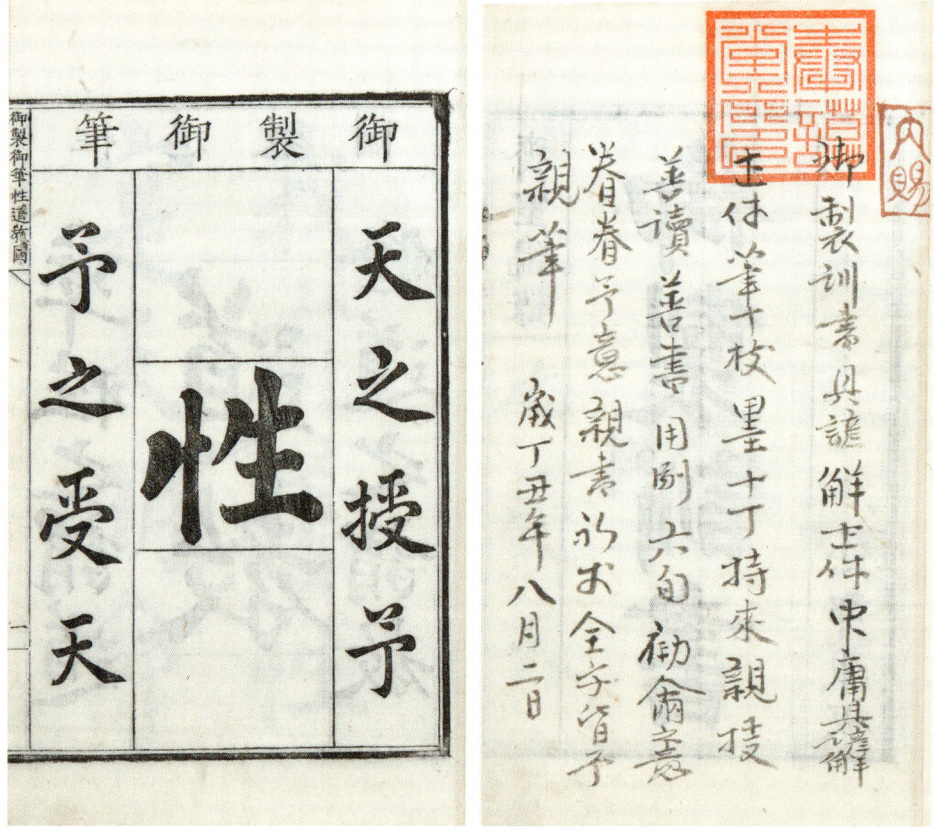

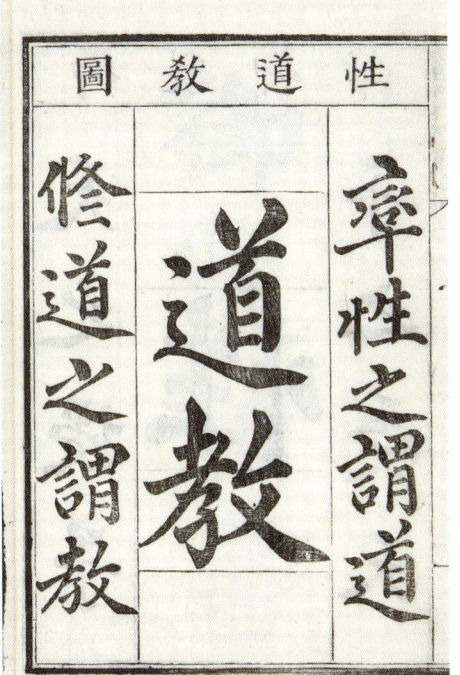

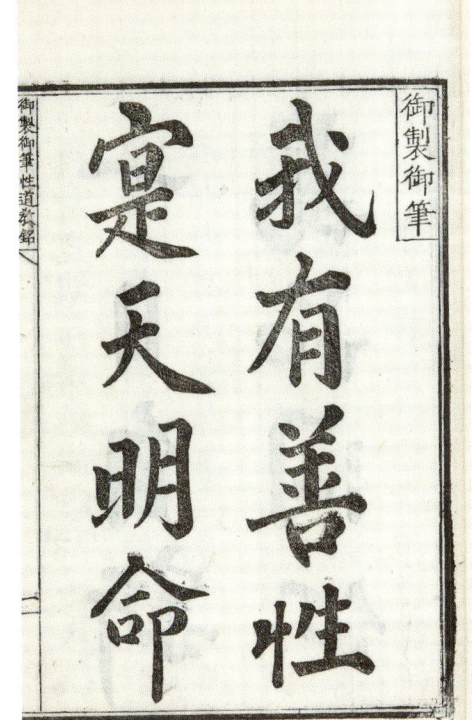

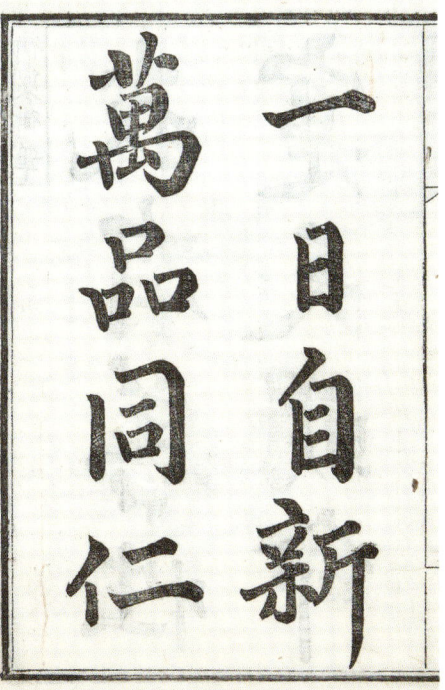

20.

『어제 속상훈御製續常訓』

1758년(영조 34)
1책, 목판본
32.0×22.0cm
K2-1857

영조가 1758년 6월 8일 부왕 숙종의 기일에 내린 훈서이다. 7년 전 같은 날에 사도세자를 훈계하기 위해『어제 상훈』을 작성했는데, 거기서 제시했던 정치의 요체 8개 조항 가운데 '경천敬天'과 '애민愛民' 2개 조항을 부연하여 설명했다.

21.

『동궁보묵東宮寶墨』

1746년(영조 22)
1첩, 필사본
37.5×22.9cm
서울대학교 규장각한국학연구원

사도세자가 동궁東宮으로 있던 8세 때인 1742년(영조 18) 12월 11일에 장악원 첨정掌樂院僉正 이익준李益焌의 아들 갑득甲得에게 써 준 글씨다. '군신유의君臣有義', '군의신충君義臣忠', '군신지분의君臣之分義'가 대자大字 해서로 적혀 있다. 사도가 쓴 글귀는 얼마 전 진강을 마친 『동몽선습』에서 가져온 것이다. 4년 뒤에 이익준은 이것을 첩으로 만들었고 마지막 장에 이 글씨를 하사받은 경위와 자신의 소회를 적었다. 이익준은 선조의 아들 인성군仁城君의 현손이자 여성군礪城君 이집李楫의 아들이다.

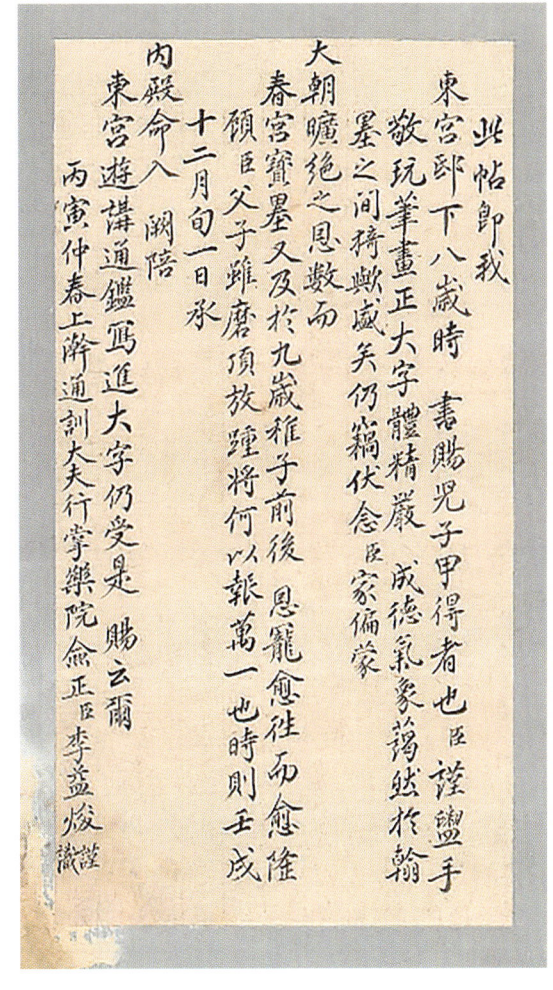

이 첩은 우리 동궁 저하께서 8세 때 내 아들 갑득甲得에게 써 준 것이다. 신이 삼가 손을 씻고 공손히 완상해 보니 필획이 정대하고 자형이 정밀하여 성덕과 기상이 글씨 사이에 넘쳐 흘렀다. 아아! 아름답고 성대하구나! 엎드려 생각건대 신의 가문은 주상에게 유례없는 은혜를 유독 입은 데다가 세자의 필적까지 아홉 살 아이에게 미쳤으니 전후의 은총이 갈수록 더욱 융숭하다.

우리 부자가 비록 정수리에서 발끝까지 닳아 없어진다고 해도 어찌 만분의 일이나마 보답할 수 있으리오. 임술년[1742, 영조 18] 12월 11일에 내전內殿의 명으로 입궐하여 동궁을 모시고 놀면서 『통감通鑑』을 강하다가 큰 글자를 써서 올리고 나서 이 보묵을 받았다.

병인년[1746] 2월 상순에 통훈대부 행 장악원첨정 신 이익준이 삼가 적다.

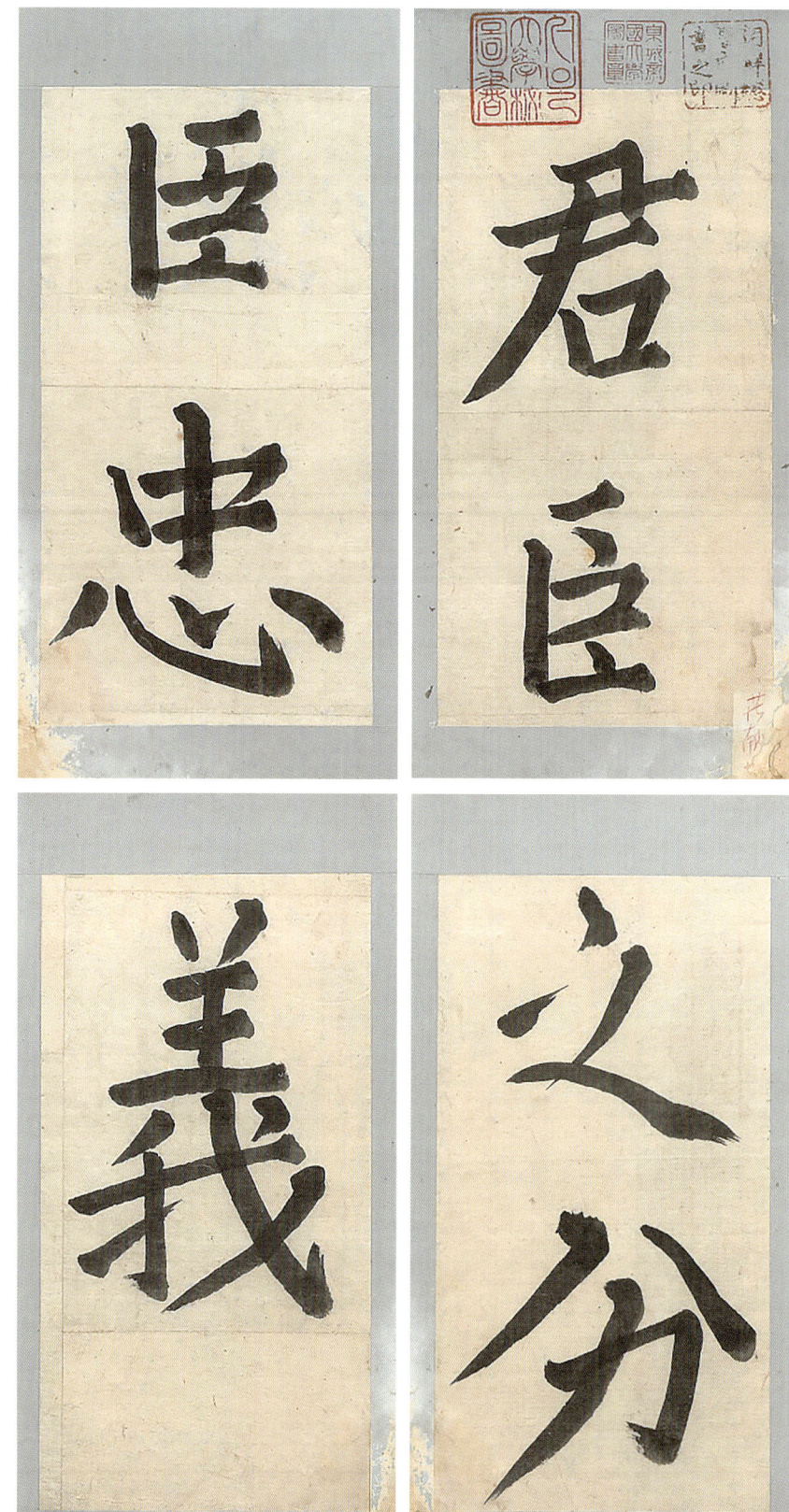

22.

『춘궁육잠급계유집春宮六箴及戒諭集』

1756년(영조 32)
1책, 필사본
30.8×20.1cm
K2-1958

1735년(영조 11)부터 1756년(영조 32)까지 영조가 사도세자에게 내린 시문을 시기순으로 정리하여 필사한 책이다. 사도가 태어난 1735년에 지은 「춘궁육잠春宮六箴」을 위시하여 세자가 22세 되던 1756년에 지은 「면유勉諭」까지 50여 편의 훈계 시문이 망라되어 있다. 여타 문헌에 실리지 않은 작품들도 상당수 포함되어 있어 자료적 가치가 높다.

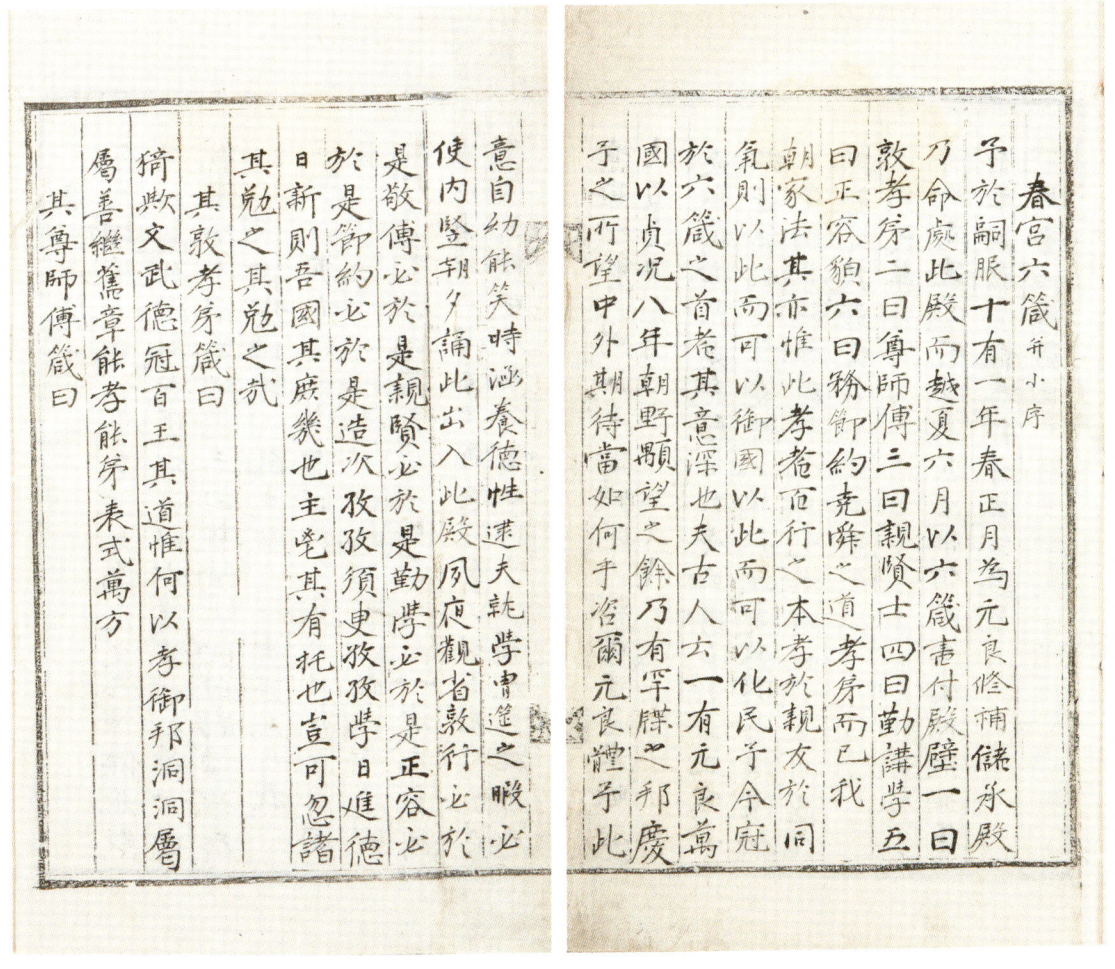

23.

〈춘방에 내린 윤음[下春坊綸音] 현판〉

1747년(영조 23)
1판, 목각
41.4×102.0cm
국립고궁박물관

1747년 3월 19일 영조가 사도세자의 강학 지침에 관한 윤음을 춘방春坊에 내리자 시강원 보덕 조명정趙明鼎이 전교를 받들어 현판에 새긴 것이다. 영조는 조명정에게 세자가 질병 등의 이유로 서연書筵을 자주 중지하고 강학이 요식적으로 이루어지는 탓에 학문에 진전이 없다는 보고를 받았다. 이에 강학 방식부터 독송 횟수, 복습 방법, 휴일 강독에 이르기까지 춘방의 강규講規를 엄격하게 제시했다.

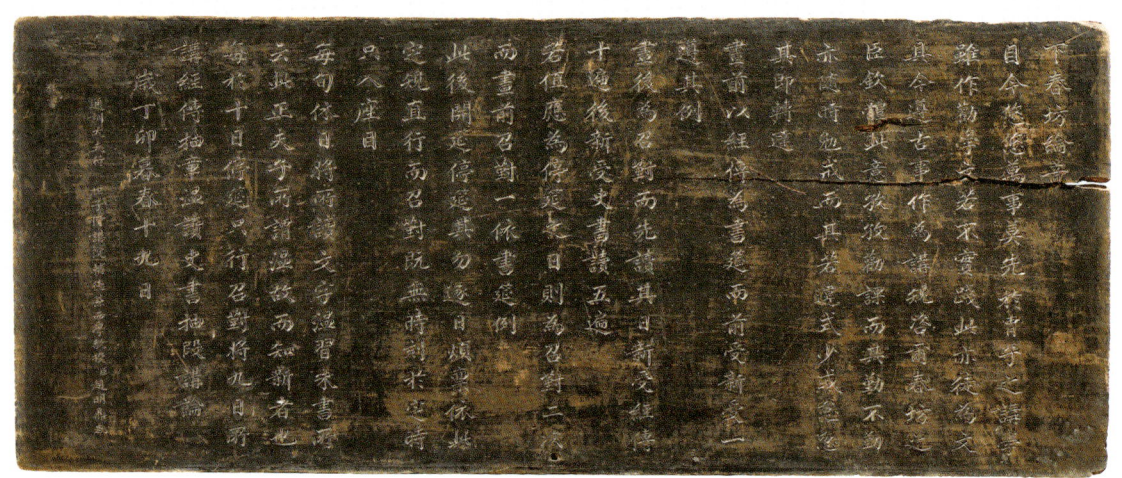

현재 목전의 수많은 사안 가운데 세자의 강학보다 중요한 것은 없다. 아무리 권학문을 짓더라도 실천하지 않는다면 그저 형식적인 말에 불과하다. 지금 옛일을 준수하여 강규講規를 작성했으니 너희 춘방 신하들은 이 뜻을 체득하여 힘써 강학을 권면하고, 근실할 때나 근실하지 않을 때나 수시로 독려하되 만약 규정을 어겨 조금이라도 태만하게 한다면 즉시 보고하라.

정오 전에는 경전經傳을 가지고 서연書筵을 열되 전날 배운 곳을 읽거나 새로 배운 곳을 읽을 때도 한결같이 그 규례를 따른다.

정오 후에는 소대召對를 열되 먼저 그날 새로 배운 경전을 10번 읽은 뒤에 새로 배운 사서史書를 5번 읽는다.

만약 서연을 중지해야 할 날을 만나면 소대를 2번 열되 정오 전의 소대는 한결같이 서연의 규례를 따른다. 이후에는 서연 설행이나 중지 여부를 날마다 번거롭게 아뢰지 말고 이 규례를 잘 준수하되 소대는 정해진 시각이 없으니 정해진 시간에 좌목座目만을 들여라.

열흘마다 쉬는 날에는 읽은 글을 복습한다. 주자朱子의 글에서 이것이 바로 공자가 말한 온고지신溫故知新이라고 했다. 열흘 간격으로 서연을 중지할 때 소대를 열어서 9일간 강독하던 경전의 문장을 제비뽑기하여 익숙히 읽고 사서의 단락도 제비뽑기하여 강론한다.

정묘년[1747] 3월 19일

통훈대부 행 세자시강원 보덕 겸 서학교수 신 조명정趙明鼎이 전교를 받들어 쓰다.

24.

〈춘방 관원에게 써서 보이다[書示春坊官] 현판〉

1747년(영조 23)
1판, 목각
52.3×86.0cm
국립고궁박물관

1747년 3월 19일 영조가 사도세자 강학 지침에 관한 윤음을 춘방에 내리고 나서 그 이튿날에 시강원 관원에게 당부의 뜻을 표달한 칠언절구다. 이 시편도 현판에 새겨 춘방에 나란히 걸었는데 〈춘방에 내린 윤음[下春坊綸音] 현판〉과 마찬가지로 시강원보덕 조명정趙明鼎이 글씨를 썼다. 『열성어제』에도 「춘방 관원에게 써서 보이다[書示春坊官]」이란 제목으로 실려 있다.

「춘방 관원에게 써서 보이다」
春邸復看古盛事 춘궁의 성대한 옛일을 다시 보게 되었으니
此心亶在爲元良 이 마음은 오로지 세자를 위해서라네.
吁嗟僚屬體予意 아! 시강원 관원들은 내 뜻을 살펴서
日日孜孜輔正方 날마다 부지런히 세자를 보필하여라.
【정묘년 3월 19일 세자를 위해 강규를 정하고 이튿날 남은 뜻이 있어서 지었다.】
통훈대부 행 세자시강원보덕 겸 서학교수 신 조명정趙明鼎이 전교를 받들어 쓰다.

25.

『장헌세자 동궁일기』莊獻世子東宮日記

1736년(영조 12)~1762년(영조 38)
30책, 필사본
33.8×23.4cm
서울대학교 규장각한국학연구원

사도를 위해 시강원이 운영된 1736년 1월부터 임오화변이 일어난 1762년 윤5월까지 27년 동안 시강원 관원들이 세자 교육과 제반 일정 등을 기록한 일기이다. 동궁東宮은 왕세자를 일컫는 호칭으로, 그 거처가 궁궐 동쪽에 위치했기 때문에 유래한 것이다. 또한 동궁은 세자뿐만 아니라 원자의 교육을 담당하는 보양청輔養廳과 강학청講學廳, 세자의 교육을 담당하는 시강원侍講院, 세손의 교육을 담당하는 강서원講書院 등을 통칭하기도 한다. 『장헌세자 동궁일기』는 본래 42책이었으나 30책만 현전하는 영본零本이다. 일자별로 날씨, 입직 관원, 접빈接賓 사실, 강학 내용, 세자의 일정과 동선 등을 기록했다.

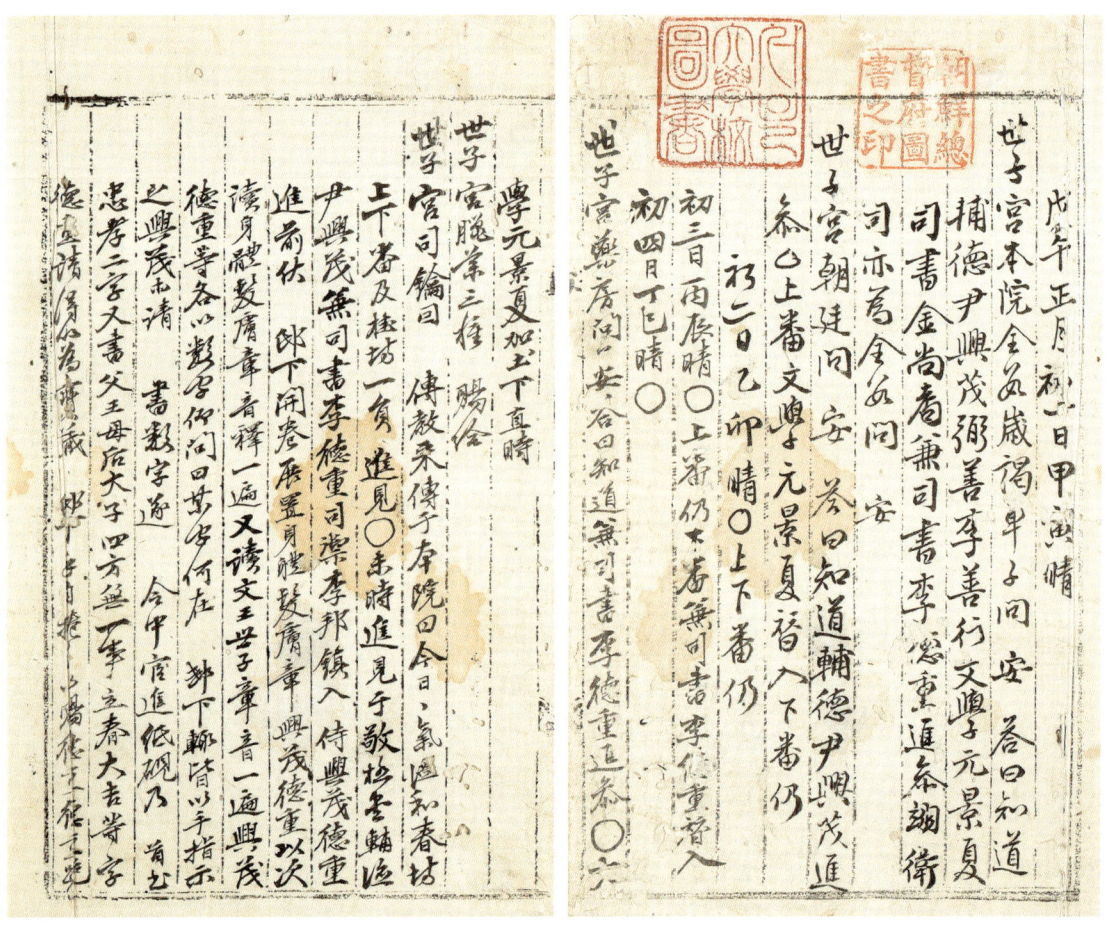

26.

『시강원지侍講院志』

1784년(정조 8)
4권 4책(전 6권 6책), 필사본
34.3×22.3cm
K2-2031

1784년 9월에 공조참판 유의양柳義養이 정조의 명을 받아 시강원의 역사와 조직, 세자의 교육 과정과 제반 의식 등을 정리하여 편찬한 책이다. 표제와 서근제는 '춘방지春坊志'이고 권수제와 판심제는 '시강원지'다. '춘방'은 세자시강원의 이칭이다. 본래 6책 중에 제1·2·4·5책, 총 4책만 현전한다. 제1책 뒷부분에 「강서講書」와 「진강 연월進講年月」이 실려 있다. 「강서」에서는 역대 세자가 읽은 서책을 제시했으며 「진강 연월」에서는 효종, 현종, 숙종, 경종, 영조, 경모궁[사도세자], 당저[정조]가 시강원에서 읽은 책명과 그 기간을 정리했다. 즉 '삼종혈맥'의 삼종과 그 혈맥을 잇는 국왕들의 세자 시절 강학 과정을 정리한 것이다. 조선에서 세자 기간이 가장 길었던 경종과 태어나자마자 원자로 정해지고 14개월 만에 세자에 책봉된 사도세자는 동궁 시절에 공부한 책수가 여타 국왕에 비해 월등히 많았다. 특히 영조가 28세에 강학을 시작하여 34개월 동안 『소학』, 『강목』, 『대학』, 『논어』를 공부한 것과는 확연한 차이를 보인다. 정조는 이 부분에 방점을 찍고 싶었을 것이다.

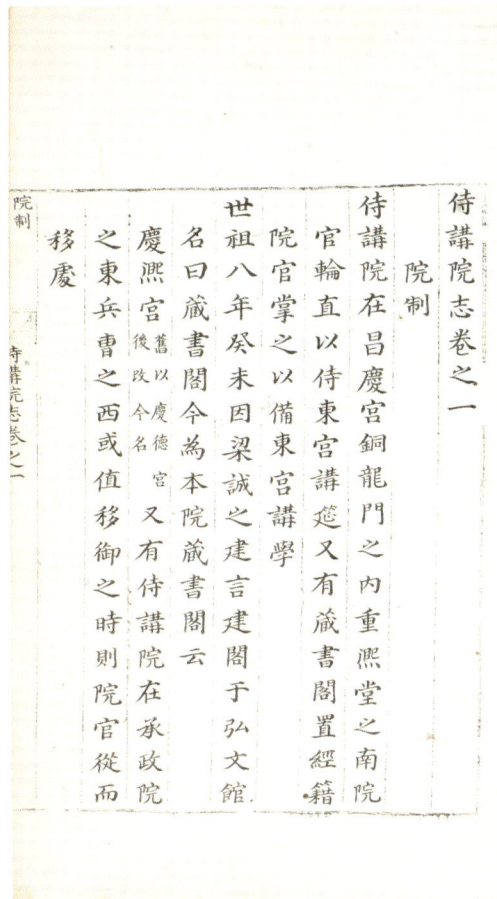
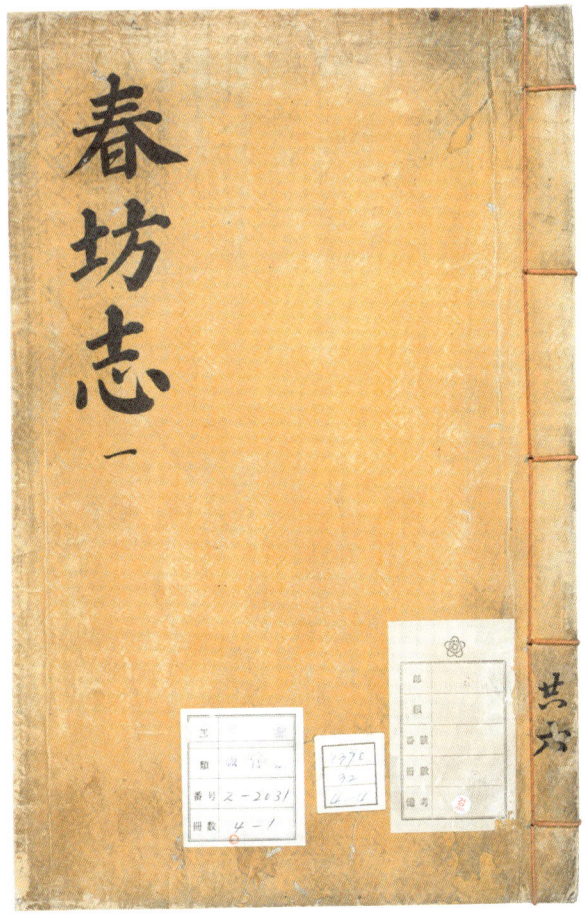

【右上】

綱目　辛丑十月初七日進講　甲寅七月十九日畢　三十七卷召對
大學　甲寅七月十五日進講
論語　甲寅十一月二十八日茅五卷召對
景慕宮春宮時
孝經小學抄解　丁巳四月十二日進講中止
小學抄略　己未八月初五日進講中止
童蒙先習　壬戌五月初三日入學時進講
小學　同年五月初六日畢
孝經　壬戌二月初九日畢
史略　丙寅三月初八日進講名對

【左上】

大學　丙寅閏三月初二日進講
通鑑　壬寅三月初三日畢名對
自省編　同寅四月初一日畢進講名對
論語　丁卯九月十一日初二日畢
孟子　戊辰九月十六日初三日畢進講
中庸　己巳二月初六日畢進講
詩傳　庚午二月十六日畢進講
書傳　辛未六月初七日畢
小學　壬申正月二十四日重講畢
宋鑑　癸亥三月二十一日畢名對進講
進講年月　乙亥二月十二日

【右下】

大學　癸酉十一月十八日重講
綱目　乙亥二月十三日畢名對進講
周易　戊寅十二月初九日進講
當寧春宮時
孝經小學抄略　乙亥正月二十一日進講
童蒙先習　丙子四月十四日畢進講
小學　庚辰六月初三日畢
大學　辛巳十一月初七日畢
論語　壬午二月初五日畢
史略　甲申十二月初二日茅五卷進講畢名對

【左下】

綱目　甲申十二月初四日畢名對進講
書傳　戊戌八月十二日畢重講
詩傳　己丑四月初二日重講
大學　庚寅三月初六日畢
孟子　癸未十一月初一日進講
中庸　甲申三月初七日畢進講
論語　同寅十二月二十四日畢進講
大學　同庚十二月初一日畢
書傳　同庚正月二十五日畢重講
進講年月　同庚閏五月二十六日畢重講

• 영조·사도세자·정조의 춘궁 시절 진강 현황

인물	나이	서명	시작 기간	종료 기간	비고
영조	28세	小學	1721년 10월	1722년 9월	畢
		綱目	1721년 10월	1724년 7월	제37권
	29세	大學	1722년 9월	1722년 10월	畢
		論語	1722년 11월	1724년 7월	제5권
경모궁 (사도세자)	3세	孝經[1] 小學抄解	1737년 4월		中止
	5세	小學抄略	1739년 8월		中止
	7세	童蒙先習	1741년 2월	1742년 5월	畢
	8세	小學[1]	1742년 3월[입학]	1742년 5월	畢
		孝經[2]	1742년 8월	1742년 9월	中止
	11세	史略	1745년 8월	1746년 3월	畢
	12세	大學[1]	1746년 3월	1746년 11월	畢
		通鑑	1746년 윤3월	1752년 3월	畢
		自省篇	1746년 4월	1746년 10월	畢
		論語	1746년 11월	1747년 9월	畢
	13세	孟子	1747년 9월	1748년 9월	畢
	14세	中庸	1748년 9월	1748년 12월	畢
	15세	詩傳	1749년 1월	1750년 6월	畢
	16세	書傳	1750년 6월	1751년 12월	畢
	18세	小學[2]	1752년 1월	1753년 11월	畢
		宋鑑	1752년 3월	1755년 2월	畢
	19세	大學[2]	1753년 11월	1753년 12월	畢
	21세	綱目	1755년 2월		
	24세	周易	1758년 12월		
정조	4세	孝經小學抄略	1755년 1월	1756년 10월	畢
	5세	童蒙先習	1756년 10월	1758년 4월	畢
	7세	小學	1758년 4월	1760년 6월	畢
	9세	大學[1]	1760년 6월	1760년 8월	畢
		論語[1]	1760년 8월	1761년 11월	畢
	10세	史略	1761년 6월	1764년 12월	畢
		孟子[1]	1761년 11월	1763년 11월	畢
	12세	中庸[1]	1763년 11월	1764년 3월	畢
	13세	書傳[1]	1764년 4월	1765년 8월	畢
		綱目	1764년 12월		
	14세	詩傳	1765년 8월	1768년 7월	畢
	17세	孟子[2]	1768년 8월	1769년 2월	畢
	18세	大學[2]	1769년 2월	1769년 3월	畢
		論語[2]	1769년 3월	1769년 12월	畢
	19세	中庸[2]	1770년 1월	1770년 2월	畢
		書傳[2]	1770년 2월	1770년 윤5월	畢

III.

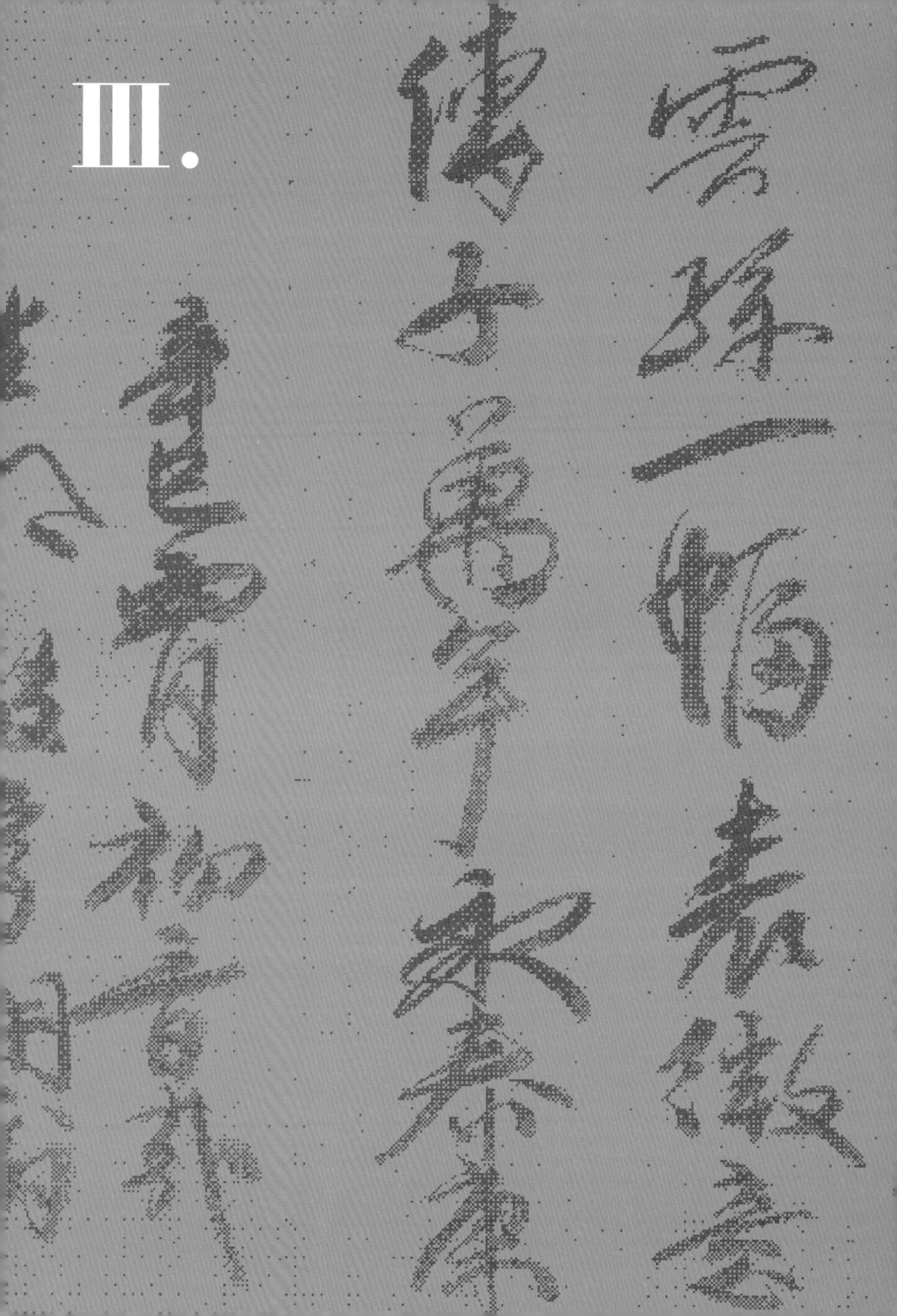

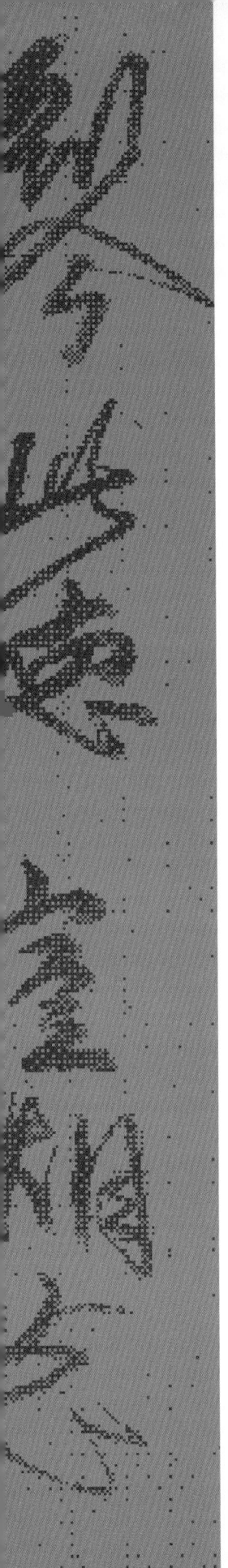

사도세자의 일탈과 영조의 절망

『한중록』에 의하면 천성이 민첩하지 못했던 사도세자는 매사에 치밀하고 엄격한 영조의 마음을 충족시키지 못했다고 한다. 실례로 식습관의 경우도 그렇다. 영조가 채식과 소식의 실천으로 노년까지 건강을 유지한 반면, 사도는 10세가 되기 전에 소아 비만으로 소변을 참지 못하고 연신 땀을 흘려 영조와 내의원의 근심을 샀고 16세 때 큰 덩치 탓에 영조가 세제 시절에 타던 수레를 타지 못했을 뿐만 아니라 신발을 질질 끌며 걸었고 50대 중반의 부왕을 뒤따라 걷는 것조차 힘에 부쳤다. 무엇보다 학문적 성취가 요원해지자 영조의 실망과 분노는 걷잡을 수 없이 커졌다. 사도는 공부에 싫증을 느낀 나머지 온갖 핑계로 강학을 건너뛰기 일쑤였고 춘방 관원을 대놓고 무시했으며 서연이나 소대 시 침묵으로 일관하는 게 다반사였다.

세자의 일거수일투족이 못마땅한 영조와 이런 부왕을 두려워하는 사도. 이 악순환의 고리가 반복되면서 부자간의 갈등은 회복 불가능한 단계로 접어들었다. 사도세자 본인도 인지하고 염려하던 울화병은 어느새 극심한 정신질환으로 이어졌고 광적인 증상과 기행이 잦아지다가 급기야 사도를 삼켜버렸다. 누차 자살 소동을 벌였고 남몰래 춘화와 음란소설을 탐독했으며 옷을 입지 못하는 의대증衣襨症에 걸렸고 아랫사람에게 혹형을 가했으며 백 명이 넘는 아랫사람을 죽였고 궁 밖을 몰래 출입하다가 급기야 평양까지 몰래 다녀왔다. 모두 대리청정 기간에 있던 일이다. 사도 곁에는 조정 대신과 시강원 관원이 아닌, 내관과 별감, 군관 등이 포진해 있었다. 영조와 사도의 관계가 파국을 향해 치닫고 있을 무렵, 사도와 혜경궁 사이에서 태어난 세손 정조가 영민한 자질과 근실한 모습으로 두각을 나타내기 시작했다. 세손의 존재가 영조에게 새로운 희망이자 대안으로 떠올랐고 영조는 이제 세자가 아닌, 세손에게 훈계의 글을 살뜰히 써주었다.

27.

『사도세자 예찰첩』

일본 야마구치 현립도서관(국외소재문화유산재단 사진 제공)

사도세자가 장인 홍봉한洪鳳漢에게 보낸 간찰을 엮은 첩이다. 이 첩에는 26건의 예찰이 수록되어 있는데 지극히 사적인 내용이 주조를 이루며 수정한 흔적이 여럿 보인다. 1806년(순조 6) 4월에 혜경궁이 막냇동생 홍낙윤洪樂倫에게 지시하여 풍산 홍씨 일문에서 보관하고 있던 영조, 사도세자, 정조의 필적과 서찰을 대대적으로 정리하여 첩으로 만들었다. 그 결과 총 2,094건의 예필과 어필이 58개의 첩으로 제작되었는데, 이 첩도 그중의 하나다.

27-1
사도세자가 장인 홍봉한에게 보낸 편지

15세의 사도는 조부 숙종의 능침인 명릉明陵을 한 번도 참배한 적이 없음을 한탄하고 있다. 영조는 해마다 명릉을 찾았으나 매번 사도의 수가隨駕를 허락하지 않았다. 능행 수가에 대한 사도의 염원은 8년 뒤인 1756년(영조 32)에 비로소 이루어졌다. 그해 8월 1일 부왕이 숙종 생신을 앞두고 명릉에 행행할 때 수행한 것이다. 이때 사도의 나이가 22세였다. 2년 뒤 같은 날에도 명릉 행행 시 수가했다. 그러나 행차가 검암黔巖 주정소晝停所에 이르렀을 때 갑자기 소나기가 내렸고 앞길에 다리가 끊기고 강물이 불고 있다는 보고가 들려왔다. 영조는 이런 날씨가 사도의 탓이라고 여겼고 이에 불호령을 내리며 사도를 대궐로 돌려보냈다. 부자간의 갈등과 불화가 이미 예사롭지 않은 단계로 접어들었다.

"내 나이가 올해로 15세가 넘었는데
아직 한 번도 명릉明陵을 참배하지 못했습니다."

27-2, 27-3
사도세자가 장인 홍봉한에게 보낸 편지

홍봉한은 사위 사도의 언행에 촉각을 곤두세울 수밖에 없었고 사도도 이런 장인에게 개인적인 소회를 털어놓곤 했다. 첫 번째 편지에서 사도는 장인에게 자신이 앓고 있는 울화병에 대해 조심스럽게 언급하며 울화를 다스리는 약을 처방해서 보내달라고 부탁했다. 의관醫官과 상의하면 남모르는 울화병이 공론화될 것이 자명했기 때문에 장인에게 은밀히 부탁한 것이다. 두 번째 편지는 1756년(영조 32) 2월 29일에 작성한 것으로 이 무렵까지 병세가 호전될 기미가 없자 사도는 가슴을 치며 번민하고 있다. 그러다가 정성왕후와 인원왕후가 연거푸 사망하자 그의 울화병은 극심한 정신질환으로 이어졌다. 옷을 입지 못하는 의대증衣帶症이 생기고 내관 김한채金漢采를 시작으로 궁비宮婢와 환시에 대한 살인 행각이 시작되고 영조에게 꾸지람을 받은 뒤 우물 속으로 몸을 던진 것이 바로 이듬해다.

"나는 본디 남모르는 울화의 증세가 있는데 오늘 더위를 먹은 가운데 임금을 뵙고 나오자 울화가 극성하여 미칠 듯이 답답하고 근심스럽습니다. 이런 증세를 의관과 이야기할 수 없습니다. 경은 울화를 씻어 내는 처방을 잘 알고 있으니 약을 지어 몰래 보내 주면 어떻겠습니까."

"나는 한 가지 병이 깊어 나을 기약이 없으니 그저 가슴을 치며 근심할 따름입니다."

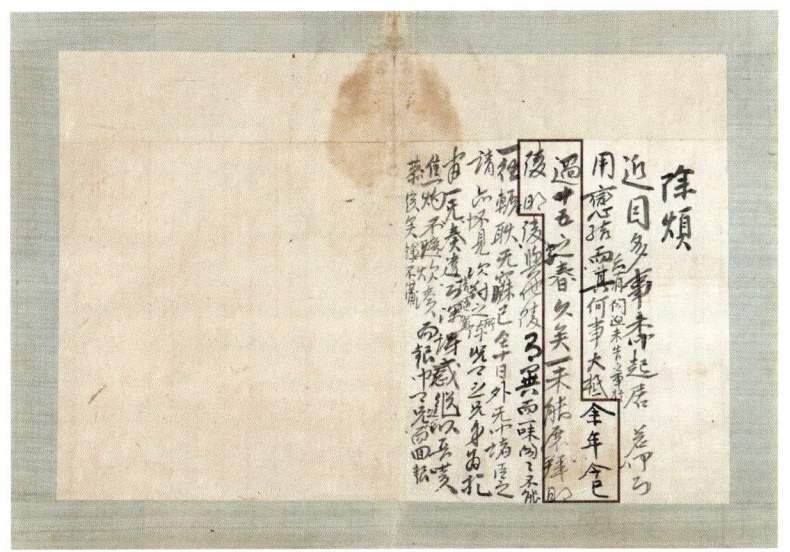

27-1

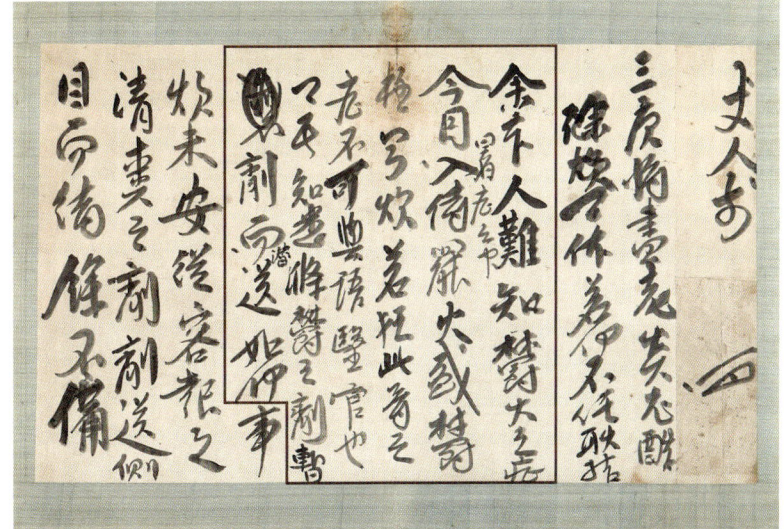

27-2

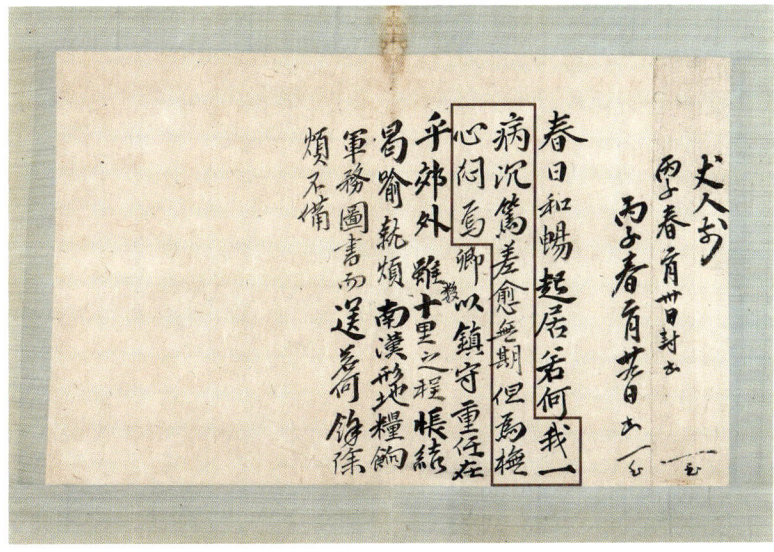

27-3

28.
사도세자 예필, 송나라 진단陳摶 칠언절구

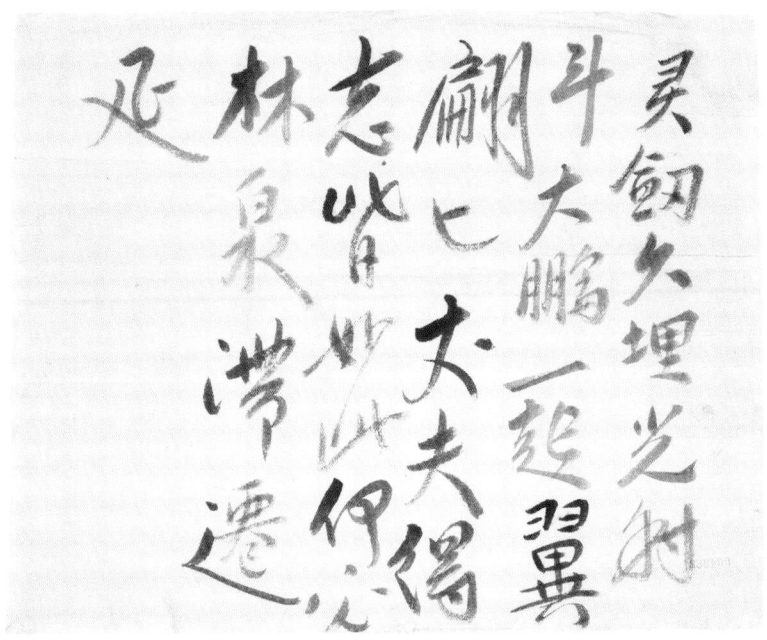

28-1. 1장, 필사, 34.0×43.0cm, RD02108

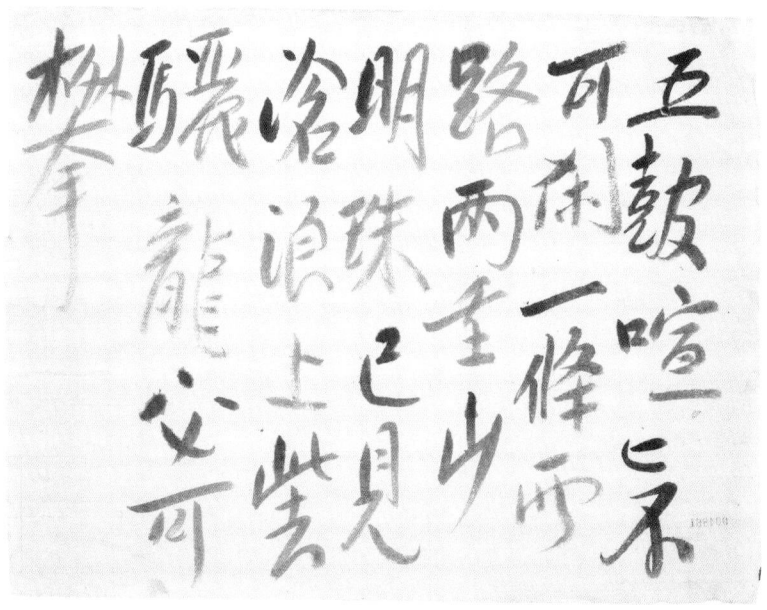

28-2. 1758년(영조 34), 1장, 필사, 34.0×43.0cm, RD02107

1796년(정조 20) 무렵 정조는 여러 편의 사도세자 예제·예필 원고를 입수했는데 해당 원고들이 현재 장서각에 소장되어 있다. 이 가운데 아래 4편의 사도 예필은 송나라 학자이자 소옹邵雍의 학문적 연원인 진단陳摶이 지은 칠언절구다. 4편 모두 진단의 『하락진수河洛眞數』에 실려 있다. 이 작품은 사도가 제작한 시편이 아니므로 『예제시민당초본睿製時敏堂草本』에도 수록되지 않았다. 하지만 정조는 1799년(정조 23)경 사도 시문을 몸소 편집하고 교정할 때 '증인贈人', '서증書贈'이라는 제목을 붙여 이 시편들을 부친의 문집인 『능허관만고凌虛關漫稿』에 수록했다. 이 4편이 부친의 작품이 아니라는 사실을 정조가 몰랐을 가능성은 희박하다.

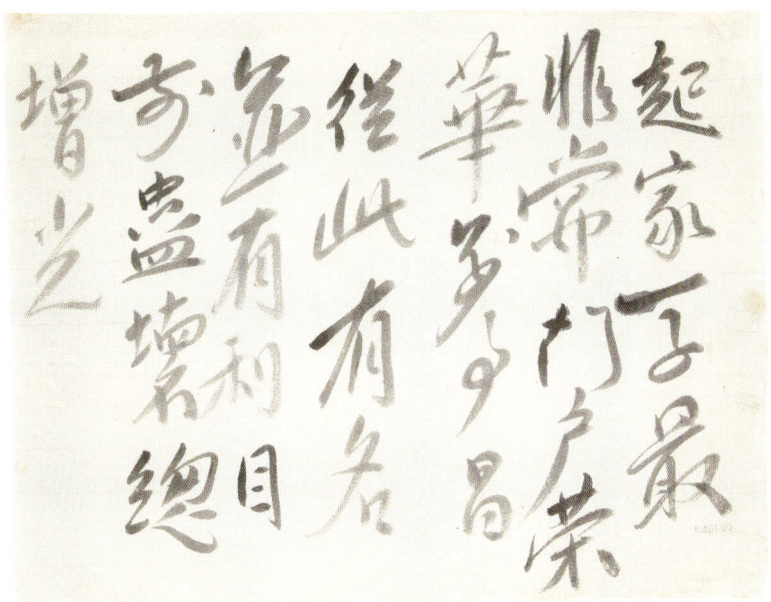

28-3. 1장, 필사, 34.0×43.0cm, RD02106

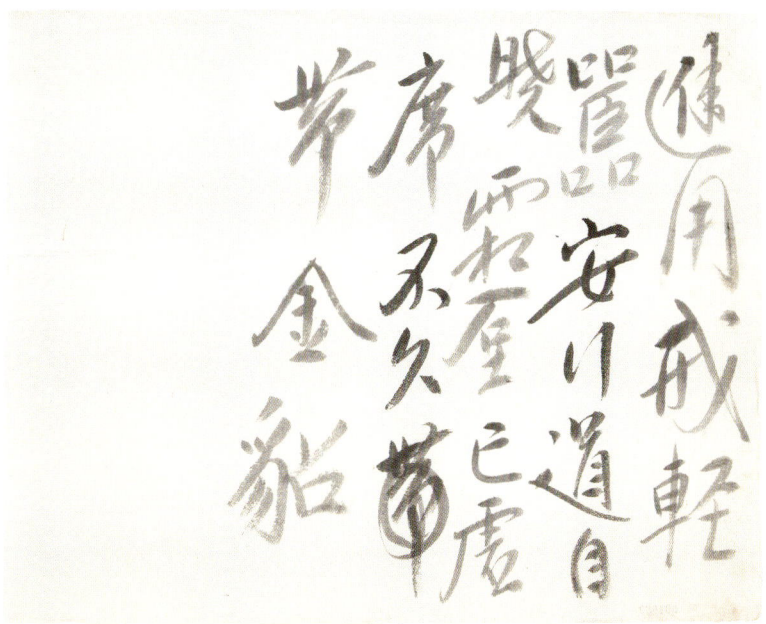

28-4. 1장, 필사, 34.0×43.0cm, RD02105

29.

사도세자 예제예필
「1758년에 별감 황석기黃錫耆에게 써 준 칠언절구」

1758년(영조 34)
1장, 필사
33.0×55.0cm
RD02104

1758년 2월 15일에 별감 황석기에게 써 준 칠언시로서, 파초 문양이 찍힌 용지 위에 사도세자 특유의 투박한 서체로 적혀 있다. 1796년(정조 20) 정조는 사도 온양 행차 시 황석기가 수가隨駕했다는 이유로 품계를 올려주었고 며칠 뒤 그가 이 예제예필을 진헌하자 감동한 나머지 병조판서로 하여금 그의 소원을 묻게 했다. 당시 정조가 애달파하며 친견했던 예필이 바로 아래 원고다. 황석기의 이름 세 글자를 시어로 활용하여 그 이름에 담긴 수복壽福의 뜻을 부연했는데 평측이 전혀 맞지 않는다. 정조는 이 작품을 근체시 격률에 맞도록 대폭 수정한 뒤 『능허관만고』에 수록했다. 그리고 원고에 적힌 수신자의 이름은 '어떤 사람人'으로 바꾸고 1758년 2월 15일 작품이 분명한데도 1756년(영조 32) 조에 편차했다. 그 이유는 무엇일까? 1758년 2월 15일, 바로 이날이 정성왕후 소상일小祥日이기 때문이다. 모친의 일주기에 일국의 세자가 일개 미천한 관원에게 희작의 성격이 농후한 엉터리 시편을 써 준 것이다. 정조는 생부의 경박하고 비상식적인 행동을 숨기고 싶었다.

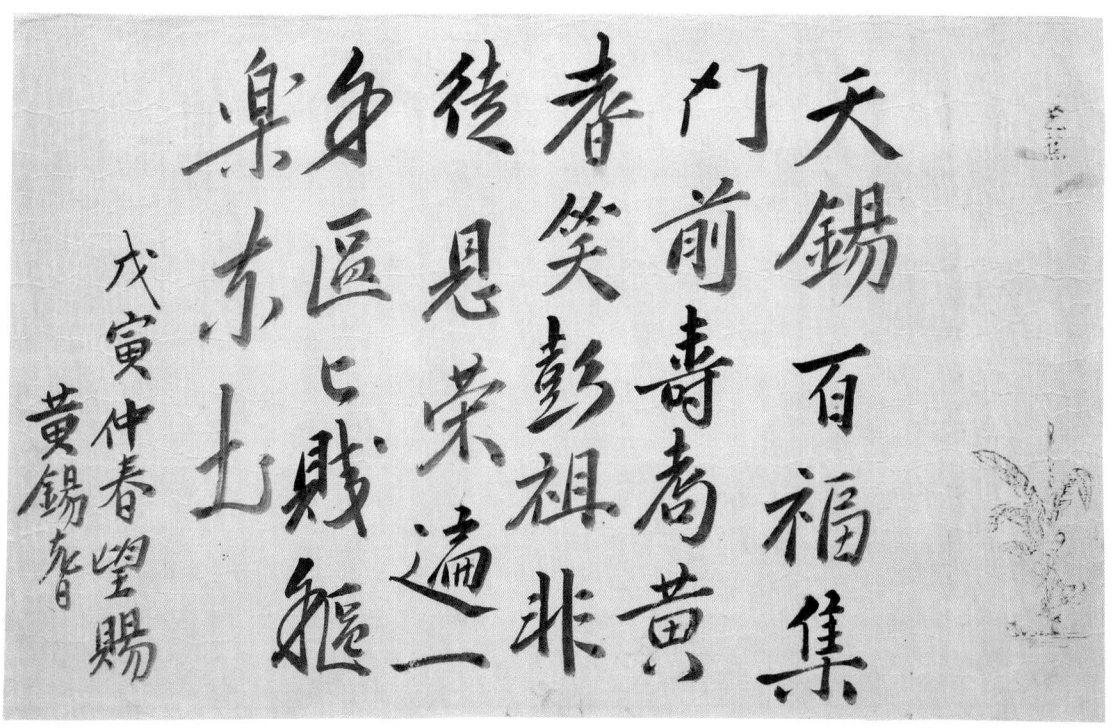

30.
사도세자 예제예필
「1758년에 별감 최선기崔善起에게 써 준 칠언절구」

1758년(영조 34)
1장, 필사
31.0×44.0cm
RD02111

1758년 봄에 별감 최선기에게 써 준 칠언절구다. 이 작품도 황석기에게 준 시편처럼 최선기 이름 세 글자를 시어로 활용하여 그 이름에 담긴 불가적 면모를 기술했는데 평측이 전혀 맞지 않는다. 일견 운문으로 보이지만 실제로는 자수가 가지런한 산문일 뿐이다. 20대 초반의 사도는 한시 제작 시 평측과 압운 등을 제대로 구사하지 못했을 가능성이 크다. 정조는 이 작품을 『능허관만고』에 수록할 때도 엄청난 수정을 가했고 수신자의 이름을 감추었으며 제작 시기도 바꾸었다. 그 이유는 사도의 비정상적인 면모를 은폐하기 위해서다.

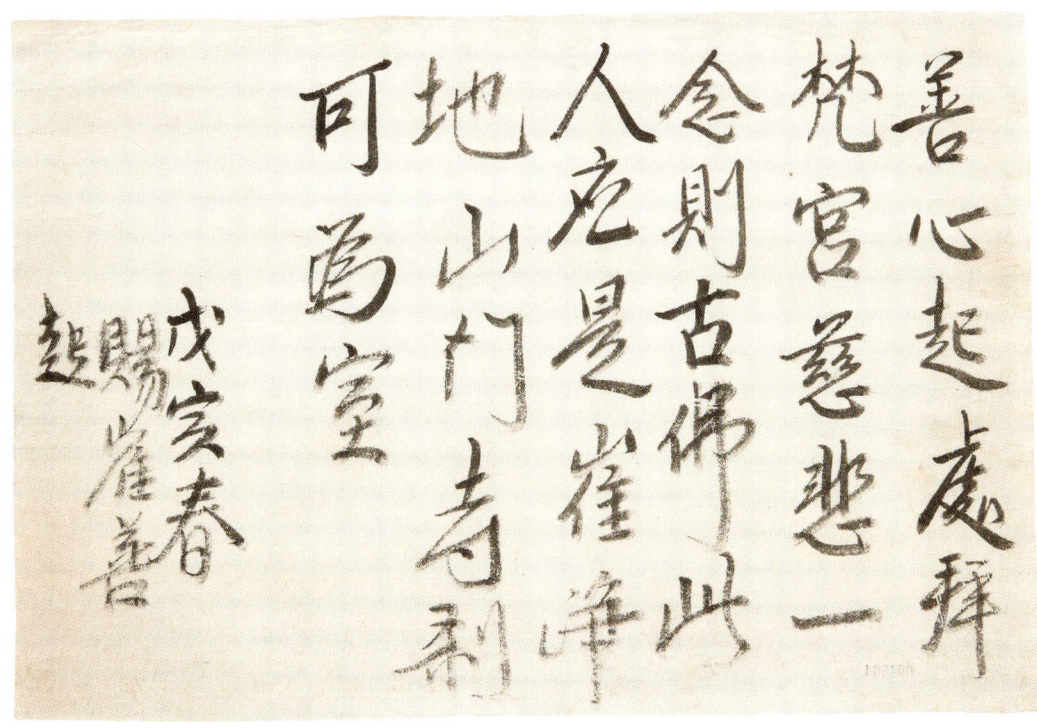

31.

사도세자 예제예필
「1761년 장단에 사는 김성집金聖集에게 써 준 칠언절구」

1761년(영조 37)
1장, 필사
34.0×43.0cm
RD02109

사도세자가 1761년 4월 3일 평양으로 가던 도중에 경기도 장단長湍 오목리梧木里 김성집의 집에서 유숙했을 때 그의 후의에 감사하는 뜻으로 써 준 칠언절구이다. 원고 말미에 사도의 별호인 '의재毅齋'가 보인다. 정조는 이 원고도 대폭 수정한 뒤 '희증파평주인戱贈坡平主人'이란 시제를 붙여『능허관만고』에 수록하였다. 정조가 수정한 글자는 전체 28글자 중에서 무려 16자에 이른다.

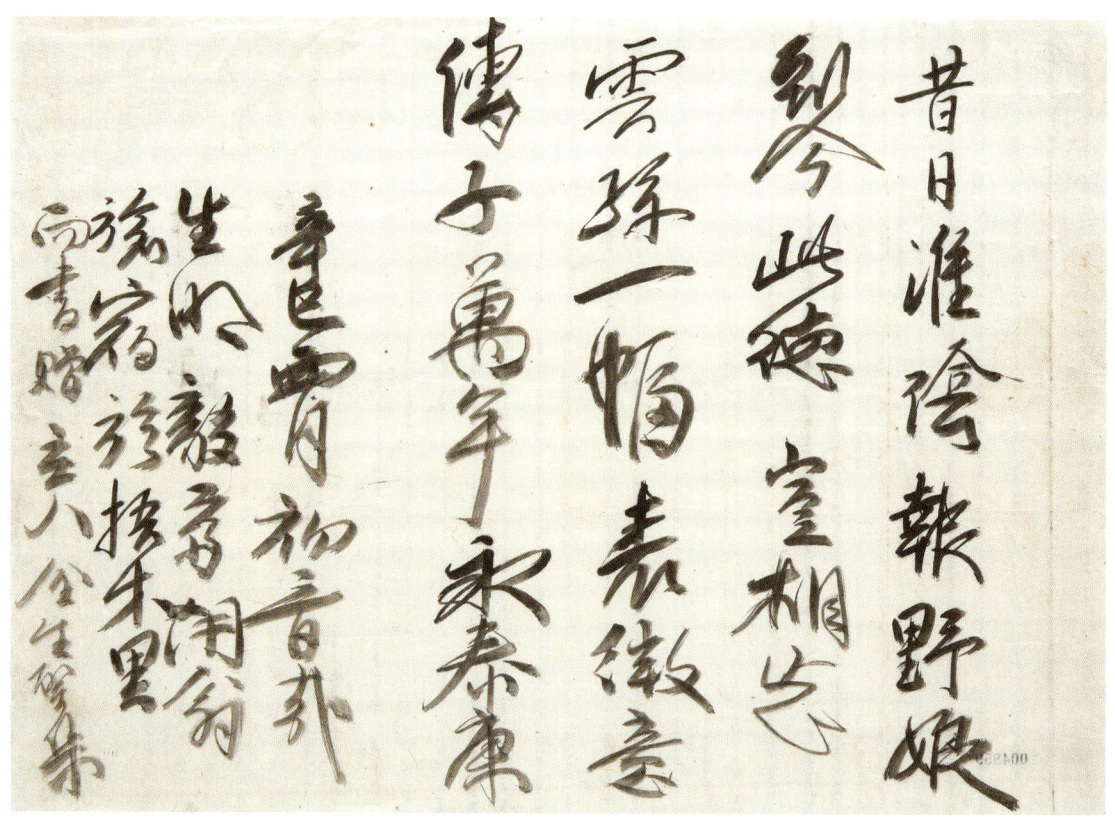

32.

사도세자 예제예필
「**1761년 평양에 사는 서필영**徐必榮 **자손에게 써 준 영지**令旨」

1761년(영조 37)
1장, 필사
47.0×36.0cm
RD02101

1761년 4월 9일에 사도세자가 평양부에 거주하는 통덕랑 서필영 자손의 잡역 면제를 지시한 영지이다. 영지란 대리청정하는 왕세자가 신하에게 내린 명령이다. 서필영이라는 인물과 이 원고의 작성 경위에 대해서는 알려지지 않았다. 국립중앙박물관 소장 「행행일기幸行日記」에 의하면 사도가 평양에 도착한 것은 4월 7일이고 4월 9일에는 공금정拱襟亭에서 광대 연희를 구경했다. 영지 맨 뒤에 사도의 예압睿押인 '달達' 자가 보인다. 사도의 예제예필 원고는 대부분 작성 시기와 수신자가 적혀 있다.

행차하여 분부하시되 평양부平壤府 동면東面 율사동栗寺洞에 사는 통덕랑 서필영 자손에게 잡역을 부과하지 말 것.
신사년[1761] 4월 초9일 행차. 달達.

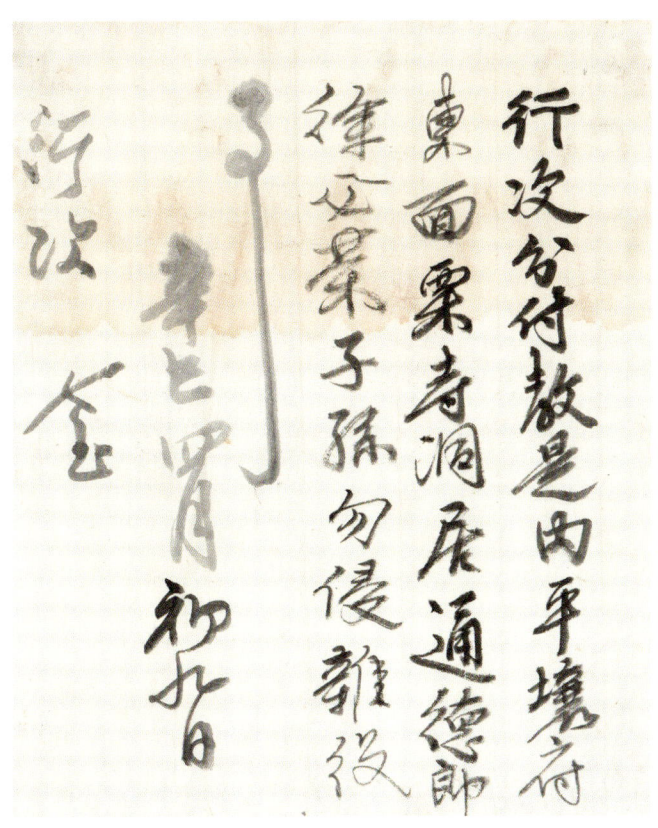

33.

사도세자 예제예필
「**1761년 평양에 사는 이대심李大心에게 써 준 영지令旨**」

1761년(영조 37)
1장, 필사
34.0×59.0cm
RD02103

1761년 4월 8일에 사도세자가 평양에 사는 유학 이대심에게 써 준 영지이다. 이대심이 선조宣祖: 穆廟의 후예이자 화의군和義君의 손자임을 세필로 밝힌 뒤 1743년(영조 21) 영조에게 하사받은 예압睿押인 '달達' 자를 적었다. 16글자로 녹권錄券을 작성한다고 했는데 실제로 4언 4구로 이루어졌다. 정조는 이 영지의 16글자 중에서 9자를 수정하되 거성去聲 원운願韻으로 운까지 맞추고 나서 '제권題券'이라는 제목을 붙여 『능허관만고』에 실었다.

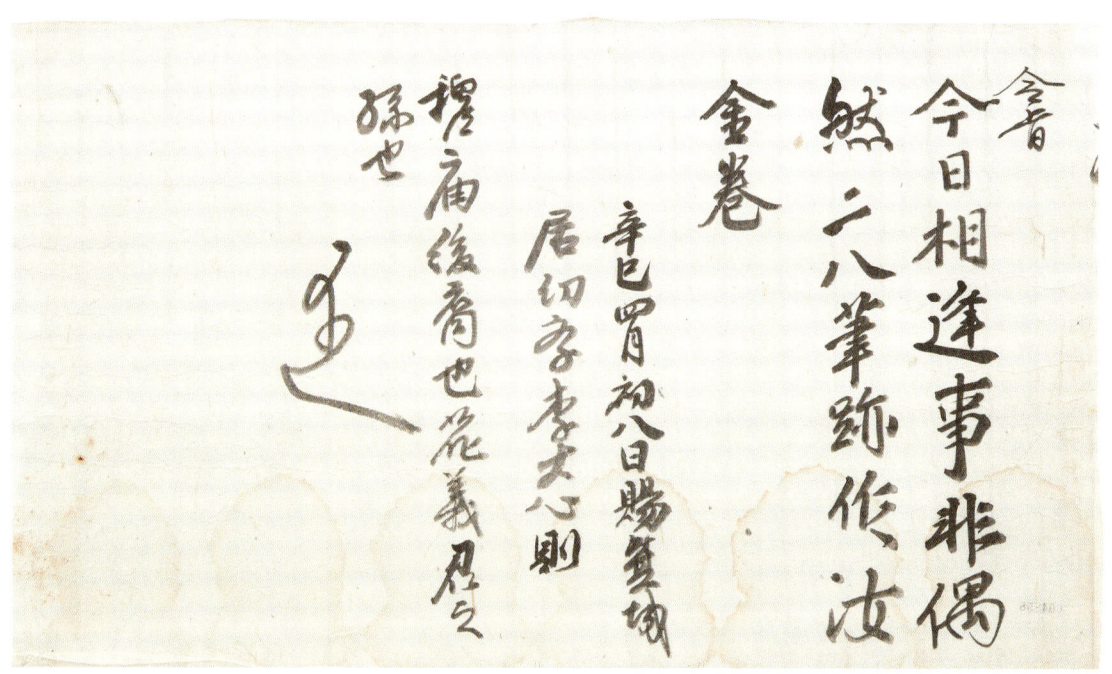

영지
오늘 상봉은 우연한 일이 아니다. 16자의 필적으로 너의 녹권錄券을 작성한다.[今日相逢, 事非偶然. 二八筆跡, 作汝金卷]
신사년[1761] 4월 초8일에 기성箕城에 사는 유학 이대심李大心에게 하사하니 바로 선조宣祖의 후예이며 화의군和義君의 후손이다. 달達.

* 사도는 '화의군和義君'을 '화의군花義君'으로 잘못 쓰고 있다.

34.
사도세자 예제예필
「**1761년 이대심李大心의 회답과 이대심에게 다시 써 준 글**」

1761년(영조 37)
1장, 필사
33.0×72.0cm
RD02100

1761년 4월 8일 사도세자로부터 영지令旨를 받은 유학 이대심이 황송하고 감사하다는 뜻의 글을 올리자 사도가 훗날의 만남을 대비하여 해당 용지 뒤쪽 여백에 이날의 인연을 기술하고 예압睿押을 써서 돌려준 글이다. 사도는 이 글에서 "내가 근일에 다소 겨를이 생겨 기성箕城의 번화함을 보며 북해北海를 뛰어넘는 웅심雄心을 펼치고 싶었다."라고 자술했다. 평양의 번화함을 만끽하며 호연지기를 발산하는 것이 평양 밀행의 목적이었다. 정조는 1789년(정조 13) 사도의 생평을 정리하여「현륭원행장顯隆園行狀」을 찬술했다. 세자의 평양행을 기술하는 부분에서 "신사년에 대신에게 시급한 대책을 물었으나 대신이 대답하지 못하자 드디어 평양에 갔다. 이것은 주상에게 명을 받아 역적들의 모의를 막기 위함이었다."라고 적음으로써 1761년 평양 밀행이 세자로서의 정치적 행보인 것처럼 미화했다.

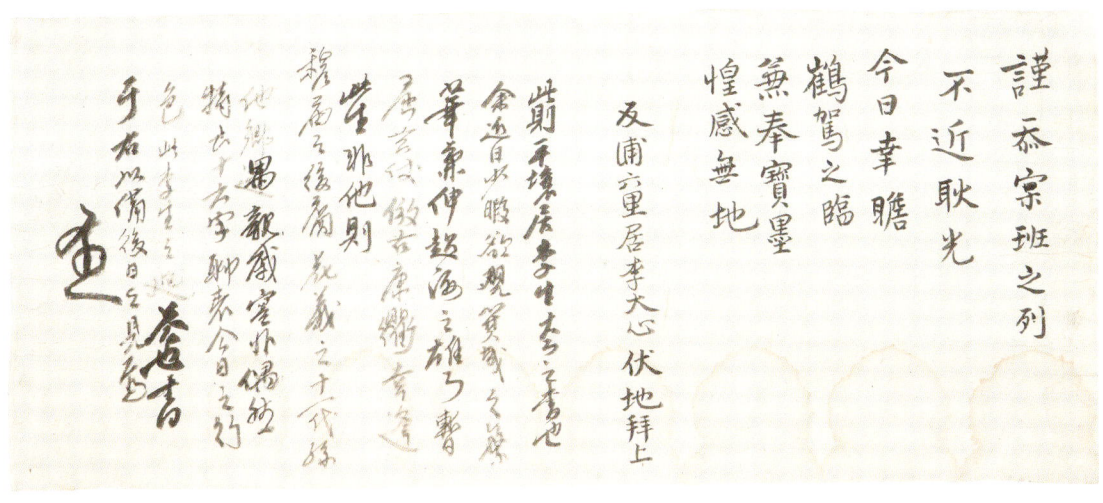

이것은 평양에 사는 이대심의 글이다. 내가 근일에 다소 겨를이 생겨 기성箕城의 번화함을 보며 북해北海를 뛰어넘는 웅심雄心을 펼치고 싶었다. 잠시 의장을 굽히고 옛 강구康衢를 흉내내다가 다행히 이 사람을 만났으니 다름 아닌 목묘穆廟의 후예요 화의군和義君의 11대손이었다. 타향에서 친척을 만나는 것이 참으로 우연이 아니므로 특별히 열여섯 글자를 써서 오늘의 상황을 표현했는데 이것은 이생李生의 회답이다. 이상과 같이 써서 훗날의 만남에 대비한다. 달達.

35.

사도세자 예필
가학헌駕鶴軒 편액 제서題書

1761년(영조 37)
1장, 필사
21.0×43.0cm
RD02110

사도세자가 1761년 4월 10일 자신이 머물던 평양 모처에 써 준 글씨로 편액을 만들기 위한 용도로 쓴 것이다. '가학헌駕鶴軒'은 세자가 머물던 곳이라는 뜻이다. 국립중앙박물관 소장 「행행일기幸行日記」에 의하면 이날 사도가 기자궁箕子宮을 유람한 뒤 숙소로 돌아와 이 글씨를 썼다고 한다. 평양에 도착한 4월 7일에 사도가 감영이 아닌, 민가에 머물겠다고 하자 장천유張天維의 집이 숙소로 정해졌다. 추정컨대 장천유에게 써 주었을 것으로 여겨진다.

36.

「행행일기幸行日記」

1761년(영조 37) 이후
1장, 필사
29.3×165.0cm
국립중앙박물관

1761년 4월 사도세자의 평양 밀행 일정을 평양의 하급 군관 함대일咸戴一이 기록한 문서이다. 그는 사도가 평양에 도착한 날 사도에게 임기응변의 능력을 인정받아 4월 7일부터 5월 1일까지 곁에서 호위했고 사도를 따라 창경궁까지 다녀갔다. 이때 함대일은 사도의 동선을 일기로 기록했으며 귀향하기 전에 사도로부터 예제예필이 적힌 부채를 하사받았다. 함대일 사후에 그의 아들 함정희咸正禧가 정조에게 예제예필 부채를 헌상함으로써 1789년(정조 13) 순장巡將에 임명되었다. 1796년(정조 20) 정조가 함정희와 그의 아우를 한양으로 불러들여 친견할 때 함정희가 이 일기를 바치자 정조는 서글픈 마음을 주체하지 못하다가 특별히 별군직別軍職에 임명했다. 별군직은 무반의 요직으로 국왕의 신변 보호가 주된 임무였다. 이 일기에 의하면 사도는 부벽루浮碧樓, 기린굴麒麟窟, 연광정練光亭, 공금정控襟亭, 기자궁箕子宮, 양각도羊角島 등을 유람하며 연회를 즐겼고 광대들의 연희를 보았으며 함대일에게 많은 하사품을 내리고 영선별장營繕別將에 제수하기도 했다. 이상의 사실들은 정조가 생부 행장에서 사도의 평양행을 기술한 것과 상당한 거리가 있다.

날짜	사도세자 일정	날짜	사도세자 일정	날짜	사도세자 일정
4월 7일	평양 도착, 함대일 만남	4월 12일	환궁 길 오름. 중화中和	4월 17일	송도松都
4월 8일	부벽루 연회, 기린굴, 연광정 유람	4월 13일	황주黃州	4월 18일	파주坡州
4월 9일	공금정에서 광대 연희 구경	4월 14일	월파루 연회	4월 19일	북한행궁北漢行宮
4월 10일	외성 행차, 기자궁 유람	4월 15일	서흥瑞興	4월 20일	창덕궁 환궁
4월 11일	양각도 유람 및 연회	4월 16일	평산平山	4월 26일	함대일에게 예제예필 부채 하사
				5월 1일	함대일 귀향

1761년 4월 사도세자 평양 체류 및 환궁 일정

勝敗以後羅爲名矢仍爲應 臨旗鞴櫜 佩馬
裝面 登練光亭終日 遊賞 賜臣戴一錢百
兩仍賞酒肉是夕 還御經宿所
初九日 幸御控棋亭觀優戲下詢鄕往之好業持差執
事臣戴一營緒別將
初十日 幸行外城八八敎門 還御經宿所
井田舊制 問仁賢遺浴 御座于箕宮 觀
事以 親筆揭額曰駕鶴斬 還御經宿所而是
夕
十一日 御宮舡順流至羊角鳥大設風樂日暮
還御經宿所
十二日 還幸京城時 特敎臣戴一陪從事 命
下仍爲尾從是日 幸到中和經宿
十三日 黃州經宿
十四日 臨御月波樓設風樂 還御經宿所
十五日 鳳山畵店鈒水抹馬瑞興經宿
十六日 葱秀畵店平山經宿
十七日 金川畵店松都經宿
十八日 長湍畵店坡州經宿
十九日 高陽畵店北漢經宿
二十日 命臣戴一射柳葉箭得中過三賞 賜宮本
三十 定細布五正御日 還宮
勿論事
二十六日 臣戴一販粟以父病乞歸 親筆 持書扇
面 賜給曰不料此身到箕城 文物彬彬倣楊州 九
日偕行情豈泛 一片雲孫表心頭 辛巳四月二十六
日賜西京人咸戴一箕營旗牌公 余上京時扈
從往時使喚者渠之子孫及渠之身大逆不道外一幷
勿論事
五月初一日又
賜服子五十兩錢一百兩以贍行資不勝
惶恐潸泣下直仍奉
御書御筆還鄕

26일. 신 대일戴一이 부친의 병으로 귀향을 요청하자 특별히 친필로 부채에 써서 내려 주셨다.
不料此身到箕城   생각지도 못하게 이 몸이 평양에 가보니
文物彬彬倣楊州   문물의 성대함이 양주楊州와 흡사하더라.
九日偕行情豈泛   아흐레를 동행했으니 어찌 마음이 아무렇지 않겠는가!
一片雲孫表心頭   한 조각 종이에 이내 심정을 표하노라.
신사년[1761] 4월 26일에 서경 사람 평양감영 기패관旗牌官 함대일에게 주다.
【내가 상경할 때도 호종했고 그곳에 갔을 때도 부리던 자이니 그의 자손 및 그 사람은 대역부도大逆不道의 죄가 아니면 일체 논죄하지 말라.】

辛巳四月日 幸行日記
初七日晴時
御駕幸幸開城府
時本府執事臣咸戴一待令擧行以過湥節次何以
爲之事敢禀 下敎曰合其船隊列立 命卽退聯船作行
隊伍之狀皆偸而恨以待反待行之意敢禀 下敎
凡百以不待予臣戴一卽大呼起火而仍目答曰作
起火聲始發終止之狀若如是耆三而止 侍卽進跪
執事之令年應嶷誠未甞也前八
伏 下敎曰汝讀武經子起伏以對曰七書盡能
通而最習知者兵學指南也仍卽 親臨拵諸
曰汝果善讀矣 下敎曰汝句恠豐而道前矣
戴一雖承 下敎誠惶恐不敢進前矣
執手稱賛而是頡悟奇哉奇哉汝姓
己聞知汝隊長遅隊能如是頡悟奇哉汝姓
名誰也年亦幾何對曰臣姓咸戴一年二十四矣
又 下敎曰汝是生貫鄕爲
安人自臣祖父益琛移寓平壤矣 下敎曰
汝之遠祖有顯官乎對曰臣十五代祖臣傳霖卽正
勳功臣東原君其子佐理功臣東平君臣爲浴基在
逐安故子孫同居矣 下敎曰汝本平壤人乎對曰臣以黃海道遂
流落遐方殊可惜也而汝之道退擧止亦無邊越无極
嘉尙汝湏近侍勿離也
御船阮渡江敢禀
經宿而定于公廨乎定于私舍乎 下敎曰定私舍
卽奉
敎八大同門內定以閭民張天雄家後囲
藁定次串雜 奉行九郞一低內侍一體
禀是夕 御官船 幸行浮碧樓大張常餘故樂
初八日
御官船 令侍人勿禁民人使觀光 持紋羅島卽
選泰

37.

『중국소설 회모본中國小說繪模本』

1762년(영조 37)
1책, 필사본
27.9×19.0cm
국립중앙도서관

임오화변이 일어나기 직전에 궁중 화원 김덕성金德成 등이 사도세자의 명을 받아『서유기』, 『수호지』, 『삼국지』 등 13종의 중국소설에서 128편의 삽화를 선별하여 베낀 그림을 엮은 책이다. 전반부에 사도 예제예필「서序」와「소서小敍」가 실려 있는데 1762년 윤5월 9일, 즉 뒤주에 갇히기 나흘 전에 쓴 글이다. 정조는 부친 시문을 교정·편집할 때「서」와「소서」를 수정한 뒤 제목을「화첩제어畫帖題語」와「후제後題」로 바꾸어 문집에 수록했다. 최소한의 골격만 남기고 대폭 개작하되, 사도가 패관稗官·소사少史를 읽기는 했지만 소설이나 잡서에 깊이 빠지지는 않았고 보편적 진리를 알기 위해 패관·소사를 읽었다는 점에 주안점을 두었다. 그리고 자구 구사와 통사 구조 측면에서 완정한 문예미를 추구했다. 사도는「소서」에서 본인이 읽고 소장했던 93종의 서명을 일일이 제시했는데 이 가운데 상당수가 중국소설 및 패관·소사이고 여기에는『금병매錦瓶梅』,『탐환보貪歡報』,『육보단肉蒲團』,『연정인戀情人』,『염사艷史』,『타흥도화抂興圖畵』 등의 염정소설과 음란소설, 춘화류가 포함되어 있다. 무소불위의 권력을 손에 쥔 왕세자요, 100여 명의 목숨을 앗아간 살인자요, 20대 후반의 건장한 남성이 외설 서적을 탐독하는 모습은 자못 엽기적이다. 정조는「소서」를 개작하면서 이들 서명을 모두 삭제했다. 이러한 서책들이 생부의 위태로운 일상을 적나라하게 보여주므로 숨기고 싶었던 것이다.『중국소설 회모본』은 정조가 사도 문집을 편집·교정할 때 참조한 책이 분명하다.

또 그중에 음담괴설淫談怪說이 있으니『염정쾌사濃情快史』,『소양취사昭陽趣史』,『금병매錦瓶梅』,『도정백취陶情百趣』,『옥루춘玉樓春』,『탐환보貪歡報』,『행화천杏花天』,『육보단肉蒲團』,『연정인戀情人』,『무몽연巫夢緣』,『등화연燈月緣』,『요화총鬧花叢』,『염사艷史』,『타흥도화抂興圖畵』,『백초百抄』,『하간전河澗傳』이 있으니 저마다 형형색색이요 초목처럼 성대하여 이루 다 말할 수 없다.

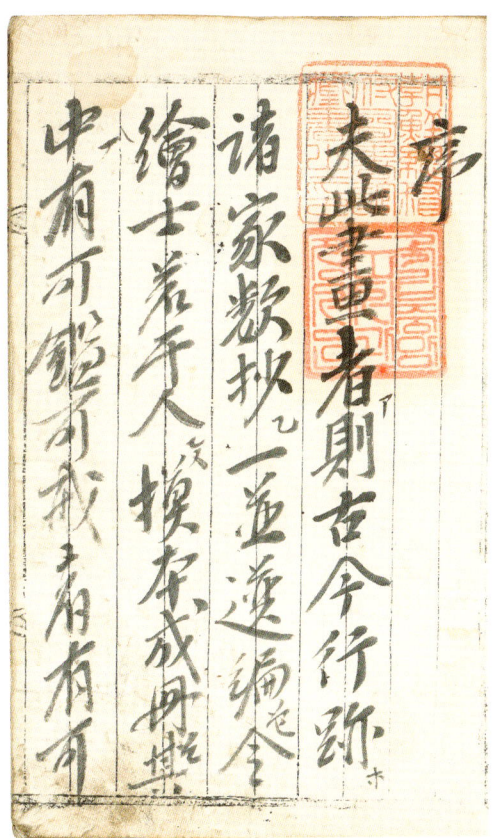

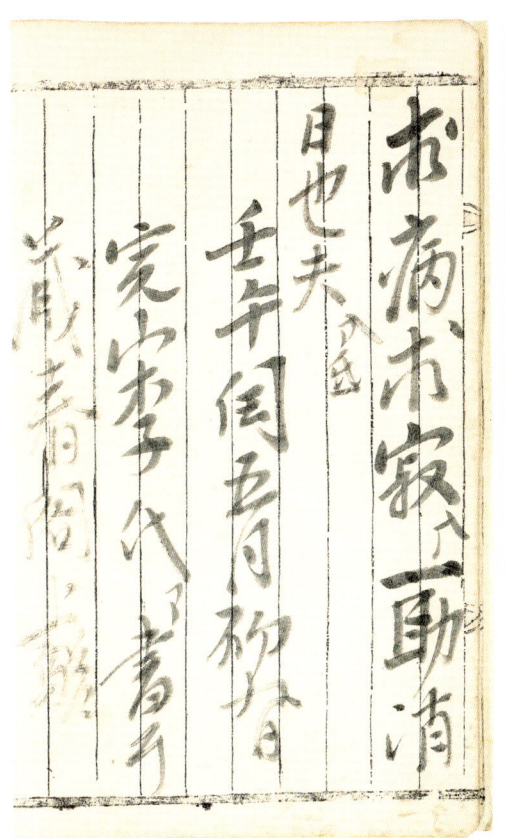

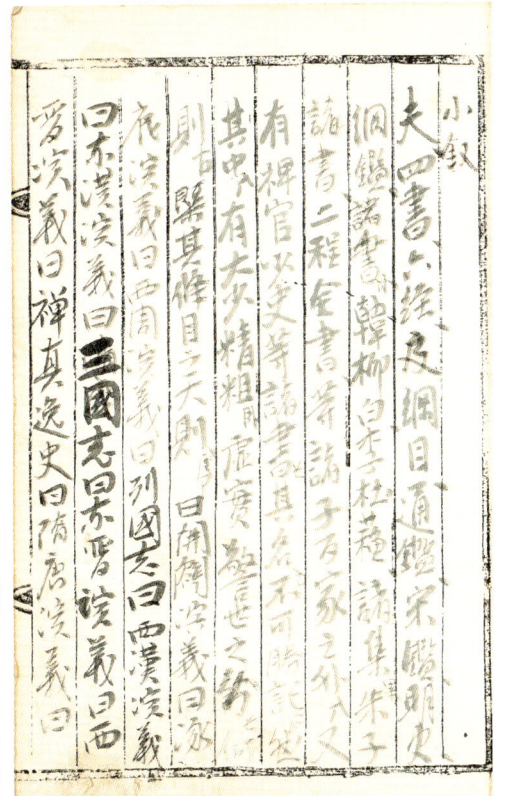

제통하영귀문사濟通河靈龜問事, 『서유기』 중

적벽대전受曹箭孔明謝送, 『삼국지』 중

38.

『강서원일록講書院日錄』

1761년(영조 37)
4책, 필사본
30.6×20.0cm
K3-1

정조가 세손으로 있을 때인 1759년(영조 35) 8월부터 1761년 12월까지 강서원에서 진행한 교육 과정을 좌익선 박성원朴聖源이 일기 형식으로 기록한 책이다. 표제와 서근제는 '박유선강의朴諭善講義'이다. 강의한 서책명을 소제목으로 삼았고 진강 날짜, 진강 관원, 진강 내용 등을 기록했다. 진강은 전날 배운 것을 복습하는 온강溫講과 새로운 것을 배우는 원강元講으로 구분했다. 8세가 된 세손 정조는 『소학』, 『논어』, 『대학』 순으로 학습하되 음독을 익히고 나서 축자 해석을 배우는 방식으로 공부했다. 훗날 정조는 강서원에서 자신을 가르치던 빈객들이 모두 한 시대의 인물 중에서 엄선된 자들이라고 추허하며 남유용南有容, 서지수徐志修, 박성원을 그 실례로 꼽은 바 있다. 사도에 대한 영조의 분노와 절망이 정점에 이른 시점에 세손 정조의 존재는 영조에게 새로운 희망이자 대안으로 다가왔다.

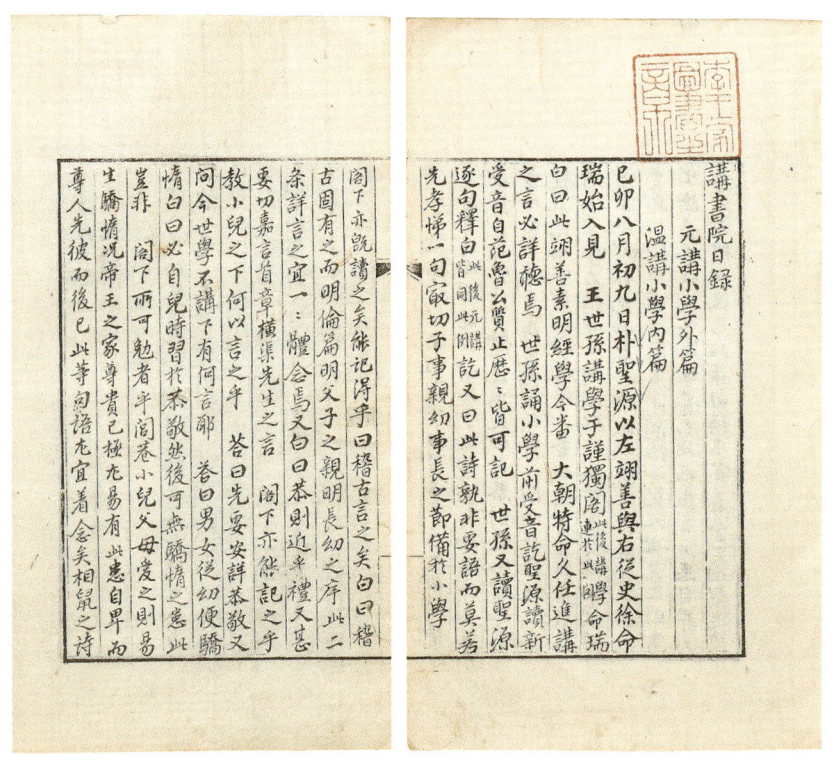

39.
『어제 경현당여세손회강략기御製景賢堂與世孫會講略記』

1762년(영조 38)
1첩, 탁인본
48.3×28.3cm
K2-4376

1762년 3월 29일 영조가 세손 정조를 데리고 경희궁 경현당景賢堂에서 회강會講한 사실을 기록한 탑본 첩이다. 회강이란 세자나 세손이 매달 국왕과 사부 이하 관원들 앞에서 그간의 교육 정도를 평가하는 것으로, 세자나 세손의 나이 11세가 되면 매달 2일과 16일에 행하는 것이 원칙이다. 이날 영조는 『대학』을 강하고 세손은 『소학』을 강했다. 영조가 세손에게 수많은 질문을 던질 때마다 세손은 영특한 답변으로 호응했다. 영조는 매우 기뻐하며 이날을 기념하고자 본인과 세손이 주고받은 문답을 적고 그 아래에 여러 신하의 이름을 열서한 뒤 현판에 새겨 강서원에 걸게 했고 현판을 탁본하고 장첩하여 동궁, 세손궁, 강서원, 사각 등에 보관하게 했다. 이날 회강은 세손 정조의 첫 번째 회강으로 여겨진다. 사도가 어려서 영민한 모습을 보일 때 영조는 '조선이 잘 다스려질 것이라는 희망'을 품었다. 이날 영조는 세손의 모습을 보고 "우리 동방이 잘 다스려질 것이로다."라고 말했다. 당시 영조와 사도의 관계는 파국을 향해 치닫고 있었다. 이 첩을 통해 세손 정조에 대한 국왕 영조의 기대를 가늠할 수 있다.

편제篇題부터 '칠십치사七十致事'까지 글의 뜻을 물었는데 세손이 질문에 따라 답변한 것에 오류가 전혀 없었다. 그중에 명철한 대답이 있었을 뿐만 아니라 강독하는 소리가 낭랑하고 행동거지가 법도에 맞았으니 아아! 우리 동방이 잘 다스려질 것이로다!

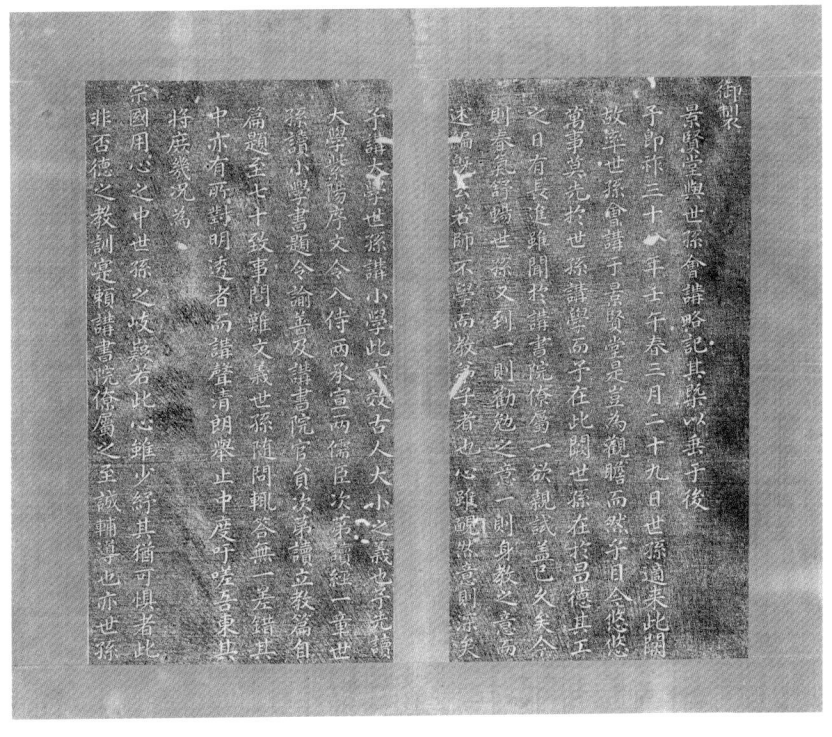

40.

『어제御製』

1763년(영조 39)
1책, 필사본
19.8×13.2cm
K4-6906

1759년(영조 35)부터 1763년 사이에 영조가 세손 정조에게 내린 글을 정리한 책이다. 표제는 '어제御製'이고 표제 아래에 '서시세손書示世孫'이라 적혀 있다. 이 책에는 「서시세손」을 위시하여 「서회령강서원겸관시세손書懷令講書院兼官示世孫」, 「훈세손서訓世孫書」, 「면세손勉世孫」, 「문세손問世孫」, 「유세손諭世孫」, 「어제」, 「자성편문답自省篇問答」 등 12편의 훈유문이 실려 있다. 의미가 분절되는 곳에 표점을 찍거나 구결을 써 넣은 곳이 많다. 영조가 임오화변을 전후한 시기에 세손 훈유문을 연거푸 제작했다는 사실은 세손 정조를 사군嗣君으로 생각하기 시작했다는 방증이다. 예컨대 「문세손」에서 세손에게 나의 부족한 부분을 어떻게 돕겠냐고 질문한 것과 「유세손」에서 강학에 힘쓰고 본성을 지켜 우리 종묘를 계승하고 선업을 이으라고 말한 것은 그 때문이다.

「문세손問世孫」 중에서
지금 다만 눈앞의 일을 가지고 너에게 묻겠다. 너는 장차 어떻게 내 부족한 점을 돕겠냐? 부족한 점이 무엇이냐면 효孝도 제대로 하지 못했고 제悌도 제대로 하지 못했다. 사람의 도리는 오직 효제孝悌이거늘 어떻게 내 부족한 점을 돕겠냐? 이 마음이 종국宗國을 위하여 계속 맴돈다. 지금 찾아온 문안관을 통해 너에게 특별히 묻는다.

「유세손諭世孫」
이제 네가 삼가三加의 예를 행한 뒤에 초례醮禮까지 행했으니 4백 년에 가까운 나라가 장차 의탁할 곳이 있게 되었다. 이는 참으로 3백 년 만에 처음 있는 일이어서 추모하고 기쁜 마음이 가슴속에 간절하게 교차된다. 나이는 15세가 되지 않았으나 예법으로는 성인이 되었으니 이제부터 강학에 더욱 힘쓰고 본성을 잃지 말아서 우리 종묘를 계승하고 선업을 계술하라. 초례가 끝나자마자 구두로 말하여 받아 적게 함으로써 너를 권면하니 힘쓰고 또 힘써라.

書示世孫
庚辰孟秋
日乃中旬
其何有此
我孫來謁
瞻彼大道
有新儀伏
轎中儼然
有若成人

甫敢怠哉
問世孫
甫方冲年能知甫祖之心乎
一朔之內兩行忌辰祭甫
亦知予心乎甫祖今雖衰耗
夙夜一心慕先爲民今只

以目下事問甫將他日何
補予不逮乎不逮者何卽孝
猶未能悌而已若何補此未能
孝悌而已若何補此未能歟
爲宗國耿耿今來問安官
特問于甫

諭世孫
今甫旣行三加之禮又行醮
禮近四百年宗國其將有
托而此誠三百年初有之事
追慕嘉喜之心交切于中年
未至乎成童禮則備乎成人

IV.

영조의 결단과
영빈 의열의 현창

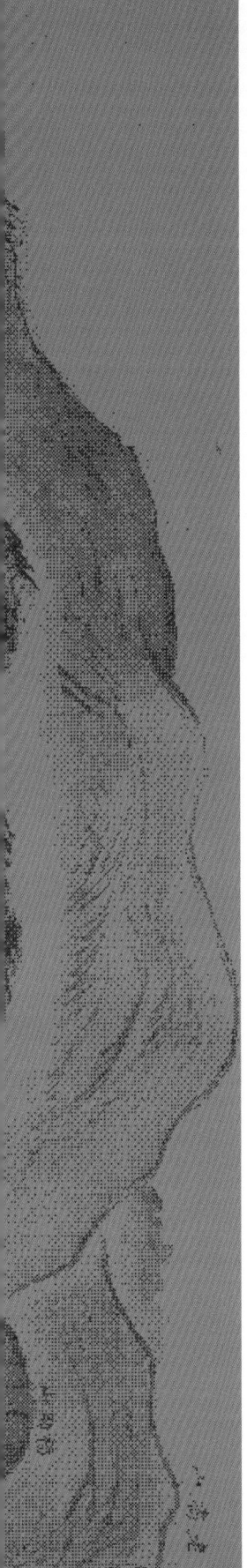

사도의 일탈과 기행이 점차 엽기적으로 변하더니 결국 부왕의 역린을 건드렸다. 임오화변 20일 전 나경언羅景彦의 고변으로 사도가 왕손의 어미를 죽이고 비구니를 궁에 들이고 평양에 몰래 다녀온 사실 등이 공론화되었다. 영조는 세자 폐위를 마음먹었으나 차마 입이 떨어지지 않았다. 1762년 윤5월 13일 새벽, 사도의 생모 영빈이 경희궁으로 찾아와 아들의 죄상을 고하며 대처분을 요구했다. 살인, 혹형, 음행, 영빈에 대한 위협 등은 차치하더라도 궁궐 후원에 영조의 무덤을 조성하고 살해를 시도한 것은 패륜을 넘어 대역의 죄였다. 영조는 결국 사도의 처분을 결심했다. 기우제 설행을 핑계로 서둘러 창경궁에 행차했다. 일의 기미가 사전에 누설될까 염려했기 때문이다. 비상사태에 준하는 경비를 명했다. 궐문과 도성문은 통제되었고 삼군영과 호위청 군사가 즉시 소집되었다. 그리고 선원전에 가서 열성에게 그 사유를 고한 뒤 죽은 아내의 혼전인 휘령전에서 세자를 폐하여 서인으로 만들었다. 그리고 자신의 의지를 관철시켰다. 찌는 듯한 폭염이 한창이던 때 정신이 온전하지 않던 사도는 뒤주에 갇힌 지 아흐레 만에 사망했다.

윤5월 21일, 아들이 죽자 세자 위호를 회복시키고 '사도思悼'라는 시호를 내렸다. 장례는 변례에 입각하여 간략히 진행했고 묘소와 사당도 절용의 원칙에 따라 일반 왕세자보다 낮게 대우했다. 삼년상이 끝나기 전에 세손을 효장의 후사로 삼더니 사도에 대한 일체의 추숭을 금지시켰다. 정조는 즉위 후에 제사를 올릴 때조차 사도를 '황숙皇叔', 자신을 '조카[從子]'로 칭해야 했다. '사도'는 예전 잘못을 후회하다가 요절했다는 의미다. 임오화변 직후에 사도는 시호 '사도'로 칭해졌고 묘소와 사당 이름도 '사도'였다. 영조도 두 글자가 불편했는지 문장 속에 적을 때는 '고세자故世子'라고 쓰게 하다가 1764년 8월 묘묘墓廟에 '수은垂恩'이라는 이름을 내렸다. 패악한 자식을 포용하여 아비로서 은혜를 베풀었다는 뜻이다.

반면에 영빈에 대한 예우는 사뭇 달랐다. 사도의 담제가 끝나고 영빈이 사망하자 사당과 묘소에 '의열義烈'이라는 이름을 내리고 이듬해 시호 '의열'을 하사했다. 영빈의 결단 덕분에 종사가 안정되고 의리와 윤리가 밝아졌다는 이유에서다. 영빈은 의리와 충렬의 표상이었다. '의열'과 '사도', '수은'에는 충과 역, 의와 불의라는 포폄의 뜻이 담겨 있다. 영빈의 의리와 충렬이 강조될수록 사도의 불의와 불충은 선명해진다.

영조는 사도의 처분이 사사로운 감정에 따르지 않고 공적인 의리를 지킨 것이라고 여겼다. 이른바 임오의리다. 영조가 내린 일련의 조치를 바라보는 세손의 마음은 복잡했을 것이다. 세손 정조는 영조와 조모 영빈에게 내심 원망의 뜻을 품고 있었다.

41.
『영조실록』 38년(1762) 윤5월 13일 기사

예전에 효장세자가 훙서하고 나서 주상에게 오랫동안 후사가 없다가 세자가 탄생하였다. 자질이 탁월하여 주상이 매우 사랑하였는데 10여 세 이후에 점차 학문에 태만하였고 대리代理한 후부터 질병이 생겨서 천성을 잃었다. 처음에는 대단치 않았기 때문에 신민들이 낫기를 바랐으나, 정축년[1757]과 무인년[1758] 이후로 병세가 더욱 심해져 병이 일어날 때는 궁비와 환시를 죽이고 죽인 후에 문득 후회하곤 하였다. 주상이 매양 엄한 하교로 호되게 꾸짖으니 세자가 의구심으로 더욱 위중해졌다. 주상이 경희궁으로 이어하자 두 궁 사이가 막히게 되었고 또 환관과 기녀와 함께 방탕하게 유희하면서 하루 세 차례의 문안까지 모두 폐하였다. 주상은 마음에 들지 않았으나 이미 다른 후사가 없었으므로 주상이 매양 나라를 위해 근심하였다. 나경언羅景彦이 고변한 이후로 주상이 폐하기로 결심하였으나 차마 말을 꺼내지 못하였는데 갑자기 유언비어가 안에서부터 일어나서 임금이 놀랐다. […]

세자가 집영문集英門 밖에서 맞이하고 이어서 어가를 따라 휘령전徽寧殿으로 나아갔다. 임금이 행례를 마치고 세자가 뜰 가운데서 사배례를 마치자 임금이 갑자기 손뼉을 치면서 하교하였다. "여러 신하들 역시 신령의 말을 들었는가? 정성왕후께서 나에게 '변란이 호흡지간呼吸之間에 있다.'고 간곡하게 말하였다." 이에 협련군挾輦軍에게 명하여 휘령전 문을 4~5겹으로 굳게 막고, 또 총관摠管 등으로 하여금 배열하여 시위侍衛하면서 궁궐 담장을 향하여 칼을 뽑아 들게 하였다. 궁성문을 막고 호각을 불어 군사를 모아 호위하게 하고 사람의 출입을 금하였다. […]

주상이 세자에게 명하여 땅에 엎드려 관冠을 벗게 하고, 맨발로 머리를 땅에 조아리게 하고 이어서 차마 들을 수 없는 전교를 내려 자결할 것을 재촉하니 세자의 조아린 이마에서 피가 났다. […]

주상이 칼을 들고 차마 들을 수 없는 전교를 연이어 내려 동궁의 자결을 재촉하자 세자가 자결하고자 하였는데 춘방의 여러 신하들이 말렸다. 임금이 이어서 세자를 폐하여 서인으로 삼는다는 명을 내렸다. […]

마침내 세자를 깊이 가두라고 명하자 세손은 황급히 들어왔다. 주상이 빈궁과 세손, 여러 왕손을 좌의정 홍봉한 집으로 보내라고 명하였다. 시간이 이미 자정을 지났을 때 주상이 전교를 내려 중외에 반포하였는데 전교는 사관史官이 기휘하여 감히 쓰지 못하였다.

『영조실록』, 국가기록원 역사기록관

42.
임오화변 당일의 삼엄한 경계와 호위

1762년 윤5월 13일, 영조는 아들 사도세자를 처분하기로 결심했다. 먼저 창덕궁 선원전에 가서 열성에게 고한 뒤에 죽은 아내의 혼전인 휘령전에서 자신의 의지를 관철시켰다. 10여 년을 대리청정하던 세자가 서인庶人이 되어 뒤주 속에 갇히던 그날, 휘령전뿐만 아니라 도성 분위기는 삼엄하기 그지없었다.

42-1
『호위청등록扈衛廳謄錄』

창경궁에 거둥하였을 때 돈화문 문루 위에서 천아성天鵝聲을 불어 군사를 소집하자, 호위청 삼청三廳의 소임 군관所任軍官 및 재가 군관在家軍官이 일제히 관상감현象監峴에 모여 하룻밤을 지새웠다. 이튿날 새벽에 승전색承傳色을 통해 구전으로 하교하기를 "호위는 이 궁궐[창덕궁]만 하고 원임대신은 호위청 군관을 이끌고 비변사에 머무르며 지켜라."라고 하였다.

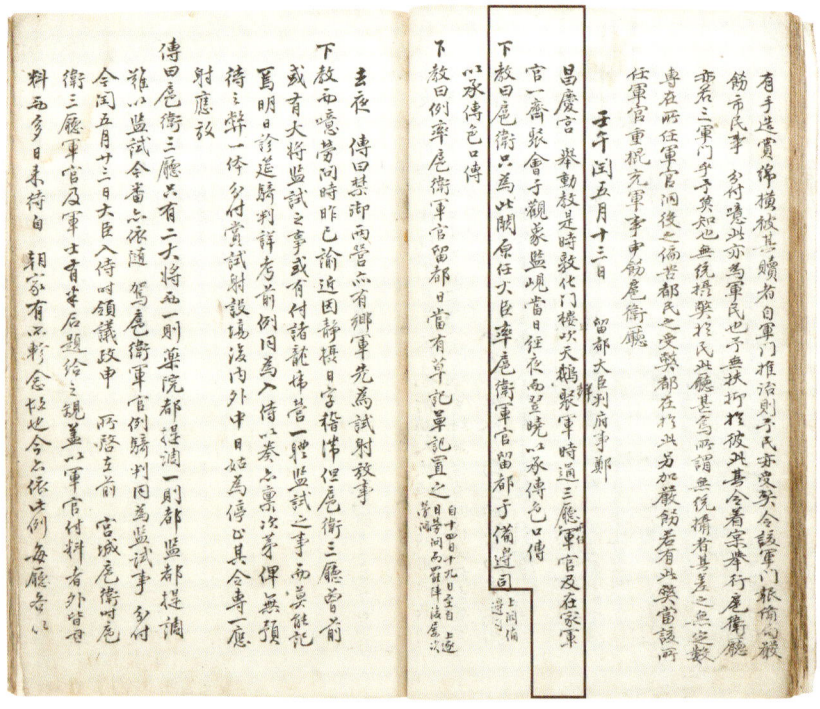

1660년(현종 1)~1806년(순조 6), 5책, 필사본, 34.0×37.0cm, K2-3390

42-2

『훈국집사청등록訓局執事廳謄錄』

전교하기를 "전상前廂과 후상後廂*은 어영군으로 차출하되 어영대장이 영솔하여 거행하고, 협련군挾輦軍은 훈련도감에서 거행하며, 마군馬軍은 외영外營으로 거행하고, 시위수궁侍衛守宮은 원래대로 원량과 세손을 맞이하며 유진留陣은 그만두어라." 하였다.

병조에서 상고할 것. 이번 윤5월 13일, 어가가 창덕궁 선원전에 나아가 전배하실 때 협련포·살수挾輦砲殺手 80명은 훈련도감 병사 중에서 차출하여 장관이 영솔하고, 협련장挾輦將이 협의하여 좌우로 나누어 호위하며, 각 군문에 등燈을 다는 것은 규정에 따라 계품을 생략하여 거행하고, 훈련도감 병사는 규례대로 본영에 머물 것을 모두 계하했으니 시행할 것.

어가가 선원전에 나아가 전알하고 휘령전에 나아가 전배한 뒤, 미시未時 무렵에 창덕궁 문과 도성문을 닫고 내취內吹로 하여금 돈화문 문루에서 천아성天鵝聲을 불어 군사를 소집하게 하였다. 그러므로 훈련대장이 반열의 의막依幕에서 군복을 착용하고 돈화문 밖으로 가서 정해진 지역을 호위하였다. 금위영은 금호문金虎門 밖에서 호위하였고 어영청은 […]

* 전상前廂과 후상後廂: 임금의 거둥 시 앞쪽을 호위하는 군대를 전상, 뒤쪽을 호위하는 군대를 후상이라고 한다.

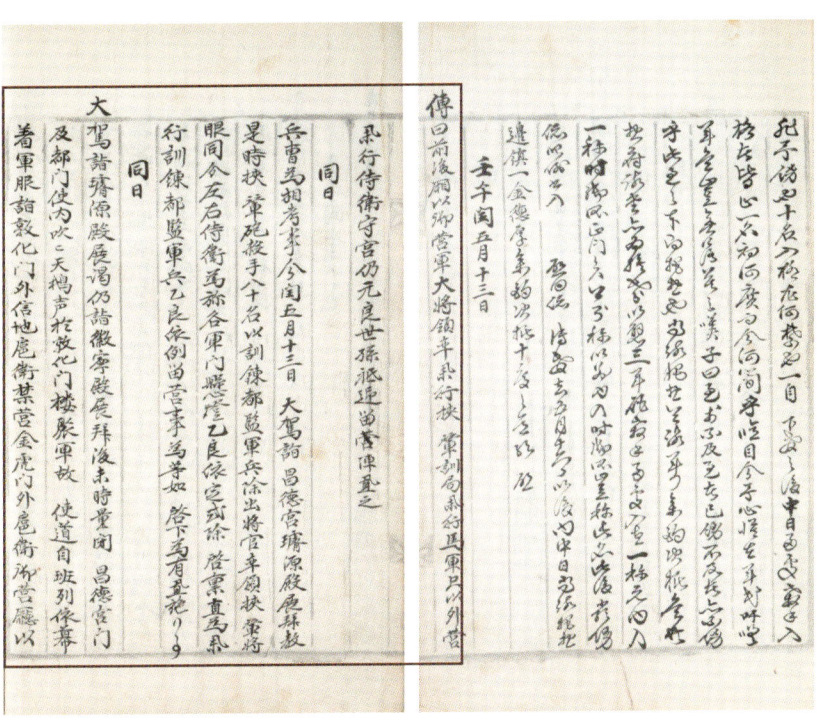

1721년(경종 1)~1824년(순조 24), 5책, 필사본, 33.0×23.0cm, K2-3404

43.
「폐세자반교문廢世子頒敎文」

1762년(영조 38) 사도세자에게 자결을 재촉하던 영조는 세자를 폐하여 서인으로 삼겠다는 명을 구두로 내림으로써 세자와 춘방春坊의 권한을 박탈했다. 세자를 뒤주에 가두고 자정이 넘었을 때「폐세자반교문廢世子頒敎文」을 친히 써서 경향에 반포하면서 자신의 아들이자 일국의 소조小朝인 사도를 폐위하고 처분할 수밖에 없는 근거를 제시했다. 하지만 임오화변 이후에 사도의 죽음과 관련된 것들이 금기가 되었고 영조가 승하 직전에 세손 정조의 간청으로 『승정원일기』에서 임오화변 관련 기록을 세초하면서 반교문 역시 공식 기록에서 자취를 감추었다. 다행히도 권정침權正忱의 『모년기사某年記事』, 박종겸朴宗謙의 『현구기玄駒記』, 박하원朴夏源의 『대천록待闡錄』 등에 해당 반교문이 실려 있다. 각각의 글들 간에는 글자의 출입이 보이는데 자형과 전후 문맥을 감안하여 아래와 같이 「폐세자반교문」 정본을 만들어 보았다.

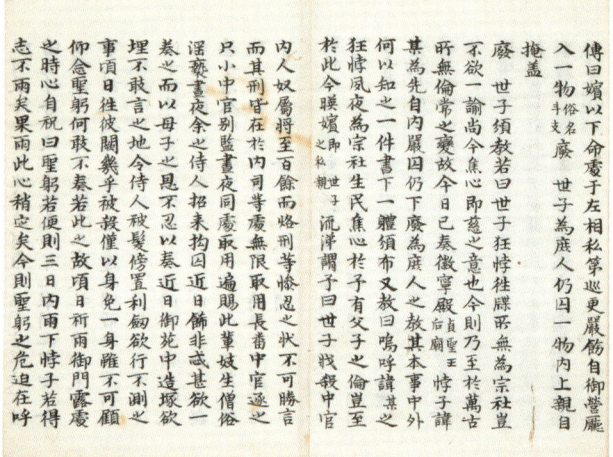

43-1. 『대천록待闡錄』, 1807년(순조 7), 10권 10책, 필사본, 25.7×19.3cm, K2-193

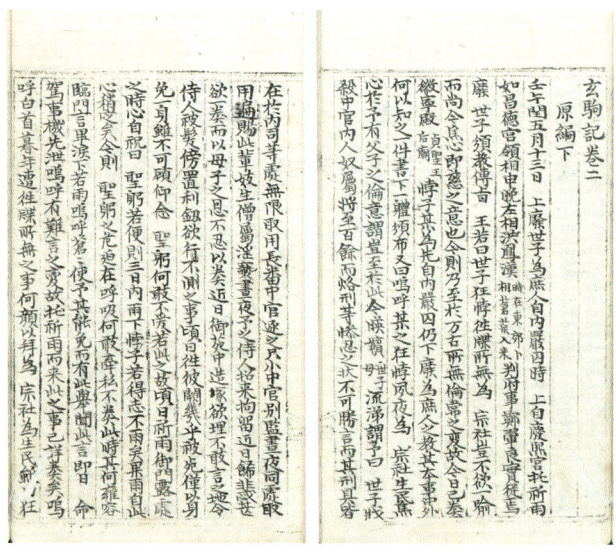

43-2. 『현구기玄駒記』, 18세기 후반, 4권 2책, 필사본, 21.5×13.8cm, K2-311

정본 「廢世子頒敎文」

王若曰 世子狂悖 往牒所無 爲宗社 豈不欲一喩 尙今焦心 卽慈意也 今則乃至於萬古所無倫常之變 故今日已奏徽寧殿 悖子某爲先自內嚴囚 仍下廢爲庶人之敎 其本事 中外何以知之 一件書下 一體頒布 又下敎曰 嗚呼 某之狂悖 夙夜爲宗社生民焦心 於予有父子之倫 豈至於此 今暎嬪流涕謂予曰 "世子戕殺中官內人奴屬 將至百餘 而烙刑等慘忍之狀 不可勝言 而其刑具皆在於內司等處 無限取用 長番中官逐之 只小中官 別監 晝夜同處 取用遍賜 此輩 妓生 僧屬 淫褻晝夜 余之侍人 招來拘囚 近日飾非忒甚 欲一奏之 而以母子之恩 不忍上奏 近日御苑中造塚 欲埋不敢言之地 令侍人被髮 傍置利劍 欲行不測之事 頃日往彼闕 幾乎被殺 僅以身免 一身雖不可顧 仰念聖躬 何敢不奏 若此之故 頃日祈雨御門露處之時 心自祝曰 聖躬若便 則三日內雨下 悖子若得志不雨矣 果雨 從此心稍定矣 今則聖躬之危迫在呼吸 何敢率私不奏 此時其可雍容臨門" 言畢 淚下若雨 嗚呼 蒼天使予其能免而有此擧 聞此言 卽日命駕 恐事機先泄 嗚呼 有難言之變 故托祈雨而來此之事已詳奏矣 嗚呼 白首暮年遭往牒所無之事 何顔以拜 爲宗社爲生民 雖曰狂 何不處分 親寫于此 涕沾于衫 往徽寧殿處分 亦與貞聖同處之意也 噫 旣已處分 則一號令之事也 自內嚴囚者 諸臣不見樂善乎 思所重 心骨俱冷 噫 代理十四年 不獲已復政 自顧初心 飮涕自歎 而命代時旣已不布 不可不再諭 一體布諭 令中外咸使聞知

「폐세자 반교문」

왕은 말하노라. 세자의 광패狂悖함이 지난 역사에도 없던 것이니 종사를 위하여 어찌 한번 효유하고 싶지 않았겠냐마는 지금까지 노심초사한 것은 자애의 뜻이다. 지금 만고에 없던 윤상倫常의 변고에 이르렀기에 오늘 휘령전에 아뢰고 나서 패악한 아들 아무개를 우선 대내에 엄히 가두고 세자의 직위를 폐하여 서인으로 삼는다는 전교를 내렸다. 그 본래의 일에 대해 중외에서 어찌 알겠는가. 한 건을 써서 내리니 일체 반포하라.

또 하교하였다. 아아! 아무개가 광패하여 밤낮으로 종사와 백성을 위해 노심초사했으나 나와는 부자의 인륜이 있거늘 어찌 이 지경에 이르렀는가. 오늘 영빈暎嬪이 눈물을 흘리며 나에게 말하기를 "세자가 죽인 내관, 나인, 노비 등이 100여 명에 이르고 낙형 등의 참혹한 형상은 이루 말할 수 없는데 그 형구는 모두 내수사 등에 있는 것을 수없이 가져다 썼습니다. 또 장번長番 내관을 내쫓고 어린 내관, 별감들과 밤낮으로 함께 지내면서 궁중의 물품을 두루 나눠주었습니다. 이 무리는 기생, 승려들과 밤낮으로 음란한 짓을 일삼았으며, 제 시종을 불러서 가두기도 했습니다. 근자에 그릇된 일을 꾸미는 것이 특히 심해져 한번 아뢰고 싶었으나 모자간의 은정 때문에 차마 아뢰지 못했습니다. 최근에는 궁궐 후원에 무덤을 만들더니 감히 말할 수 없는 분을 묻고자 하면서 시중드는 사람에게 머리를 풀어헤치고 날카로운 칼을 곁에 두게 하여 불측한 일을 저지르려 했습니다. 지난번 창덕궁에 갔을 때도 거의 죽을 뻔하다가 간신히 모면했습니다. 제 한 몸이야 비록 돌아볼 것이 없다 해도 삼가 주상의 옥체를 생각건대 어찌 감히 아뢰지 않겠습니까. 이러한 이유로 지난번 궐문에서 기우제를 지낼 때 마음속으로 기원하기를 '주상의 옥체가 평안하다면 사흘 안에 비가 내릴 것이고, 패악한 아들이 뜻을 얻게 된다면 비가 내리지 않을 것이다'라고 했습니다. 과연 비가 내렸고 이로부터 마음이 조금 안정되었습니다. 그런데 지금은 옥체의 위기가 호흡지간에 들이닥쳤으니 어찌 감히 사사로운 정에 이끌려 아뢰지 않겠으며, 이러한 때 어찌 느긋한 모습으로 궐문에 이를 수 있겠습니까."라고 했다. 영빈은 말을 마치더니 비 오듯 눈물을 흘렸다.

아아! 저 하늘이 나로 하여금 위기에서 벗어나게 하려고 이러한 일이 있게 되었다. 이 말을 듣자마자 바로 그날 어가를 준비시켰으니 일의 기미가 먼저 새어 나갈까 봐 염려했기 때문이다. 아아! 말하기 어려운 변고가 있었기 때문에 기우제를 핑계 대고 이곳에 오게 된 일은 이미 선원전에 소상히 아뢰었다. 아아! 백발의 노인이 지난 역사에도 없던 일을 늘그막에 만났으니 무슨 낯으로 절을 하겠는가. 비록 미쳤다고는 하나 종사와 백성을 위해 어찌 처분을 내리지 않겠는가. 친히 이 글을 쓰노라니 눈물이 적삼을 적신다. 휘령전으로 와서 처분한 것에는 정성왕후와 함께 처분한다는 의미도 있다. 대내에 엄히 가둔 것에서 여러 신하들은 낙선樂善의 의지를 보지 못했는가. 소중한 것이 무엇인지를 생각하자 마음과 뼈가 다 서늘해진다. 아! 대리청정 14년 만에 부득이 정사에 복귀하면서 예전 초심을 돌아보니 눈물을 삼키며 탄식하게 된다. 대리청정을 명했을 때 이미 포고했으므로 지금 다시 알리지 않을 수 없다. 일체의 내용을 포유布諭하여 경향으로 하여금 모두 알게끔 하라.

44.

『임오일기壬午日記』

1924년
1책, 필사본
32.6×21.5cm
K2-272

1762년(영조 38) 임오화변 당일의 일기, 영조와 정조의 제반 조치, 신료들이 올린 상소와 차자 등을 이왕직에서 편집하여 1924년에 필사한 책이다. 표제는 '임오일기'이며 1924년 1월에 필사했다는 사실이 권말에 적혀 있다. 전반부는 가주서 이광현李光鉉이 임오화변의 현장을 목격하고 작성한 「이광현일기」로서 임오화변 현장을 매우 상세하게 기록했다. 이어서 영조 어제 영빈이씨 묘표, 1776년(영조 52) 세손 정조의 대리청정 사양 상소, 정조 즉위 윤음, 사도세자에게 올린 신료들의 상서上書 등이 실려 있다.

45.
사도세자 사망일 『영조실록』 기사

1762년(영조 38) 윤5월 21일에 서인庶人 신분으로 죽은 사도세자는 사망하자마자 세자 위호가 회복되고 '사도思悼'라는 시호를 받았다. 일견 '사도'는 '그리워할 사'와 '슬퍼할 도'의 조합으로 읽히지만 기실 예전 잘못을 후회하다가 요절했다는 불명예스러운 의미다. 『상변통고常變通攷』에 의하면 '예전 잘못을 후회하는 것[追悔前過]'이 '사思'이고 '중년에 요절하는 것[年中蚤夭]'이 '도悼'이다. 사도가 뒤주에 갇힌 아흐레 동안 영조는 온갖 사안을 고민했을 테고 그중의 하나가 '사도'라는 시호였다. 한편 『대천록待闡錄』에서는 사도 사망 일시를 윤5월 20일 신시辛時라고 적고 있다. 사망 여부를 누차 확인하고 시강원으로 뒤주를 옮긴 뒤 시신을 꺼내 안치하는 데 많은 시간을 허비하느라 21일 새벽에야 고복皐復을 했으므로 기일을 21일로 정했다고 한다.

『영조실록』, 38년(1762) 윤5월 21일
사도세자가 훙서하였다. 전교하기를 "이 보고를 듣고 나서 어찌 근 30년 부자로서의 은혜를 생각하지 않겠는가! 세손의 마음을 돌아보고 대신의 뜻을 헤아려 단지 그 위호를 회복하고 아울러 시호를 내려 사도세자思悼世子라고 명명한다. 복제服制의 개월 수가 있기는 하나 성복成服은 생략하고 오모烏帽와 참포黲袍로 하며 백관은 천담복淺淡服으로 한 달에 마쳐라. 세손은 비록 3년을 마쳐야 하나 진현進見 때와 장례 후에는 담복淡服으로 하라."고 하였다. 또 전교하기를 "이제 처분을 마쳤으니 빈궁嬪宮은 효순孝純과 마찬가지이므로 옛 도장을 사용해서는 안 된다. 혜빈惠嬪이란 호를 내리고 옥인玉印을 함께 하사하라. 조정은 뜰에서 문안하라."고 하였다.

『영조실록』, 국가기록원 역사기록관

46.
사도세자 훙서 전후의 『승정원일기』 기사

사도세자가 뒤주에 갇힌 윤5월 13일부터 그곳에서 훙서한 윤5월 21일까지 『승정원일기』에 수록된 사도세자 관련 기록은 윤5월 13일의 "왕세자가 창덕궁에 있다. 상참은 정지했다.[王世子在昌德宮. 常參停]"가 전부다. 훙서한 날조차 세자에 관한 기록은 전무하다. 그러다가 동월 23일 기사에 '사도세자 상喪'이란 표현이 처음 나온다. 정조 즉위 직전에 임오화변 관련 기록을 세초洗草했기 때문이다.

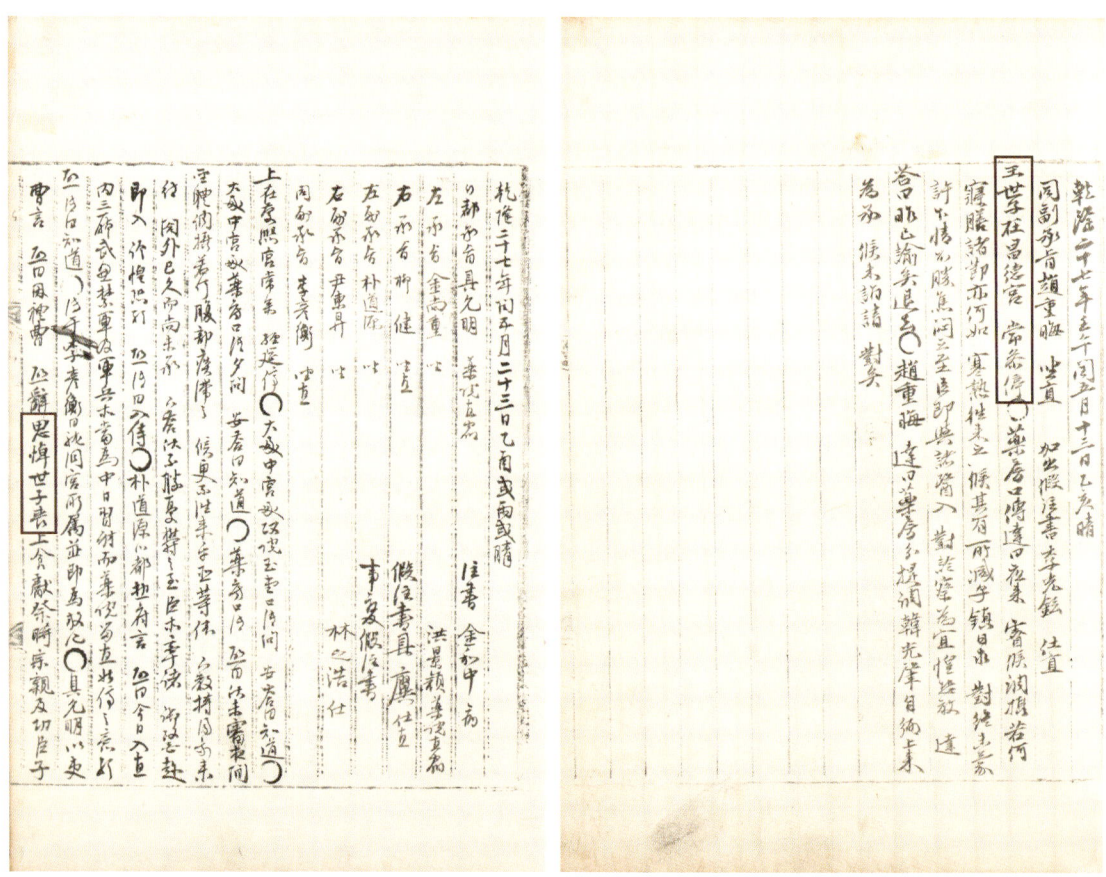

『승정원일기』, 1762년 윤5월 23일 기사
서울대학교 규장각한국학연구원

『승정원일기』, 1762년 윤5월 13일 기사

47.

『사도세자 상등록思悼世子喪謄錄』

1764년(영조 40)
1책, 필사본
40.9×25.1cm
K2-2952

사도세자의 상장喪葬에 관한 제반 논의와 영조의 전교, 의례 절차 등을 예조에서 날짜별로 정리한 등록이다. 세자가 훙서하자 백관이 천담복淺淡服을 입고 동룡문銅龍門에서 임곡臨哭한 1762년(영조 38) 윤5월 21일 기사부터 1764년 7월 7일 담제禫祭를 거행한 뒤 사도세자 신주를 사당에 들일 때의 응행절목應行節目을 보고하는 1764년 6월 20일 기사까지다. 복제服制와 상기喪期의 간소화, 장례 의물과 절차의 축소와 생략 등을 통해 사도를 바라보는 영조의 시선을 엿볼 수 있다.

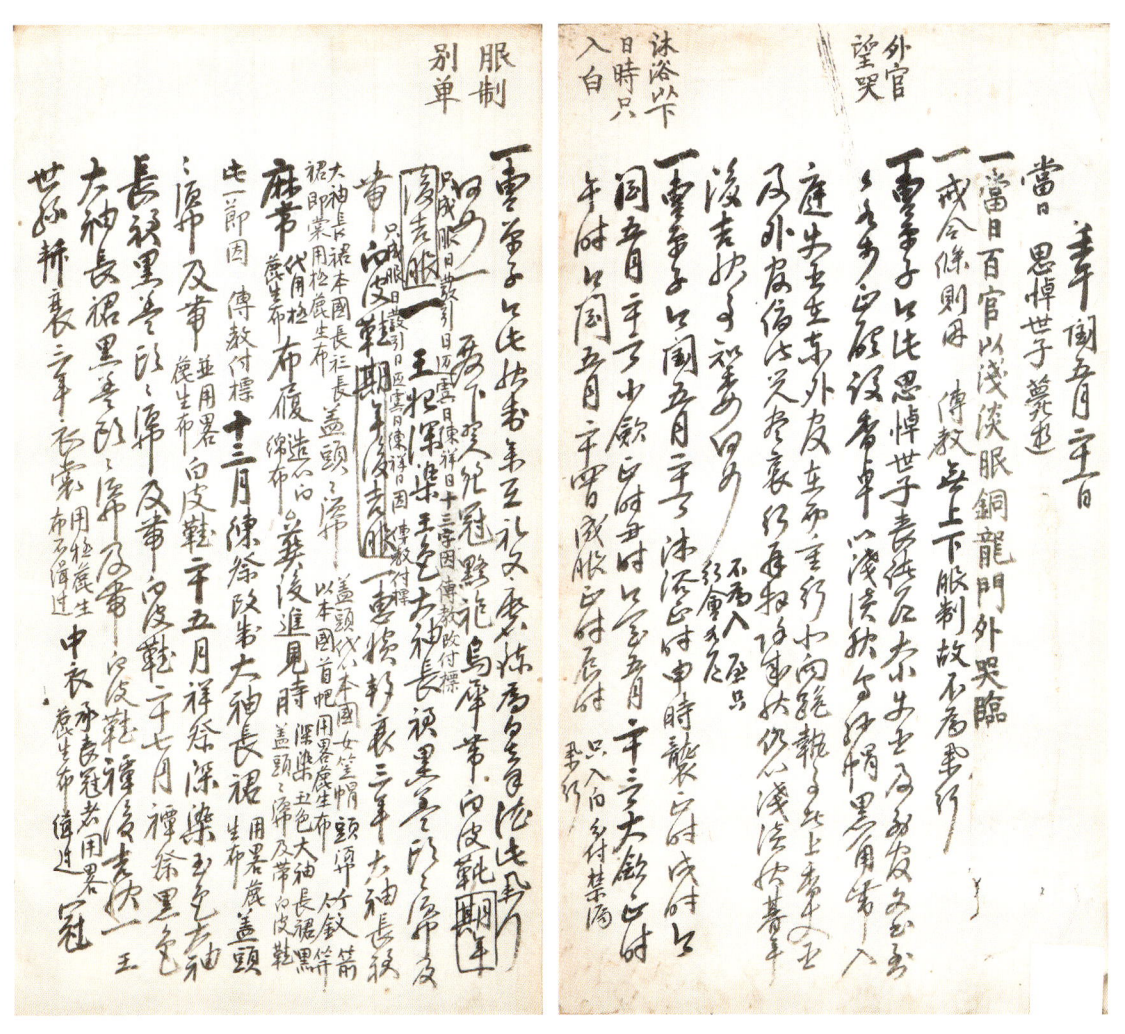

48.

「영조 제사도세자문 英祖祭思悼世子文」

『제문등초 祭文謄抄』
1917년
1책, 필사본
27.4×18.3cm
국립중앙도서관

1762년(영조 38) 윤5월 22일 영조가 사도세자를 위해 지은 최초의 제문이다. 당시 예조판서를 빈궁殯宮에 보내 치제했다. 부자로서의 인연이 세자의 잘못으로 끝났음을 언급하더니 독서의 교훈과 자신이 지어 준 여러 훈서訓書를 도외시하며 온갖 악행을 저지른 세자의 불효를 꼬집었다. 그럼에도 불구하고 사도가 아흐레 동안 반성하거나 뉘우치지 않았으니 도대체 무슨 심사냐고 물었고 영조 자신도 아흐레 동안 마음이 다 녹아내렸다고 탄식했다. '예전 잘못을 후회하고 요절했다'는 뜻의 시호에도 미치지 못한다는 의미이다. 아흐레는 사도가 뒤주에서 죽음을 맞이할 때까지의 기간이다. 특히 세자가 사후에라도 서인庶人 신분에서 벗어난 것은 세손이 있기 때문이고 초라한 시호라도 받은 것은 본인의 은혜 덕분이라고 말한 데에서 사도에 대한 원망의 구기를 노골적으로 드러냈다. 이러한 경향은 두 달 뒤에 지은 사도세자 지문誌文에서도 분명히 나타난다. 사도 사망 직후에 영조는 종로에서 백성들을 모아 놓고 자신을 중흥 군주라고 자처하기도 했다.

아아! 근 30년의 부자 관계가 이제 한바탕 꿈이 되었으니 너는 어째서 이 지경에 이르렀냐! 너는 어째서 이 지경에 이르렀냐!
경전과 역사를 섭렵하여 본받고 경계로 삼았다면 어찌 이 지경에 이르렀겠느냐!
아아! 글을 지어 아비가 가르친 것을 네가 실천했다면 어찌 이 지경에 이르렀겠느냐!
경전과 역사를 하찮게 여기고 내가 지은 글을 도외시하며 실천하지 않은 데다가 소인배들과 친하게 지내며 만고에 없던 일을 저질러 백발의 늙은 아비로 하여금 이처럼 마음 쓰게 만들었으니 효라고 말할 수 있겠느냐! 효라고 말할 수 있겠느냐!
몇 번의 가르침을 실천했다면 어찌 오늘이 있겠느냐!
단휘문端暉門의 일에 대해 두려운 마음을 가졌다면 어찌 오늘이 있겠느냐!
여기에 어찌 다른 이유가 있겠는가! 안락한 시절에 생장한 탓에 마음을 통제하지 못하더니 난잡하고 방종한 짓을 일삼았다. 너의 아름다운 자질로서 어찌 여기에 빠졌느냐!
어찌 시강원 관원의 잘못일까! 또한 어찌 신료의 잘못일까! 이것은 진실로 내가 제대로 이끌지 못한 결과이니 더욱 개탄스럽다.
자고로 음탕한 임금이 어찌 한두 명뿐이겠냐마는 세자로서 이와 같은 자는 너에게서 처음 보았다. 네가 말한 것이니 네 자신이 잘 알 것이다.
이달 13일 이후에 나뿐만 아니라 여러 신료와 호위 병사들이 목도한 것이니 어찌 숨길 수 있겠느냐! 어찌 숨길 수 있겠느냐! 백여 명의 원혼이 길가에서 한을 머금고 있고 허다한 소인배들이 여전히 방자히 굴고 있다. 이것은 누구의 허물인가! 누구의 허물인가!
상황이 이런데도 아흐레 동안 스스로 반성하며 잘못을 뉘우친 적이 한 번도 없으니 도대체 무슨 심사이냐! 도대체 무슨 심사이냐! 예전에 한 무제漢武帝 일을 네게 말하지 않았더냐!
아아! 태갑太甲은 너무 오래된 일이니 지금 말하지 않겠다.
한 무제는 영특한 임금으로서 윤대輪臺의 조서에서 스스로를 광패狂悖하다고 칭했거늘 너는 어찌 본받지 않았느냐!
초 장왕楚莊王은 오패五霸 중의 한 명으로서 악기 사이에 앉아 월나라와 정나라 미녀를 가까이했으나 한번 붕새를 말하고 나서 패업을 이루었거늘 또한 어찌 본받지 않았느냐!
왕위를 계승하여 날로 새로워진다는 말을 생각지 않고, 백발의 네 늙은 아비로 하여금 몇 년에 걸쳐 너에 대해 마음 쓰게 만들고 칠순의 나이에 만고에 없던 일을 하게 만드느냐!
네 아들이 없었다면 어찌 서인庶人의 이름을 면했겠느냐! 네 아비의 곡진함이 아니었다면 어찌 지금의 시호를 얻었겠느냐!
네 죽음을 듣고 근 30년 부자의 은혜를 추억한 뒤에 곡진히 처분하여 너의 옛 호칭을 회복하고 사도思悼라는 시호를 내린 것이니 한나라 여태자戾太子에 비하면 네게 좋은 시호이다.
아아! 지금 다른 은혜는 베풀지 않고 세자빈에게 혜빈惠嬪이라는 이름을 내렸다.
아아! 은혜와 의리가 둘 다 지극하다고 이를 만한데 너는 감동이 없느냐?
생각이 여기에 미치자 나도 모르게 눈물이 흐르거늘 너도 그러하냐?
아아! 내 가르침을 실천하지 않았으니 이 글에도 감동하지 않을 터 어찌 이럴까! 어찌 이럴까!
오늘의 사안은 나라의 존망과 관련된 일이니 내 건강이 무탈하더라도 어떤 마음으로 상황에 임하겠느냐! 하물며 지금은 탕약을 먹으며 시름시름 앓고 있으니 그 허물이 어디에 있느냐! 아흐레 사이에 내 마음이 다 녹아버렸다. 마음은 가고 싶지만 몸이 말을 듣지 않아 예조판서에게 글을 엮어 치제하도록 명하고 겸하여 내 뜻을 보이는 바이다. 내 이런 뜻을 느낀다면 유감이 없을 것이다. 슬프도다!

49.

《어제 사도세자 묘지 御製思悼世子墓誌》

1762년(영조 38)
5장, 청화백자
16.7×21.8×2.0cm
국립중앙박물관

1762년(영조 38) 7월 23일 사도세자를 양주 배봉산拜峯山에 장사 지낼 때 묻었던 묘지석으로 동년 7월 초에 영조가 구두로 말한 내용을 신하가 받아 적은 것이다. 사도의 묘소와 사당은 각각 사도묘思悼墓와 사도묘思悼廟로 불리다가 1764년 8월부터 공히 '수은垂恩'이라는 이름을 붙였다. 세자가 영민한 자질을 가졌으나 소인배들과 어울리며 무도해졌고 안락한 환경에서 자란 탓에 마음을 통제하지 못하다가 결국 광인이 되어 미증유의 일을 저질렀다고 기술했다. 출생과 죽음, 장지. 배위, 자손 등은 약술하되 사도세자 처분의 정당성을 기술하는 데 초점을 맞추었다. 사도 사후에 세자 호칭을 회복하고 '사도'라는 시호를 내린 것은 세자를 위해서가 아니라 아비로서의 은혜와 의리 때문이고 자신이 직접 지문을 찬술했으니 세자는 더 이상 유감이 없을 것이라고 적었다.

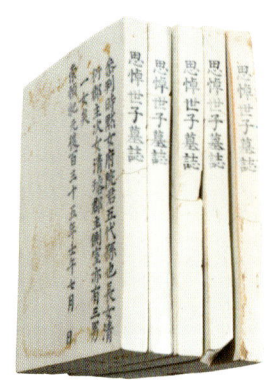

어제 지문御製誌文

유명조선국 사도세자 묘지

사도세자는 이름이 훤愃이고 자가 윤관允寬이다. 재위 11년 을묘[1735] 정월 21일에 태어났으니 영빈 소생이다. 나면서부터 총명하고 자라면서 문리에도 통달하여 조선이 잘 다스려질 것이라는 희망이 있었다. 아아! 그러나 성인을 배우지 않고 도리어 태갑太甲의 난잡하고 방종한 짓을 배웠다. 아아! 『자성편自省篇』과 『심감心鑑』으로 훈유하며 언어로 가르쳤으나 소인배들과 어울리며 장차 나라가 망할 지경에 이르렀다. 아! 자고로 무도한 임금이 어찌 한정이 있겠냐마는 세자 시절에 이와 같은 자를 나는 들어 본 적이 없다.

그가 본디 안락한 환경에서 생장한 탓에 마음을 통제하지 못하더니 미치광이로 전락하고 말았다. 태갑처럼 잘못을 깨닫고 후회하기를 밤낮으로 바랐지만 끝내 만고에 없던 일을 저질러 머리가 하얗게 센 아비로 하여금 만고에 없던 일을 하게 했다. 아아! 아까운 것은 그 자질이요 한스러운 것은 내 저술이다. 아아! 이것이 누구의 잘못인가? 아아! 13일의 일을 어찌 내가 즐거워서 했겠는가. 어찌 내가 즐거워서 했겠는가. 만약 네가 일찍 돌아왔다면 어찌 이런 시호가 있었으랴. 강서원에서 여러 날을 서로 지키고 기다린 것은 어째서인가? 종사를 위해서요 백성을 위해서다. 생각이 여기에 미칠 때마다 정말 아무 기별도 들리지 않기를 원했거늘 아흐레가 되자 세상을 떠났다는 소식이 들려왔다. 너는 무슨 마음으로 나이 일흔의 아비로 하여금 이런 지경을 만나게 한 것이냐. 이 지경에 이르자 차마 불러서 받아 적게 하지 못하겠구나. 때는 임오년 여름 윤5월 21일이다. 이에 옛 호칭을 회복시키고 특별히 사도思悼라는 시호를 내렸다. 아아! 근 30년간 아비로서의 은혜와 의리를 여기에 펼친 것이지 이것이 어찌 너를 위함이랴! 아아! 신축년 전교에서 언급한 삼종혈맥을 잇는 이가 지금은 세손뿐이니 진실로 나라를 위한 뜻이다.

7월 23일 양주楊州 중랑포中浪浦 유향酉向 언덕에 장사 지냈다. 아아! 달리 베푼 은혜는 없고 세자빈에게 혜빈惠嬪이라는 호를 주었으니 여기에 모든 뜻이 담겨 있다. 이 글은 사신詞臣이 대신 찬술할 만한 것이 아니므로 자리에 누운 채 불러서 받아적게 하여 30년 의리를 표현한다. 아아! 사도는 이 글을 갖게 되었으니 나에게 유감이 없을 것이다. 임술년[1742]에 입학하고 계해년[1743]에 관례를 치르고 갑자년[1744]에 가례를 치러 풍산 홍씨를 아내로 맞이했으니 곧 영의정 봉한鳳漢의 딸이요 영안위 주원柱元의 5대손이다. 혜빈은 2남 2녀를 낳았는데 첫째는 의소세손이요 둘째는 세손이다. 세손은 청풍김씨와 가례를 치렀으니 곧 참판 시묵時默의 딸이요 부원군의 5대손이다. 장녀는 청연군주淸衍郡主이고 차녀는 청선군주淸璿郡主이다. 측실에서도 3남 1녀를 두었다.

숭정 기원후 135년 임오[1762] 7월 일.

50.

「이십일일 연제문二十一日練祭文」

『영종대왕어제』 제2책
1763년(영조 39)
2책, 필사본
33.4×22.1cm
K4-5654

1763년 5월 21일 사도세자 연제練祭 때 영조가 지은 제문이다. 연제는 죽은 지 1년 만에 지내는 제사이다. 당일 창덕궁의 사도세자 혼궁에 친림한 뒤 신하를 보내 치제했다. 1년 전 세자의 죽음을 떠올리며 제문을 시작하더니 이전 제문과 묘지문의 경우처럼 상나라 태갑太甲과 자신이 지은 훈서訓書를 언급하며 세자의 악행과 배은망덕을 꼬집었다. 영조는 신교身敎하지 못하고 언교言敎에 그친 점, 세자에게 신뢰를 주지 못한 점, 상황을 인지하지 못해 제대로 교화하지 못한 점 등을 언급하며 "이것은 내 잘못이지."와 "잘못은 진실로 나에게 있지."를 반복했다. 하지만 이것은 패악한 자식을 둔 아비로서의 책무와 회한을 의례적으로 표현한 것일 뿐 사도 처분에 대한 후회는 아니다. 세자 악행의 원인과 추이, 수준을 연이어 기술한 것은 그 때문이다. 전체적으로 사언, 오언, 육언 중심으로 문장을 조직하되 대우를 적극 활용한 점이 눈에 띈다.

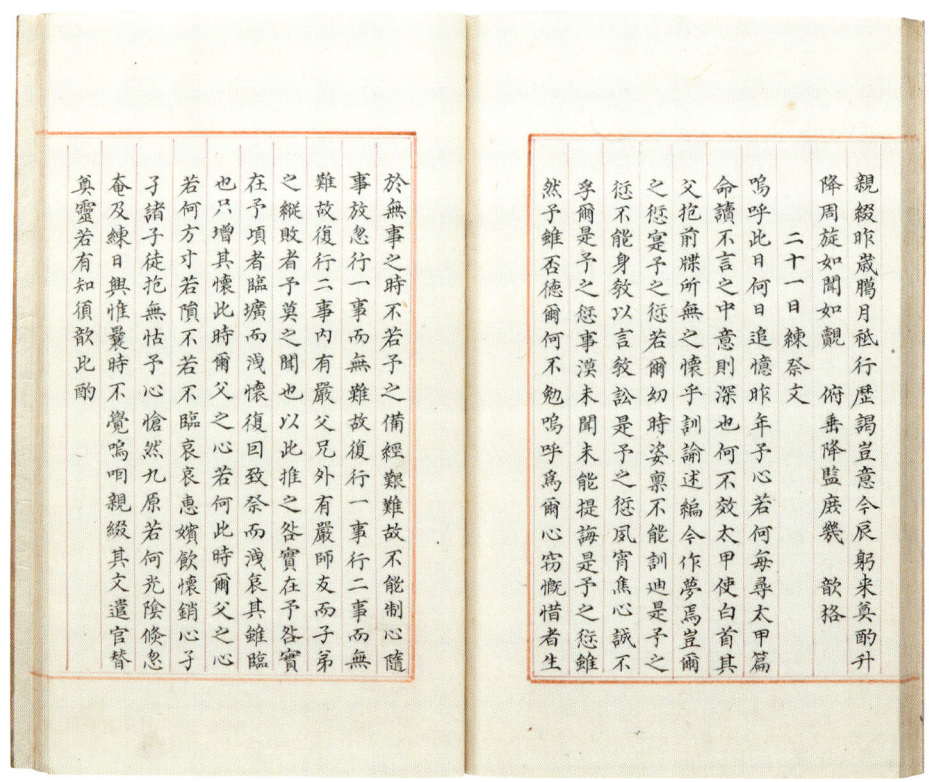

아아! 오늘이 무슨 날인가?
작년을 추억하니 내 마음 어떠한가?
매양 태갑편太甲篇을 찾아 읽게 했으니 말하지 않은 가운데 뜻이 깊었지.
어찌 태갑을 본받지 않고 백발의 아비로 하여금 미증유의 회한을 품게 했는가!
훈유의 글을 짓던 것이 이제 꿈이 되었구나! 어찌 네 잘못이랴! 진실로 내 잘못이지.
네 어렸을 때 자질을 계도하지 못한 것은 내 잘못이지.
몸으로 가르치지 않고 말로 가르친 것은 내 잘못이지.
주야로 노심초사했으나 네게 믿음을 주지 못한 것은 내 잘못이지.
상황에 대해 전혀 듣지 못해 이끌어 주지 못한 것은 내 잘못이지.
그러나 비록 내가 덕은 없지만 너는 어째서 힘쓰지 않았느냐?
아아! 너를 위해 개탄스러운 것은 태평 시절에 태어나 나처럼 고난을 겪지 않은 점이다.
따라서 마음을 통제하지 못해 일마다 방만하고 소홀했고
한 가지 짓을 저질러도 별문제가 없으니 다시 한 가지 짓을 저질렀고
두 가지 짓을 저질러도 별문제가 없으니 다시 두 가지 짓을 저질렀지.
안팎으로 엄한 부형과 사우가 있는데도 자제가 방종한 경우를 나는 들은 적이 없다.
이것으로 미루어 보건대 허물은 진실로 나에게 있다. 잘못은 진실로 나에게 있다.
지난번 네 장지에서 회포를 풀었고 이제 다시 치제하느라 회포를 푼다.
내가 비록 친림했는데도 회포가 커질 따름이로구나.
지금 네 아비의 마음이 어떻겠느냐? 지금 네 아비의 마음이 어떻겠느냐?
이렇게 마음이 무너져 내릴지 알았다면 차라리 친림하지 않을 걸.
가여운 혜빈은 애간장을 태우고 외로운 자식들은 그저 아비 없음을 슬퍼하네.
내 마음도 슬프니 구천의 너는 오죽하랴. 세월이 흘러 어느새 연제일이 되었구나.
옛일에 감회가 일어 나도 모르게 오열하다가 친히 제문을 지어 관원을 보내 치제하노라.
혼령이 지각이 있다면 이 술잔을 흠향하기를.

51.

『어제 세손면유御製世孫面諭』

1764년(영조 40)
1첩, 필사본
34.0×20.0cm
K4-2705

1764년 2월 23일에 영조가 경희궁 경현당景賢堂에서 세손 정조에게 효장세자孝章世子 계통 승계의 의미와 동궁으로서 세손의 책무에 대해 권면한 말을 옮겨 적은 첩이다. 면유 하루 전에 세손의 효장세자 입후入後가 공식적으로 결정되었다. 영조는 효장세자 계통 승계가 중도에 끊어진 종통宗統을 다시 잇는 조치임을 천명하는 한편, 2년 전 사도세자의 처분과 영빈이씨의 결행이 종국宗國을 위한 결정이었음을 강조하면서 사도에 대한 추숭과 현양을 염두에 두지 말 것을 당부했다. 영조는 이날 세손에게 권면한 말을 춘궁春宮으로 하여금 써서 올리게 하여 세손이 조석으로 살필 수 있게 했다. 당시 동궁에서 써서 올린 글이 본 첩일 것이다. 영조는 이미 2년 전부터 세손을 효장세자의 후사로 삼을 생각을 갖고 있었지만 뜻을 이루지 못하다가 사흘 전인 1764년 2월 20일 세손을 데리고 선원전璿源殿을 배알하여 어제 고유문을 통해 세손의 효장세자 입후 결정 및 그 배경과 필요성을 열성에게 아뢨고, 이튿날 육상궁에 고하고 승계 사실을 보첩譜牒에 기입하게 했으며, 2월 22일에 숭정전崇政殿에서 교서를 반포한 뒤에 하례를 받고 사면령을 내렸다.

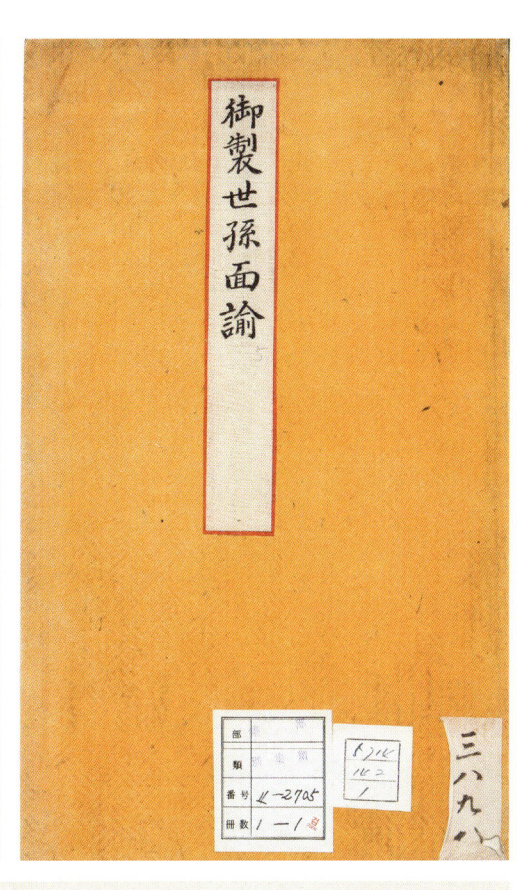

御製世孫面諭

傳曰噫今日次對令世孫侍坐一則
正 宗統之後適來此日其令侍坐
一則仍欲勉飭之意也仍顧世孫而
諭焉所飭若何其略曰今予使爾為
孝章之嗣噫 宗統幾年中絶今乃

復續其宜端本東宮稱號不可因循
於今日旣詳於奏
殿而宣諭嗚呼莫重三百年 宗統其於
將來予無子位爾無禰位是可謂中
絶者也因此日後若有邪辭怔說或
闖起此非徒亂我 宗統予何顏拜
列祖其於他日若有如朴致隆者眩於
爾則此非徒不忠於予反貽辱於爾
父也嗚呼每誦太甲篇使爾父若體
前後述編豈有今日噫自省編心鑑
訓書夙夜箴序文予意盡矣而嗚呼
丁丑又作龜鑑戒益切意益深而徒

52.

사도묘思悼廟의 최초 묘우廟宇 형세 도면과 최종 묘우廟宇 설계 도면

52-1
〈세심궁도洗心宮圖〉
1764년(영조 40)
1장, 종이에 수묵
99.0×115.6cm
국립고궁박물관(국립문화유산연구원 사진 제공)

사도묘思悼廟 건립을 준비하는 과정에서 세심궁의 규모와 입지, 형세를 그린 도면이다. 화면 사방에 동서남북의 네 방위를 표시하고 중앙에 건물을 배치했다. 화폭 왼편에는 '세심대洗心臺'와 '세심궁외장洗心宮外墻'이라고 적혀 있다. 세심궁은 도성 북부 순화방順化坊에 위치한 궁가였는데, 당시에는 궁인들이 조리調理하던 곳으로 활용되었다. 영조는 사도세자 사망 직후인 1762년(영조 38) 6월에 육상궁을 전배한 뒤 세심궁에 친림했다가 추후 이곳을 사도세자 사당으로 개건하라는 전교를 내렸다. 이에 1764년 2월에 착공하여 동년 5월에 완공했으나 지나치게 크고 화려하다는 이유로 고쳐 짓기를 명하였고, 이에 동부 숭교방崇敎坊으로 옮겨 지어 7월 7일에 신주를 모셨다.

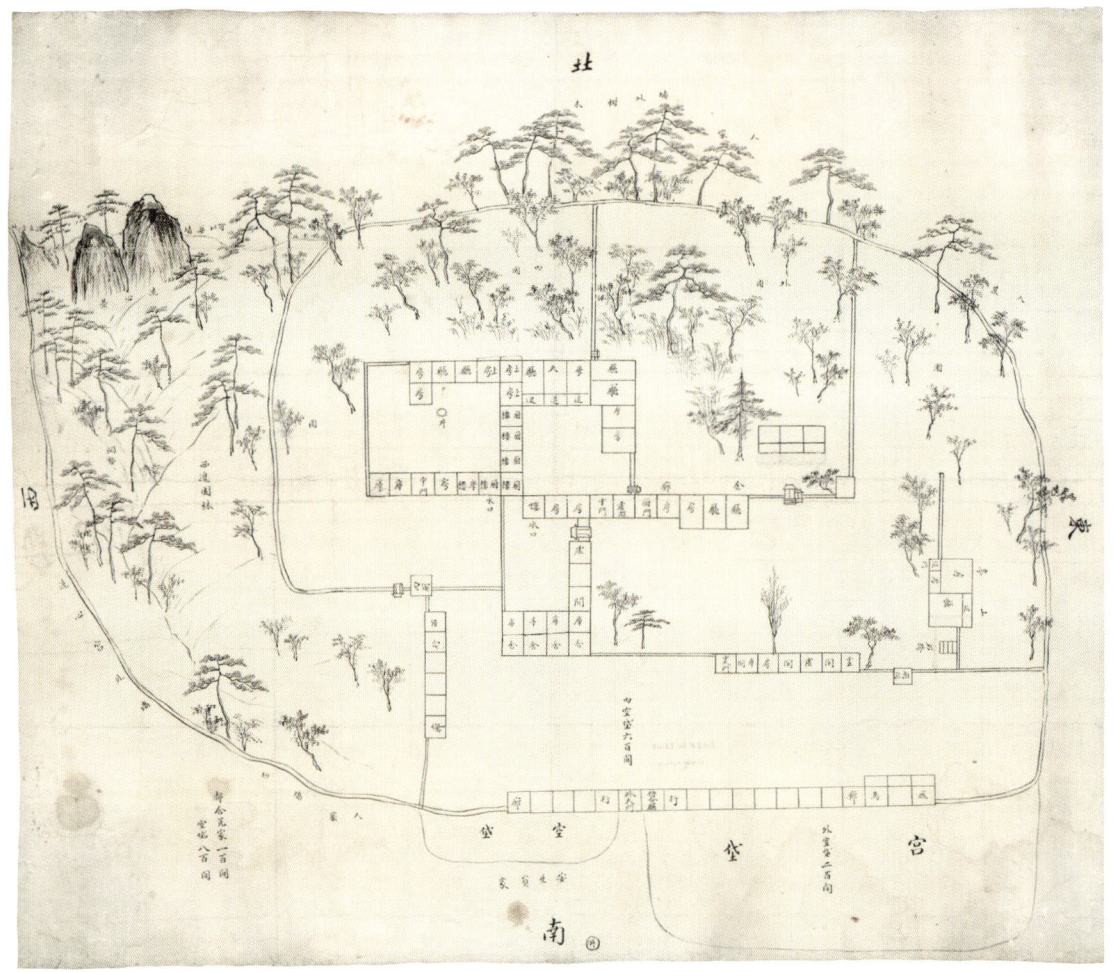

52-2
〈경모궁구묘도景慕宮舊廟圖〉
1764년(영조 40)
1장, 종이에 주묵
98.5×75.1cm
국립고궁박물관(국립문화유산연구원 사진 제공)

1764년 순화방順化坊에 세웠던 사도묘思悼廟를 그해 여름 숭교방崇敎坊으로 이건할 때 건물 용도와 크기, 배치 등을 간가도間架圖 형식으로 그린 설계 도면이다. 설계도에는 정당正堂, 향대청香大廳, 전사청典祀廳, 재실齋室 등이 표시되어 있다. 중간에 굵고 진한 먹으로 흘려 쓴 글씨와 표시들이 보이는데 해당 글씨 옆에는 주묵으로 '어필御筆'이라고 적혀 있다. 이것은 영조가 친히 적은 지시 사항으로서 향대청을 재실로, 수복방을 향대청으로 바꾸고, 재실 용도로 설계한 건물을 없앤 뒤 그곳에 나무를 심도록 했다.

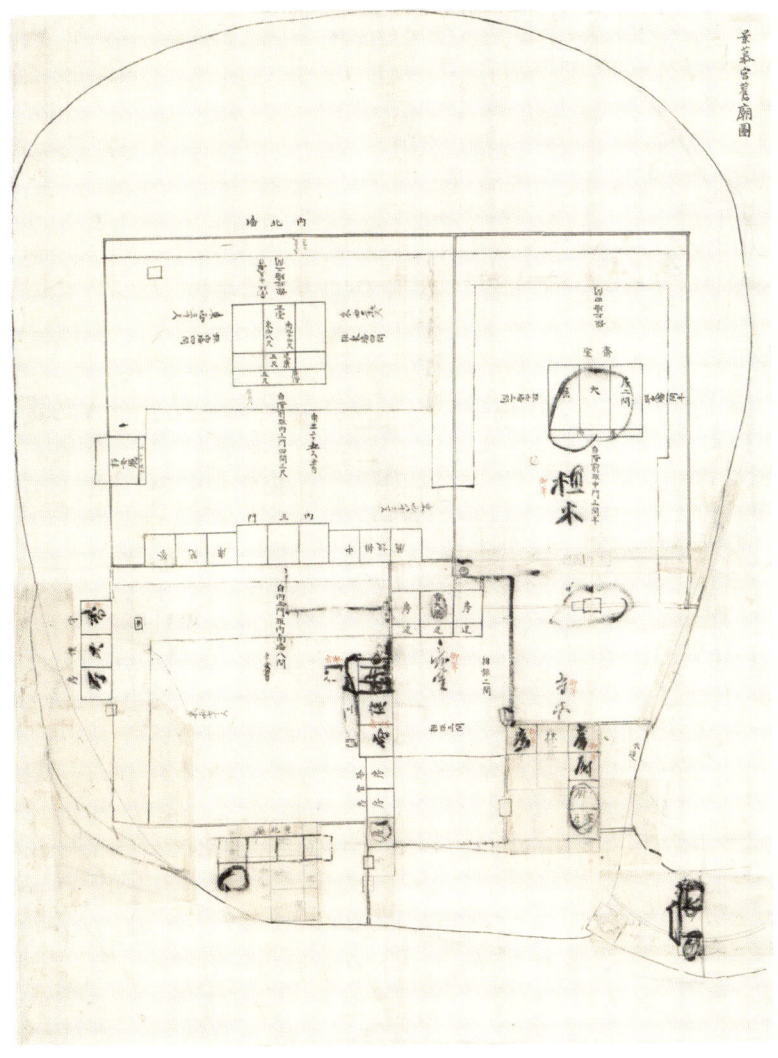

53.

영조 어필 〈전자은어사묘全慈恩於斯廟 현판〉

1764년(영조 40)
1판, 목각
42.2×79.3cm
국립고궁박물관

도성 북부 순화방順化坊의 세심궁洗心宮을 개건하여 첫 번째 사도묘思悼廟를 완공한 것은 1764년 5월 19일이다. 이 소식을 들은 영조는 동년 5월 22일에 "이 사당에서 은혜를 온전히 하다.[全慈恩於斯廟]"라는 여섯 글자를 친히 써서 내린 뒤 현판을 만들어 사도묘에 걸도록 했다. 그리고 "아아! 재작년 일은 나라와 신민을 위한 것이었고 복호復號와 건묘建廟 역시 그 은혜를 온전히 한 것이다."라고 말했다. 한편 사도 묘소와 사당에 '수은垂恩'이라는 이름을 붙인 것은 동년 8월 21일이다. 패악한 자식을 포용하여 아비로서의 은혜를 베풀었다는 의미가 내포되어 있다. 임오화변에 대한 영조의 단호한 입장이 두 글자에 담겨 있으므로 훗날 '수은'을 다른 호칭으로 바꾸려는 자가 있다면 그는 해동의 신하가 아니라고 말한 것이다.

어필御筆
이 사당에서 은혜를 온전히 하였다.
【눈물을 머금고 특별히 써서 이것을 걸게 한 것은 방비를 엄하게 하기 위함이다.】

54.
영조 어필 영빈이씨 신주 글씨

1764년(영조 40)
1장, 필사
38.0×19.0cm
RD02470

영빈이씨의 신주神主에 새길 용도로 영조가 친히 써서 내린 원고로 추정된다. 영빈의 장례일이 1764년 9월 27일이므로 이날 이전에 제주題主했을 것이다. 장례를 마치고 신주를 입묘入廟할 때 영조는 세손을 데리고 영빈방暎嬪房에 친림했다. 1762년(영조 38) 7월 23일 사도 장례 때도 어필로 제주했는데, 그 이유는 사도가 뒤주에 갇혔을 때 난생처음 아버지라고 부른 것에 보답하기 위해서고 다른 이유는 임금이 어필로 신주를 쓰면 추후라도 신주를 묻어버리자는 논의가 없을 것이기 때문이다. 시호 개정을 미연에 차단하기 위한 조처인 셈이다. 영빈이씨는 본관이 전의全義로서 6살에 입궐하여 1726년(영조 2) 영조의 후궁이 되어 숙의에 봉해졌다가 1730년(영조 6) 영빈暎嬪에 봉해지고 1735년(영조 11)에 사도를 낳았다. 임오화변의 단초를 제공한 장본인이 바로 영빈이씨다. 1762년 윤5월 13일 아침, 경희궁으로 찾아가 아들의 죄상을 고하며 대처분을 청했기 때문이다. 1764년 7월 7일 사도세자의 담제禫祭가 끝나고 20일 남짓 지난 동월 26일에 그녀도 세상을 떠났다. 당년 9월 장례를 거행하기 전에 영조는 영빈의 사당과 묘소에 의열義烈이라는 이름을 내렸다. 이것으로 부족했는지 이듬해 7월 11일에는 영빈에게 의열이라는 시호를 하사했다. 영조에게 영빈은 의리와 충렬의 표상이었고 종묘사직뿐만 아니라 본인과 세손이 있게 만든 은인이었다.

〈영빈이씨 신주〉, 칠궁七宮 선희궁宣禧宮
서울특별시 종로구 창의문로12 소재

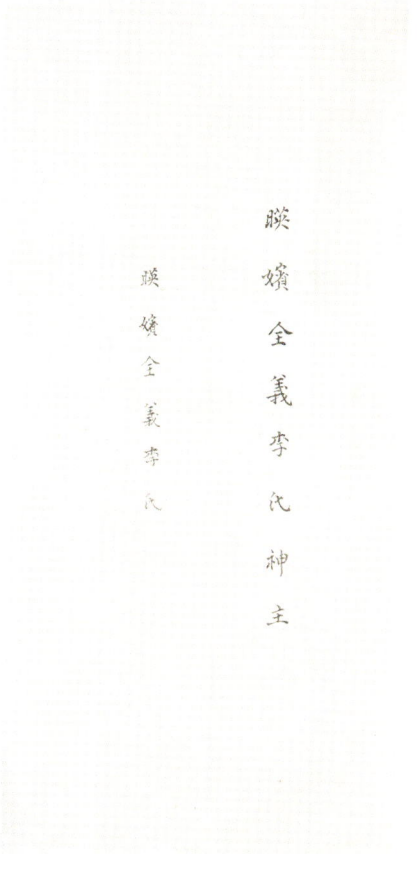

55.

⟨**의열묘도**義烈墓圖⟩

1764년(영조 40)
1장, 종이에 채색
75.0×112.0cm
RD04420

의열묘義烈墓 묘역과 그 주변의 지세와 풍광을 실경산수화에 가깝게 그린 그림이다. 상단의 안현鞍峴 부분은 18세기에 유행한 진경산수화의 미점米點을 활용하여 묘사했고 정선鄭敾의 소나무 묘법을 구사한 것이 특징이다. 묘역 주변에 위치한 전답과 가옥을 사실적으로 그렸으며 하단에는 와우산臥牛山과 그 너머 한강 밤섬까지 화폭에 담았다. 1764년(영조 40) 9월 27일에 영빈이씨의 장례를 지내고 나서 어람용으로 제작했을 것이다. 그림 상단의 '의열묘義烈墓' 3자는 영조의 어필로 추정된다. 이밖에 장서각에는 의열묘의 풍수적 지세를 산도山圖 형식으로 그린 그림도 소장되어 있다.

56.

영조 어필 〈의열묘義烈墓 현판〉

1764년(영조 40)
1판, 목각
21.2×49.0cm
연세대학교 박물관

영빈이씨의 묘소인 의열묘義烈墓에 걸려 있던 현판으로 영조가 1764년 9월에 손수 써서 내려 준 글씨를 새긴 것이다. 끝부분에 "갑신년 9월에 친히 쓰다.[甲申菊秋親書]"라고 적혀 있다. 영빈의 장례일인 1764년 9월 27일을 전후하여 쓴 것으로 보인다. 영빈에게 '의열'이라는 시호를 하사한 것은 1765년 7월이지만 이미 1764년(영조 41) 9월에 영빈의 임오년 결단 덕분에 종사가 재차 안정되고 의리와 윤리가 다시 밝아졌다고 세손에게 말하면서 그 사당과 묘소에 '의열'이라는 이름을 내린 바 있다.

57.

의열묘義烈墓 소게所揭 영조 어필 현판 등본謄本

1765년(영조 41) 이후
1장, 필사
35.0×60.0cm
RD04359

의열묘에 걸려 있던 영조 어필 현판의 글을 옮겨 적은 문서이다. 이 문서를 통해 영조가 의열묘에 내려 준 현판의 종류와 수량을 파악할 수 있다. 당시 의열묘에는 5건의 어필 현판이 걸려 있었는데 위에서 소개한 '의열묘' 현판을 비롯하여 '복면당福綿堂', '망원사望園舍', '운월헌雲月軒'이라고 새긴 현판이 있었고 1765년 정월에 영조가 이곳에 친림하여 다례茶禮를 지내고 영빈이 사망하던 때를 회상하면서 그 감회를 적은 현판이 있었다. 작성 시기는 1764년(영조 40) 9월부터 익년 7월 사이다. 의열묘 현판을 제외한 나머지 4건의 실물은 현전하지 않는다.

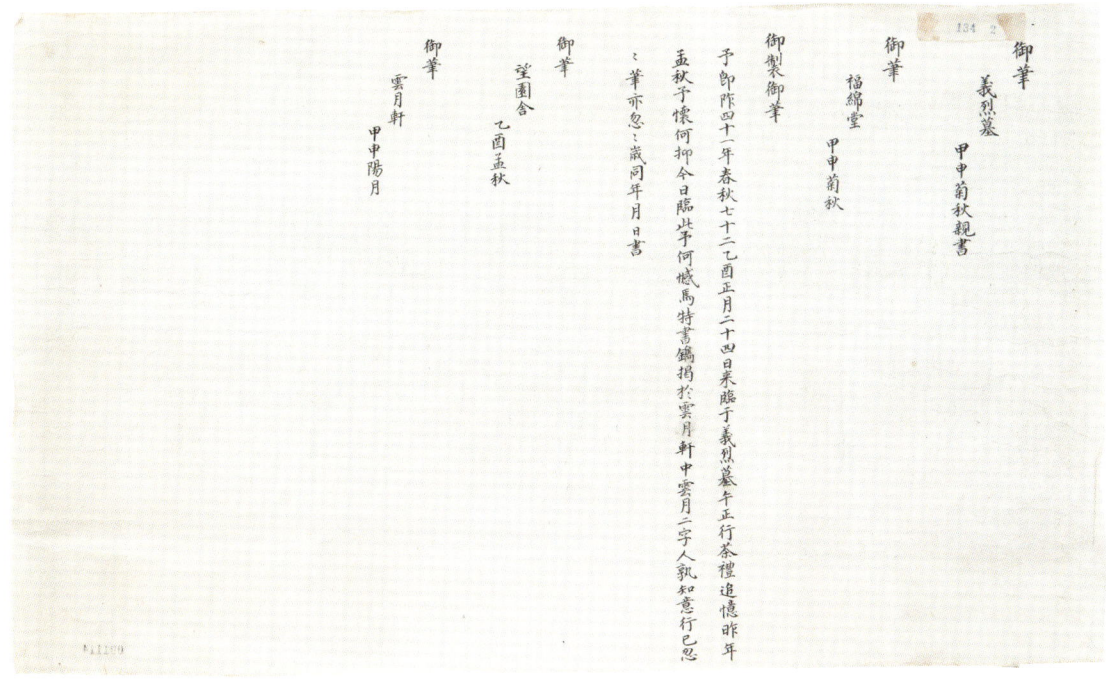

58.

영조 어필 〈수의보사守義保社 현판〉

1764년(영조 40)
1판, 목각
48.5×117.5cm
국립고궁박물관

영빈이씨 사당인 의열묘義烈廟에 걸려 있던 현판으로 영조가 1764년 9월 3일에 손수 써서 내려 준 글씨를 새겨 만든 것이다. 끝부분에 "내가 즉위한 지 40년째 되는 갑신년에 쓰다.[予卽祚四十年 歲甲申書]"라고 적혀 있다. 같은 날 찬술한 『표의록表義錄』에 "오늘 영빈묘暎嬪廟에 '의리를 지켜 종사를 보존하다.[守義保社]' 네 글자를 써서 내렸다. 이것은 영빈을 위한 것이 아니라 진실로 나라를 위해 후세에게 보이려는 뜻이다."가 보인다. 『표의록』을 지은 날에 영빈의 의열로 인해 사직이 보존되었다는 뜻을 높이 걸어 현시한 것이다. 사직을 높이기 위해 '사社' 자를 대두擡頭했다.

59.
의열묘義烈廟 소게所揭 영조 어필 현판 등본謄本

영조 연간
1장, 필사
24.0×33.0cm
RD04353

의열묘에 걸려 있던 영조 어필 현판의 글을 옮겨 적은 문서이다. 이 문서를 통해 영조가 의열묘에 내려 준 현판의 현황을 파악할 수 있다. 당시 의열묘에는 2건의 어필 현판이 걸려 있었는데 위에서 소개한 '수의보사守義保社' 현판과 묘호를 새긴 '의열묘' 현판이다. 2건의 현판은 같은 시기에 제작된 것으로 여겨지는데 '의열묘' 현판은 전하지 않는다.

御筆
義烈廟
予卽阼四十年歲甲申書

御筆
守義保社
予卽阼四十年歲甲申書

60.
『어제 표의록御製表義錄』

1764년(영조 40)
1책, 목판본
35.0×22.9cm
K4-5253

영조가 영빈이씨의 의열義烈을 현양하기 위해 찬술한 책이다. 편제면編題面에 '어필표의록御筆表義錄'과 '의소세손과 서로 의지하시길, 연희궁 지척에 있으니[令懿昭詳依, 在延禧咫尺]'가 새겨 있다. 영빈의 묘소는 양주楊州 연희궁에 조성되었는데, 영빈의 손자 의소세손의 묘소가 인근 안현鞍峴에 있었다. 1764년 9월 3일에 영조는 희정당熙政堂에서 『표의록』을 구두로 말하며 받아 적게 한 뒤 영의정 홍봉한洪鳳漢과 편차인 조명정趙明鼎 등에게 교정을 맡겼다. 이미 「폐세자반교문」에서 임오화변의 경위를 밝혔지만 영빈의 의열과 자신의 입장을 최종 정리하여 활자화할 목적으로 작성한 것이다. 이날 영빈묘暎嬪廟에 "의리를 지켜 사직을 보존하다.[守義保社]" 네 글자를 써서 내려 현판으로 만들게 했고 이즈음에 영빈 사당과 묘소에 '의열'이란 이름을 내렸으며 이듬해 7월에 '의열'이라는 시호를 하사하는 등 영빈의 의리와 충렬을 추숭하는 데 진력했다. 영빈의 의리와 충렬이 강조될수록 사도세자의 불의와 불충이 선명해지는 것은 자명한 이치다. 영조는 『표의록』을 짓고 나서 "수은垂恩 두 글자는 나에게 깊은 뜻이 있다. 후일 아첨하는 신하가 다른 호號로 고치려고 한다면 나를 어느 지경에 두려고 하는 것인가? 그런 자는 해동海東의 신하가 아니다."라고 말했다. 영빈을 위한 '표의'와 사도를 위한 '수은'에는 충忠과 역逆, 의義와 불의不義라는 상반된 개념이 담겨 있었다.

令懿昭相依
在延禧焏尺

御製表義錄

宗國書示後

爲

噫壬午夏事其時頒教文
中已諭何忍更提況今又
何忍憾嬪於幽冥雖然今

宗國凜綴其若一髮者乎此
亦猶大體嗚呼若無嬪壬
午閏五月十三日朝流涕
告予之事則予豈有今日
其時事機迫在呼吸非徒
宗國之將亡而已當此之時

其將爲予乎爲其子乎此
非凡識婦人之所可辨者
吁嗟暎嬪只知有
宗國爲予而斷其私恩不如
此則國亡矣國亡則嗚呼
二十一日將垂恩於何復

나라를 위해 후세에 써서 보여주노라.

아! 임오년 여름의 일은 그 당시 반교문에서 이미 언급했으니 어찌 차마 재론하겠느냐. 하물며 지금 저세상의 영빈을 어찌 차마 또 슬프게 만들겠느냐. 비록 그렇지만 지금 내가 다시 말하지 않으면 누가 장차 말할까. 아! 나는 부덕한 탓에 세자를 제대로 가르치지 못했고 그 어미가 이 때문에 노심초사했다는 사실을 내가 잘 알고 있다. 그가 어렸을 때 그 힘이 미치지 못하자 내게 가르침을 요청했는데 그 후로 부자간의 은정이 행여 손상될까 봐 다시 말하지 않았다. 근년에 어찌할 수 없는 형세가 되자 더욱 내게 말하지 못하고 혼자서 노심초사하다가 마침내 공업을 세우고 여기에 이르렀다.

아! 영빈이 나를 받들던 39년 동안 평소 견지했던 굳은 절조와 원대한 식견은 내가 잘 아는 바이나 이것은 행적을 기록하는 글이 아니므로 일단 적지 않겠다. 그러나 종사와 관계되는 일은 말하지 않을 수 없다. 이것은 진실로 일국의 존망이 걸린 것이요 백대의 의리와 관련된 것이니 어찌 후세에 전하지 않을 수 있겠는가. 옛날 엄연년嚴延年의 어미가 중도에 머물며 관아에 들어가지 않은 일과 풍소의馮昭儀가 몸으로 곰에게 맞선 일은 천고토록 미담으로 칭해지나 이것은 한 여인의 한 가지 절의에 불과하니 어찌 오늘의 일에 견주겠는가.

아! 아비가 알지 못하고 신하가 논쟁하지 못하고 백성이 감히 호소하지 못한 것을 그 어미 된 자가 대의를 견지하고 사사로운 정을 잊은 채 그 아비에게 말했다. 비록 사서士庶가 그 집을 보전하고 왕공王公이 종사를 보전하더라도 그 공이 오히려 적지 않거늘 하물며 나라가 위기일발의 상황에 처했을 경우이랴. 이 또한 국가 안위의 강령과 같다.

아아! 만약 영빈이 임오년 윤5월 13일 아침에 눈물을 흘리며 내게 고한 일이 없었다면 나에게 어찌 오늘이 있겠는가. 그때 일의 기미가 호흡지간에 박두해 있었으니 그저 나라가 장차 망할 뿐만이 아니었다. 이러한 상황에서 나를 위할 것인가? 아니면 그 아들을 위할 것인가? 이것은 평범한 식견을 가진 여인네가 감당할 수 있는 일이 아니다.

아아! 영빈은 나라가 있는 것만 알아서 나를 위해 사사로운 은혜를 끊었다. 이렇게 하지 않았다면 나라가 망했다. 나라가 망했다면 아아! 21일에 어디에 은혜를 베풀고 어디에 위호를 회복했겠는가! 이를 통해 혜빈惠嬪이 한 글자의 호를 얻어 세손 등 여러 왕손을 이끌고 다시 대내에 들어왔다. 아아! 이 일이 없었다면 은혜를 베풀거나 위호를 회복할 길이 없을 뿐만 아니라 혜빈이 어떻게 혜빈이 되고 세손도 어떻게 세손이 되고 왕손이 지금 어떻게 봉작되었겠는가. 참으로 의리가 바르고 은혜가 지극하다고 말할 만하다.

아아! 당시에 사람들이 모두 두려운 나머지 알지 못하는 척, 듣지 않은 척했지만 신神을 속일 수 있겠는가! 백성의 입을 막을 수 있겠는가! 아아! 나라가 다시 안정되고 세신世臣이 보존되고 만백성이 편안해졌으니 아! 이것은 누구의 공인가? 진즉에 효유하고 싶었지만 영빈이 살아 있어서[嬪猶在焉] 차마 효유하지 못했다. 아아! 영빈은 의리를 굳건히 지키며 이것을 행하되 마음속에 품은 생각을[爲此而隱懷耳心] 낯빛에 드러내지 않았으나 나는 말하지 않는 가운데 헤아렸다. 3년간 상심하며 참고 지내다가[恔傷三年 忍過終制] 삼년상을 마치더니 아아! 담제禫祭가 든 달에 조용히 세상을 떠났다. 의리와 은혜 두 가지를 다 겸전兼全했다고 이를 만하다. 시종일관 견지했던 의열義烈은 옛날에 듣지 못하던 일이다. 아아! 내가 나라를 위해 고심하고 영빈이 과인을 위해 의리를 펼친 것을 혜빈이 알고 있고 충자도 알고 있으나 지금 내가 말하지 않는다면 누가 장차 말하겠는가!

수은묘垂恩廟에는 "이 사당에 자애로운 은혜를 베푼다.[垂慈恩於斯廟]"를 써서 걸었고, 오늘 영빈묘暎嬪廟에는 "의리를 지켜 종사를 보존하다.[守義保社]" 네 글자를 써서 내린다. 이것은 영빈을 위한 것이 아니라 진실로 나라를 위해 후세에게 보이려는 뜻이다.

황조 숭정 무진 기원후 세 번째 갑신년[1764] 9월 3일에 짓다.

61.

《어제 영빈이씨 묘지御製暎嬪李氏墓誌》

1764년(영조 40)
2벌 9장, 청화백자
연세대학교 박물관
서울특별시 유형문화유산

1764년 9월에 영조가 영빈이씨를 위하여 직접 찬술한 묘지로서 글씨는 영빈의 사위 박명원朴明源이 썼다. 연세대학교 박물관에 청화백자로 만들어진 지석이 두 벌 소장되어 있는데 한 벌은 5매이고 다른 한 벌은 3번 지석이 빠져 있다. 이 9매의 묘지는 1970년에 연세대학교 경내 수경원綏慶園을 서오릉으로 이장한 뒤, 1973년 새로운 건물을 세우기 위해 터를 파던 중 출토된 것이다. 국립중앙박물관에도 4점이 세트를 이루는 영빈묘지가 1벌 소장되어 있는데, 4번 지석의 상태가 불완전하고 판독할 수 없는 글자가 많다. 연세대학교본은 대두擡頭만 하고 궐자闕字는 하지 않았으나 국립중앙박물관본은 대두와 궐자를 모두 했다. 또한 국립중앙박물관본에는 어색한 표현이나 잘못된 내용이 도처에 보인다. 예컨대 영빈의 장지인 양주 연희궁延禧宮 대야동大野洞이 국립중앙박물관본에는 교하交河 월롱月籠 검산리檢山里로 되어 있다. 연세대학교 박물관본은 국립중앙박물관본을 바탕으로 내용을 교정하고 첨삭하여 새로 만든 것이다.

어제 영빈이씨 묘지

영빈이씨는 나의 후궁이다. 본관은 전의全義로 부친은 증찬성 유번楡蕃이고 조부는 통훈 영임英任이며 증조부는 학생 정립正立이다. 외조부는 학생 김우종金佑宗으로 본관은 한양이다. 병자년[1696, 숙종 22] 7월 18일에 태어나 6살에 입궐했다. 병오년[1726]에 처음 숙의淑儀에 봉해졌다가 다시 귀인貴人에 봉해졌고 이후 영빈에 진봉되었으니 여관女官 최고의 품계이다.

1남 6녀를 두었다. 아들은 죽은 세자이고 세자빈 홍씨는 영의정 봉한鳳漢의 딸이다. 이들은 2남 2녀를 두었는데 장남은 의소세손懿昭世孫이고 차남은 세손으로 효장세자孝章世子의 후사가 되었으며 장녀는 청연군주淸衍郡主이고 차녀는 청선군주淸璿郡主이다. 서자 셋을 두었는데 첫째는 은언군恩彦君이고 둘째는 은신군恩信君이며 셋째는 나이가 어리다. 현주縣主 역시 나이가 어리다. 영빈의 첫째 딸 화평옹주和平翁主는 금성위 박명원朴明源에게 시집가서 양자 상철相喆을 두었고, 다섯째 딸 화협옹주和協翁主는 영성위 신광수申光綏에게 시집가서 양자 재선在善을 두었으며, 여섯째 딸 화완옹주和緩翁主는 일성위 정치달鄭致達에게 시집가서 양자 후겸厚謙을 두었고, 딸도 두었다.

아! 내 즉위 2년에 후궁이 되었고 40년 갑신[1764] 7월 26일 병자에 경희궁 양덕당養德堂에서 나와 작별하고 세상을 떠났다. 아아! 끝이구나! 39년의 해로가 이제 한바탕 꿈이 되었구나. 내가 특히 가슴 아픈 것은 다섯 달만 지나면 칠순이 되기 때문이다. 헤아리기 어려운 것이 세상일이다.

영빈은 성품이 온순하고 선량하며 자애롭고 인자하다. 나를 받듦에 지성을 다했고 아랫사람을 기름에 골고루 사랑했다. 임오년 사건에 이르러서 나라가 능히 안정되고 세신世臣과 뭇 백성이 능히 보존되었으니 이것은 진실로 영빈의 공이다. 이것이 어찌 아낙네가 처리할 수 있는 일이랴. 내 어찌 터럭만큼이라도 과장하여 말하겠는가. 이것은 우리나라의 신민이 함께 칭송하는 것이다.

3년을 참고 지내다가 아아! 담제禫祭가 든 달에 조용히 세상을 떠났다. 그 충성을 온전히 하면서 그 마음을 깨끗이 하였으니 두 가지를 다 겸전했다고 이를 만하다. 아아! 슬프도다. 궁궐에서 사흘을 친림하다가 오늘 저녁 견여로 장동壯洞 사제私第에 가서 빈소를 차렸다. 이것은 옛날에 없던 일로서 세손을 위해 이렇게 했다. 8월 그믐날에 친림하여 상자上字를 썼으니 내 마음에 유감이 없다. "의리를 지켜 종사를 보존하다.[守義保社]" 네 글자를 써서 내리고 사당과 묘소에 '의열義烈'이라는 이름을 내렸으니 애통과 영예가 지극하다고 이를 만하다. 9월 27일 병자에 양주楊州 연희궁延禧宮 대야동大野洞 미향未向 언덕에 예로써 장사 지냈다.

아아! 망팔의 나이에 영빈의 묘지를 친히 짓고 영빈의 묘표 전면과 후면 및 광중壙中의 명정을 친히 썼으며 신주 안팎의 글씨도 모두 어필이니 참으로 생각지도 못한 일이다.

황조 숭정 무진 기원후 세 번째 갑신년[1764] 지행순덕영모의열 장의홍륜광인돈희 체천건극성공신화至行純德英謨毅烈章義弘倫光仁敦禧體天建極聖功神化 주상전하 즉위 40년 9월 일에 금성위 신 박명원이 하교를 받들어 쓰다.

62.
「영빈이씨 증시교지暎嬪李氏贈諡敎旨」

1765년(영조 41)
1장, 필사
60.6×109.5cm
RD00113

1765년 7월 11일에 영빈이씨에게 '의열義烈'이라는 시호를 내릴 때 발급한 교지이다. 글씨는 금성위 박명원朴明源이 썼다. 이날 영조는 영빈의 소상小祥을 보름 앞두고 '의열'이라 증시贈諡하고 교서와 제문을 직접 짓고서 세손과 혜빈을 데리고 의열궁에 거둥하여 선시宣諡의 예를 행했다. 하루 전날 영조는 "종사가 다시 안정된 것은 누구의 공로인가!", "내가 확연히 깨달은 것은 작년에 『표의록』에서 다 말했으니 나라를 위하는 정성을 경들은 필시 알 것이다. 이미 호칭을 정했으므로 표창하는 도리가 있어야 하거늘 끝내 미루는 것은 왕도정치가 아니다. 지금 특별히 시호를 내리고 싶다."라 말하며 전격적으로 사시賜諡를 결정했다.

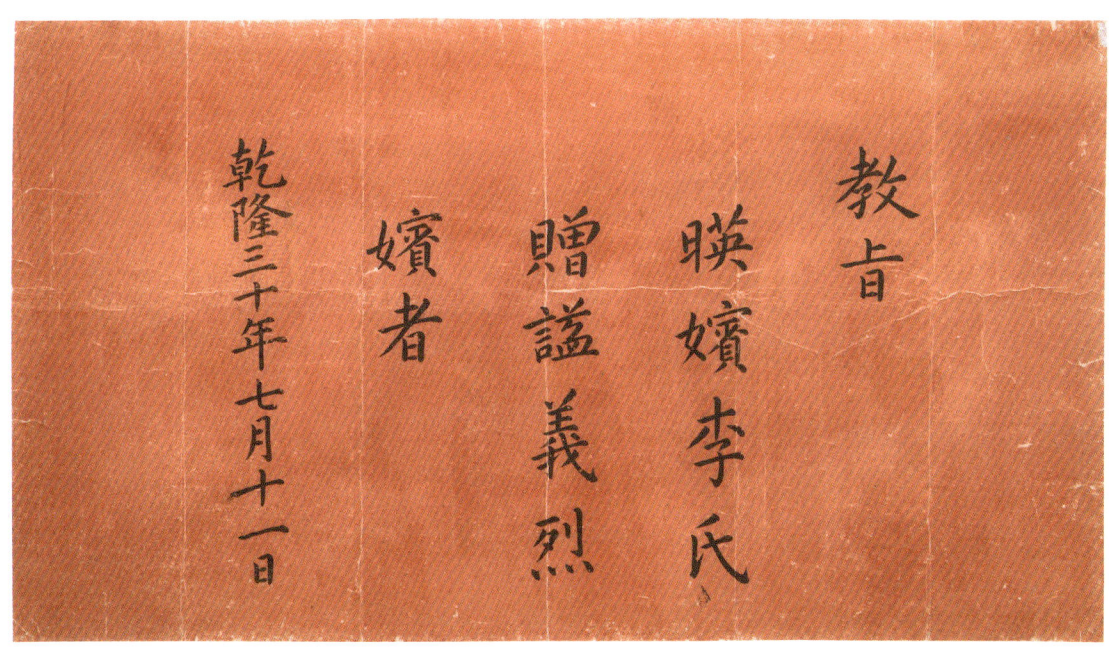

63.
영조 어제 「영빈이씨 증시교문暎嬪李氏贈諡敎文」

1765년(영조 41)
1장, 필사
126.5×190.8cm
RD00144

1765년 7월 11일에 영빈이씨에게 '의열'이라는 시호를 내릴 때 발급한 교서로서 영조가 찬술하고 사위 박명원朴明源이 글씨를 썼다. 교지와 교문에는 공히 '시명지보施命之寶'가 찍혀 있다.

왕이 말한다.
의리를 장려하고 공적에 보답하는 것은 국가의 책무요, 충렬을 표창하고 시호를 내리는 것은 왕도정치의 급선무다. 아! 나라가 재차 반석처럼 안정되고 신민이 오늘을 맞게 된 것은 누구의 공인가! 누구의 공인가! 이미 시호를 정했는데도 여전히 사시례賜諡禮가 지체되고 있다. 이에 이달 11일 영빈이씨에게 의열義烈이라는 시호를 내리고 금성위 박명원에게 선시宣諡를 명한 뒤에 내가 친림하여 살피고 세손이 예를 행했다.
아아! 오늘 이후로 나라의 형세가 백세토록 길이 공고해질 것이요 의리가 천년토록 환하게 드리워질 것이다. 그러므로 이렇게 교시하니 잘 알았으리라 생각한다.

건륭 30년[1765] 7월 11일

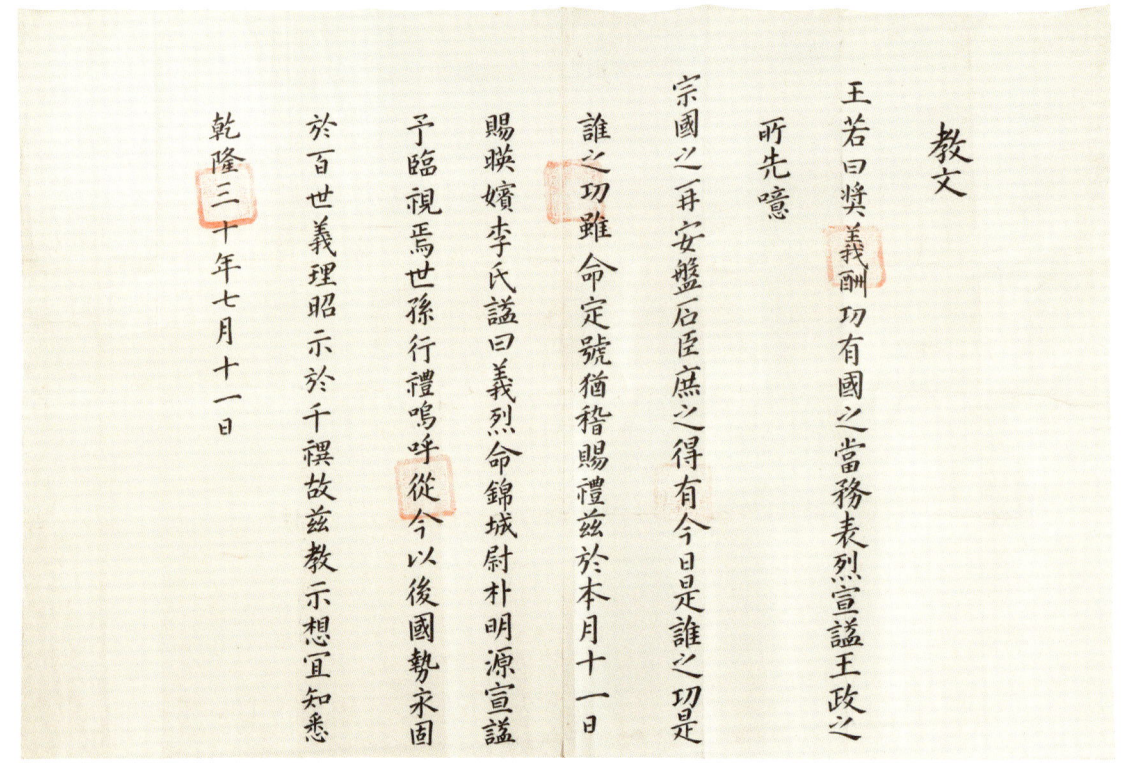

64.

영조 어제 「영빈이씨 대상일 제문暎嬪李氏大祥日祭文」

1766년(영조 42)
1장, 필사
59.0×86.0cm
RD02790

1766년 7월 26일에 영빈이씨의 대상大祥을 맞이하여 영조가 친히 지은 제문이다. 이날 영조는 폭염에 거동하는 것을 우려하는 신하의 만류에도 불구하고 의열궁義烈宮에 친림하였고 세손 정조가 수가隨駕하여 재배례再拜禮를 행했다. 제문의 전반부에서 영빈에 대한 그리움을 곡진하게 표현하다가 영빈 손자의 과거 합격, 관례 및 혼례 소식을 기술했고, 삼년상을 무사히 마치고 입묘入廟한 사실과 작년 7월에 시호를 하사한 일을 적으면서 제문을 마무리했다. 제사를 마친 뒤 영조는 영빈 사당과 묘소의 격상에 관한 전교를 반포했다.

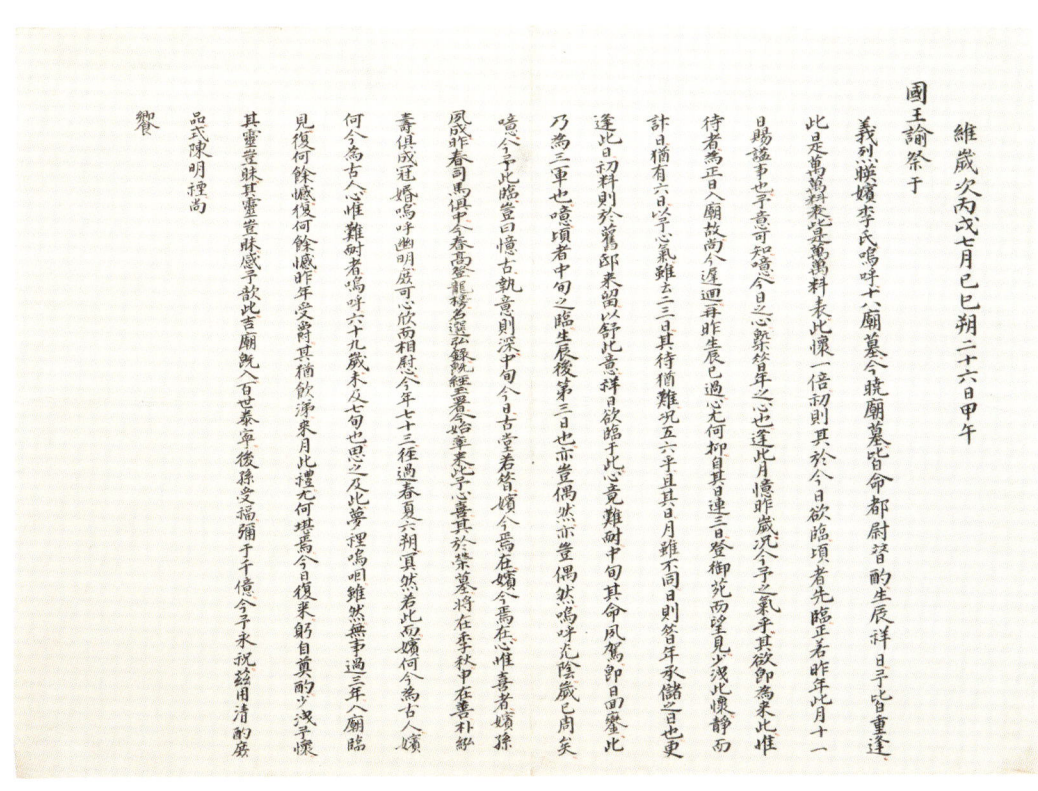

65.
『의열궁 거둥시 전교義烈宮擧動時傳敎』

1766년(영조 42)
1책, 필사본
35.3×25.7cm
K2-2899

1766년 7월 26일 영조가 의열궁義烈宮에 친림했을 때 예방승지禮房承旨, 예모관禮貌官, 상례相禮 등에게 내린 전교를 책자 형태로 만든 것이다. 이날은 영빈이씨의 대상일大祥日이자 영빈의 신주를 입묘入廟하는 날이었다. 영빈의 사당은 의열궁義烈宮, 영빈의 묘소는 의열원義烈園이라 칭할 것은 이미 하교했으니 추후에 의열궁의 의물儀物과 의열원의 상설象設을 차례대로 마련하도록 지시했고 수봉관守奉官과 수복守僕 등의 차출에 대해서도 언급했다. 영빈이씨가 국왕의 사친이 아님에도 불구하고 그녀의 묘묘廟墓는 궁원宮園으로 칭해졌고 추후 능원에 걸맞게 예우하도록 지시한 것이다. 영조는 이날 하교가 일개 후궁을 위해서가 아니라 나라를 반석 위에 올려놓은 영빈의 공 때문임을 분명히 밝혔고 이 전교를 한 통 써서 의궤儀軌의 사례처럼 예조에 보관하도록 명했다. 영조 지시에 따라 당일 전교를 정서하여 예조에 보관한 것이 바로 본서이다.

66.

세손(정조) 예제 「영빈 행장暎嬪行狀」

1770년(영조 46)경
1장, 필사
33.0×230.0cm
RD02327

정조가 세손 시절에 조모 영빈이씨의 행적과 덕행을 기술한 행장이다. 궁인 및 후궁으로의 선발 과정, 담박한 성품과 신중한 처신, 빈嬪으로서의 내조와 부덕婦德, 원자元子 출산, 며느리 혜경궁에 대한 사랑 등 영빈과 관련된 다양한 일화를 소개했다. 고모 화완옹주의 권유로 지었는데 영빈의 개별 행적들은 화완옹주가 정리해 준 것이다. 영빈의 출생으로 서두를 시작했다가 용지 앞 여백에 영빈의 선계先系를 추가로 써 넣었으며 중간에도 보록한 부분이 있다. 세손 정조는 자신을 '여소자余小子'로 적었고 영빈을 '아조모我祖母'로 적었으며 내외 자손의 경우는 영조 어제 지문誌文에 적혀 있으므로 생략했다. 교정 부호를 활용하여 첨삭한 흔적이 도처에 보이는데 정조가 즉위 이후에 직접 수정한 것이다. 정조는 '아조모'를 '아영빈我暎嬪'으로 일괄 수정했으며, 모친 혜경궁이 영빈 부모의 산소 정비를 도우려 했을 때의 일화 전체를 삭제했다. 작품 속 호칭이나 영빈 행적의 기술 방식이 세손 정조가 1770년 7월에 찬술한「영빈이씨 친제문暎嬪李氏親祭文」과 유사한 점으로 보아 비슷한 시기에 지어졌을 것으로 추정된다.

이 행장은 『홍재전서』에 실리지 않았다. 184권 100책이라는 방대한 분량의 『홍재전서』를 통틀어 영빈의 생평과 언행을 기술하거나 영빈을 회상하는 시문이 한 편도 없다. 박명원 신도비와 사도세자 행장에서 대상 인물의 장모이자 사친으로 언급될 뿐이다. 본 행장에서 화완옹주의 효성과 우애, 자애로움, 현명함이 지나치게 강조된다는 점도 특이하다. 고모의 강요로 마지못해 붓을 들었다가 고모의 열람을 의식하며 행장을 지었기 때문일 것이다. 정조 즉위 직후에 화완옹주는 서인으로 강등되어 유배되었고 양자 정후겸은 사사되었다. 이 행장뿐만 아니라 조모 영빈을 대상으로 삼은 시문이 『홍재전서』에 실리지 않은 데에는 임오화변과 관련하여 조모 영빈과 고모 화완옹주에게 품고 있던 불편한 심사, 화완옹주에 대한 정치적 불신이 적잖이 작용했을 것이다.

빈嬪은 성이 이씨로서 선계가 전의全義에서 나왔다. 증조부는 유학 정립正立이고 조부는 ○○○ 영임英任이며 부친은 증 의정부찬성 유번楡蕃이다.

빈은 숙종 병자년[1696] 7월 18일 한양 관광방觀光坊 사저에서 태어났는데 어려서부터 특별한 자질이 있었다. 신사년[1701]에 숙종이 궁인 선발을 명했을 때 빈이 선발에 응시했다. 당시 나이가 고작 6세였다. 숙종은 빈의 법도에 맞는 응대와 행동거지를 살피더니 하교하기를 "고관대작高官大爵 집안의 여자들도 이 정도 나이에는 어린아이의 습관을 벗기 어렵건만 여항의 여자가 이렇게 조숙할 수 있는가!"라 하며 매우 칭찬했다.

정유년[1717]에 숙종이 온천에 거둥했다. 무릇 행재소에 궁인이 배종하는 전례는 없었으나 이때 숙종이 조섭하는 중이라 복장과 식사 등의 의절을 궁인이 아니면 적절히 처리할 수 없었으므로 궁인 중에 똑똑하고 신중한 사람을 특별히 뽑아 따르게 했다. 빈도 여기에 참여했는데 아마도 인원왕후의 뜻이었을 것이다.

갑진년[1724]에 금상이 대통을 승계했는데 이때 궁중의 사무가 가장 많았다. 인원왕후는 빈의 식견이 빼어나고 총명함이 비범하다고 여겨 조서를 내려 상급사 반열에 보임하게 했다.

주상께서 말씀하시기를 "왕가의 일에서 후사를 많이 낳는 것이 가장 중요하다. 사대부 여자 중에서 잘 알지 못하는 사람을 선발하기보다는 차라리 궁중의 후덕한 사람을 취하는 편이 낫다."라고 하더니 병오년[1726]에 책봉하여 숙의로 삼았다. 예부터 후궁이 처음 받는 벼슬은 숙용, 소용, 숙원, 소원 등 정해진 등급이 있는데 곧장 숙의로 봉한 것은 영빈寧嬪의 전례를 따른 것이다.

이해 정시庭試 대책에서 어떤 선비가 궁중의 일을 언급하되 표현을 가리지 않고 글을 쓰자 주상께서 매우 불쾌하게 여겼다. 빈이 조용히 조언하기를 "임금이 비록 허심탄회하게 듣는다고 해도 신료의 입장에서는 거리낌 없이 말을 다하기 어려운 법입니다. 지금 주상의 마음이 한 응시생의 대책 때문에 이렇게 불쾌해지니 차후로 용감하게 간언하는 기풍이 사라질까 염려됩니다."라고 하니 주상께서 가상히 여겼다.

무신년[1728] 이후로 주상의 춘추가 점점 높아져 아들을 낳을 희망이 막연해지자 주상께서 지나치게 우려한 나머지 식사를 못하는 지경에 이르렀다. 빈이 말하기를 "자녀를 낳아 기르는 것은 하늘의 뜻입니다. 하물며 하루 아침저녁 사이에 바람을 이룰 수 있겠습니까." 하니 주상의 뜻이 누르러졌다.

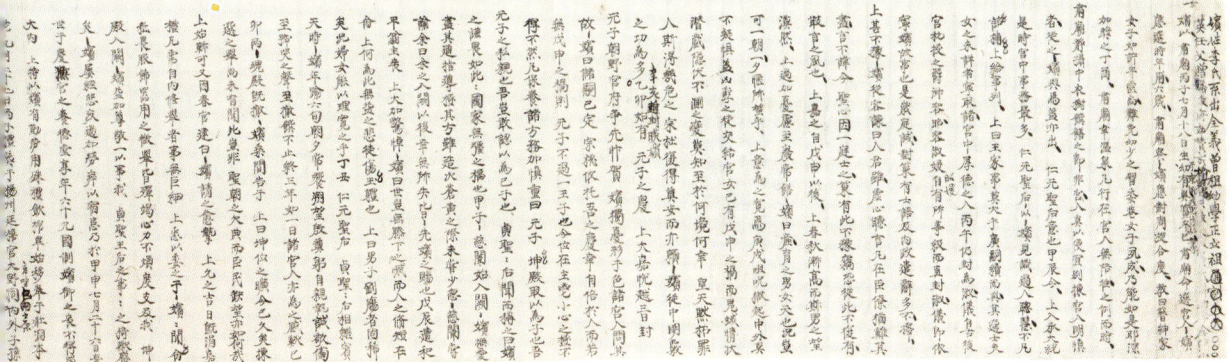

경술년[1730]에 저주의 옥사가 일어나자 경향의 모든 사람이 의구심을 품었다. 흉악한 무리가 궁녀와 결탁한 전례로서 이미 무신년의 화란이 있었거니와 귀신과 물여우 같은 흉도의 정황이 은밀히 잠복되어 있었으므로 불측한 변고가 어느 지경에 이르게 될지 알 수 없었으나 다행스럽게도 하늘이 말없이 도와주시어 죄인을 주벌했으니 위태롭던 종사가 다시 안정되었다. 이때도 빈이 안에서 분명히 조사한 공로에 힘입은 바가 많았다.

신해년[1731]에 영빈暎嬪에 진봉되었다. 을묘년[1735]에 비로서 원자를 낳은 경사가 있자 주상께서 크게 기뻐하며 사흘 뒤 원자로 책봉했다. 조야와 궁부宮府가 앞다투어 기뻐하고 하례했으나 빈은 유독 근심이 얼굴빛에 드러났다. 여러 궁인이 그 까닭을 들으니 빈이 말하기를 "후계자가 이미 정해져 종사를 의탁하게 되었으니 내가 경사스럽게 여기는 마음은 남들보다 곱절이나 된다. 그러나 만약 무신년의 화란이 없었다면 원자는 일개 왕자에 지나지 않을 것이다. 따라서 지금 원자의 지위에 있지만 부득불 극도로 조심하지 않을 수 없다."고 했다. 무릇 원자를 보양保養하는 제반 방도에 더욱 신중함을 기하면서 "원자는 중궁전이 데려다가 아들로 삼으셨다. 내가 원자의 사친이지만 어찌 감히 내 아들이라고 생각하겠는가."라고 말했다. 정성왕후께서 이 말을 듣고 "빈이 이처럼 삼가고 두려워하니 이것은 나라의 무한한 복이다."라고 칭찬했다.

갑자년[1744]에 자위慈闈(혜경궁)께서 처음 대궐에 들어왔는데 빈이 어루만져 사랑함에 그 도를 다하고 지도하는 데 그 방법을 지극히 하되 아무리 다급하거나 경황이 없을 때조차 조금도 소홀한 적이 없다. 자위께서 언젠가 나에게 말하기를 "내가 입궐한 이후로 다행히 실수가 없던 것은 모두 돌아가신 빈의 은혜이다."라 했다.

무진년[1748]에 화평옹주의 상을 당하자 주상께서 매우 놀라고 슬퍼했다. 빈께서 "세상에 어찌 자녀가 먼저 죽는 슬픔이 없겠습니까마는 사람의 수명은 천명에 달려 있습니다. 주상께서는 어찌 이렇게 무익한 슬픔을 느끼며 괜스레 옥체를 손상시킵니까!"라 말하자, 주상께서 "남자 중에서도 마음이 굳센 사람이 본디 드문데 하물며 부녀자 중에 순리로써 마음을 누그러뜨리는 자가 있겠는가!"라 말했다.

정축년[1757]에 인원왕후와 정성왕후가 잇달아 돌아가셨다. 이때 빈께서 나이 예순을 넘겼으나 조석 상식과 삭망 은전殷奠을 몸소 올리며 정성과 공경을 다했고 목놓아 통곡하는 소리가 제수를 거둘 때까지 그치지 않았다. 삼년상을 마치도록 이렇게 하루처럼 하니 여러 궁인들도 감탄했다.

기묘년[1759]에 두 분의 혼전이 거두어지고 나서 빈께서 틈을 타서 주상께 아뢰기를 "곤위가 비어 있는 지가 이미 오래되었거늘 간택하는 일에 대해 들은 적이 없습니다. 이 어찌 성조聖朝의 흠전이 아니겠으며 백성들의 실망은 또 어떻겠습니까."라 했다. 주상께서 처음에는 가납하지 않다가 예조의 건의를 통해 빈께서 더욱 간절히 요청하자 드디어 윤허했다. 길일이 잡히자 가례에 필요한 제반 물품 중에서 대내에서 준비하는 것들은 크든 작든 상관없이 주상께서 전적으로 빈에게 위임했다. 빈께서 명을 듣고 삼가고 두려워하며 복식과 기용의 미미한 사안까지도 모두 정성을 다함으로써 호조를 번거롭게 하지 않았다. 우리 중궁전께서 입궐하자 빈은 더욱 존경하면서 한결같이 우리 정성왕후를 섬기던 일로써 섬겼으니 아아! 훌륭하도다.

빈께서 비통한 일을 자주 겪은 데다가 고달픔과 초췌함까지 더해지더니 갑신년[1764] 7월 26일에 숙환으로 경희궁 양덕당에서 세상을 버렸으니 향년 예순아홉이다. 나라의 제도에 따르면 빈어嬪御의 시신은 대내에 머무를 수 없는데 주상께서 특별히 빈에게 근실한 공로가 있다고 여겨 각별히 예우하여 염관斂棺을 마친 뒤에 비로소 장동壯洞의 본가로 옮겨 봉안했다. 그리고 9월 27일 병자에 양주楊州 연희궁延禧宮 대야동大野洞 해좌사향亥坐巳向의 언덕에 예장했다. 내외 자손은 어제 지문誌文에 이미 적혀 있으니 지금 다시 쓰지 않는다.

아아! 빈은 타고난 자질이 남보다 뛰어나서 곧고 조용하고 순수하고 결백하며, 씩씩하고 엄숙하고 너그럽고 후덕했다. 병오년에 후궁이 된 이후로 주상을 40년 동안 받들어 섬기면서 은택을 받았다는 이유로 스스로 각별하게 하는 바가 없었다. 음식 수요와 일상 예절의 경우는 무릇 성상의 옥체에 도움이 되는 것이 있으면 모두 예로써 재단하되 오직 주상의 뜻을 따르고 주상의 뜻에 맞도록 했다. 그러나 유독 중궤中饋의 일은 감히 자처하지 않으며 "중궤는 정전正殿이 맡은 바이니 내가 관여할 수 있는 것이 아니다."라고 말했다.

우리 정성왕후를 섬기기를 마치 주상의 옥체를 섬기듯이 했고 한 가지 일, 한 가지 행동도 혹여 독단으로 하지 않았으며 매양 주상에게 아뢰기를 "왕비는 생민生民의 시작이요 만복의 근원입니다. 의리상 중요한 것이 배필이니, 당석當夕·시침侍寢을 경계해야 합니다. 어찌 감히 삼가지 않겠습니까?"라 했다.

정성왕후께서도 빈을 존중하여 빈을 만날 때마다 밤새도록 얘기를 주고받았으며 터럭만큼도 틈이 없었다. 궁인 중에 늙은 자들이 서로 말하기를 "우리가 살아서 태평성세를 만나 관저關雎와 규목樛木의 아름다움을 보았구나."라 했다.

무릇 홍수와 가뭄, 재해와 이변이 생기면 주상은 그때마다 더욱 두려워한 나머지 취침할 겨를조차 없었는데 빈 역시 옷을 벗고 편안히 잠자리에 들지 않으며 "불길한 징조가 거듭 일어나 지존께서 홀로 근심하시니 제가 어찌 한가하게 편안함을 취하겠습니까."라 말했다. 또한 주상께서 일 때문에 몹시 번뇌할 때면 빈 또한 함께 근심했고 반드시 중화中和의 도리로써 사안에 따라 우러러 권면했다.

성품이 담박하여 자신을 챙기는 것이 검소했다. 화려한 의복을 가까이하지 않았고 기이한 물건들도 마음에 두지 않으며 거처가 비좁고 음식이 소박했지만 매양 편안하게 받아들였다. 평소에 말을 빨리하거나 낯빛을 갑자기 바꾸지 않았고 온종일 단정히 앉은 채 삐딱하고 나태한 모습도 보이지 않았다. 비록 가까운 자손과 미천한 시종이라도 항상 법도에 맞게 대했다. 이에 궁중에서 이구동성으로 칭찬하며 모두 본보기로 여겼으니, 아무리 선비와 같은 행실을 지닌 옛날 여자의 풍모라도 어찌 이보다 나을 수 있겠는가.

글을 좋아하되 대의만 대략 통했으며 마음을 오로지 쏟지 않았다. 매번 "예부터 부인들이 서적을 널리 읽는 것은 아름다운 일이 되는 데 문제가 되지 않았다. 하지만 끊임없이 좋아하되 식견이 성장하기 전에 섭렵한 것이 혹여 지나치게 되면 그 폐단이 암탉이 새벽에 우는 재앙에 쉽사리 이른다. 이것이 내가 독서에 전념하지 않는 까닭이다."라 했다. 나 소자가 곁에서 책을 읽으면 빈은 항상 기뻐하며 들었고, 매양 아름다운 말과 선한 행실을 인용하며 반복해서 타이르는 것이 마치 엄한 스승과 노숙한 선비 같았다.

빈의 친정 친척이 차례로 벼슬에 제수되어 혹자는 현달한 관직에 있고 혹자는 고을 수령으로 있었으나 빈은 매양 기뻐하지 않고 오직 나라의 은혜에 보답할 것을 도모하면서 편지를 보내 경계시켰다. 이 때문에 친정 친척 중에서 함부로 찾아와 청탁하는 경우가 없었다.

《빈의 부모 산소가 서교西郊의 길가에 있었다. 자손들이 아직 현달하기 전이라 묘도墓道를 정비한 것이 여전히 미진했으므로 빈이 항시 이것을 염려했다. 우리 자위께서 우리 외조부에게 부탁하여 장교 한 명을 보내 점검을 돕게끔 했다. 때마침 외조부가 장수의 직책을 띠고 있었기 때문이다. 빈이 그 소식을 듣더니 "빈궁의 이러한 뜻이 고맙긴 하지만 모某 재상이 처리한 것과 다르오. 이렇게 한다면 사체事軆 끝내 어떻겠소."라고 말하며 사양하여 그만두게 했다. 비록 작은 일이라도》처지에 따라 삼가는 것이 대부분 이와 같았다.

무진년 이후 화평옹주의 상을 치르고 몇 년이 지나 화협옹주가 잇따라 별세한 뒤에 화완 고모가 덩그러니 외롭게 있자 빈이 더욱 측은하게 여겼다. 자애로운 마음이 돈독했는데 여러 옹주 중에서 빈이 낳지 않은 이들의 경우에도 정성스럽게 가르치고 깊이 사랑하여 자신이 낳은 자녀와 차이가 없었다. 숙원淑媛:貴人 趙氏과 소원昭媛:淑儀 文氏에 대해서도 정성스럽게 대우했다. 아! 이런 일들이 우리 영빈이 여자 중의 군자인 까닭이 아니겠는가!

아아! 나 소자는 태어난 이후로 우리 영빈께서 두터운 은혜로 돌보고 살펴준 덕분에 성장할 수 있었다. 나 소자가 우리 영빈의 자애로운 덕에 우러러 보답하는 길은 오직 그 덕을 이렇게 기술하는 일뿐이거늘 무지하고 어리석어 오랫동안 짓지 못했다. 화완 고모가 하루는 나에게 말하기를 "돌아가신 우리 빈의 지극한 덕과 아름다운 행실로서 본보기로 삼고 스승으로 여길 만한 것이 어찌 한정이 있겠소. 하지만 사실을 기록한 글이 아직 없으니 혹시라도 점점 시간이 흘러 어느새 민멸될까 봐 염려되오."라 하며 빈의 행적을 일일이 서술하더니 나에게 행장을 짓도록 했다. 우리 고모의 효심에 감동한 나머지 영빈의 아름다운 자취를 모아 이상과 같이 삼가 이 글을 짓는다.

이 일로 인하여 더욱 감회가 일어나는 것이 있으니, 우리 고모가 나를 애지중지하는 것이 우리 자위와 견주어 차이가 없고, 나 또한 우리 고모를 사랑하고 공경하는 것이 우리 자위와 마찬가지이다. 우리 자위와 우리 고모가 일심으로 우애하는 마음이 갈수록 더욱 돈독해져서 궁궐 사이에 화기가 애애하니 이것은 아마도 우리 자위가 우리 영빈의 지극한 정의를 본받았다는 의미요 만약 우리 고모의 현명함이 아니었다면 어찌 이런 일이 있을 수 있겠는가! 우리 영빈께서 후세에 드리운 법도를 여기서도 알 수 있다. 글솜씨가 졸렬하여 그 숙렬淑烈의 만분의 일조차 현양할 수 없음에도 불구하고 감히 한마디 말이라도 지나치게 꾸미지 못한 것은 우리 영빈의 평소 겸덕謙德에 누가 되어 나 소자의 불효한 죄를 가중시킬까 염려해서이다.

*《 》부분은 정조가 삭제한 부분임.

67.

세손(정조) 예제「영빈이씨 친제문暎嬪李氏親祭文」

1770년(영조 46)
1장, 필사
55.0×170.0cm
RD02767

1770년 7월 19일에 세손 정조가 조모 영빈이씨의 영전에 올린 제문이다. 제문에 따르면, 전날인 7월 18일에 영조가 영빈 생신을 맞아 의열궁에 친림할 때 세손도 수가隨駕했다가 이튿날 세손 혼자 제수를 준비하여 제사를 지냈다. 이 제문은 정조가 세손 시절에 조모 영빈을 위해 작성한 최초의 제문으로, 그는 영빈이 별세한 지 6년이 지나도록 조모를 애도하는 시문을 지은 적이 없었다. 먼저 영빈이 자신에게 베푼 은혜를 기술하다가 흉악한 화가 그치지 않아 영빈이 죽음을 맞이한 일을 적었고, 후반부에서는 아름다운 덕성과 행실의 사례를 적으며 '여자 중의 군자[女中之君子]'요 '나라의 충신[邦國之藎臣]'으로 정의했다. 제문의 중간에 부친 사도세자를 잃던[失怙] 장면을 두 차례 언급했으나 조모와 손자 간의 더 각별해진 관계와 본인의 깊은 상실감을 표현했을 뿐 임오화변이나 조모 영빈에 대한 어떠한 판단도 드러내지 않았다. 이 제문은 조모 영빈을 위해 찬술한 최초의 작품임에도 불구하고 『홍재전서』에 수록되지 않았고, 『홍재전서』에 수록된 430여 편의 제문 가운데 영빈에게 올린 제문은 한 편도 없다.

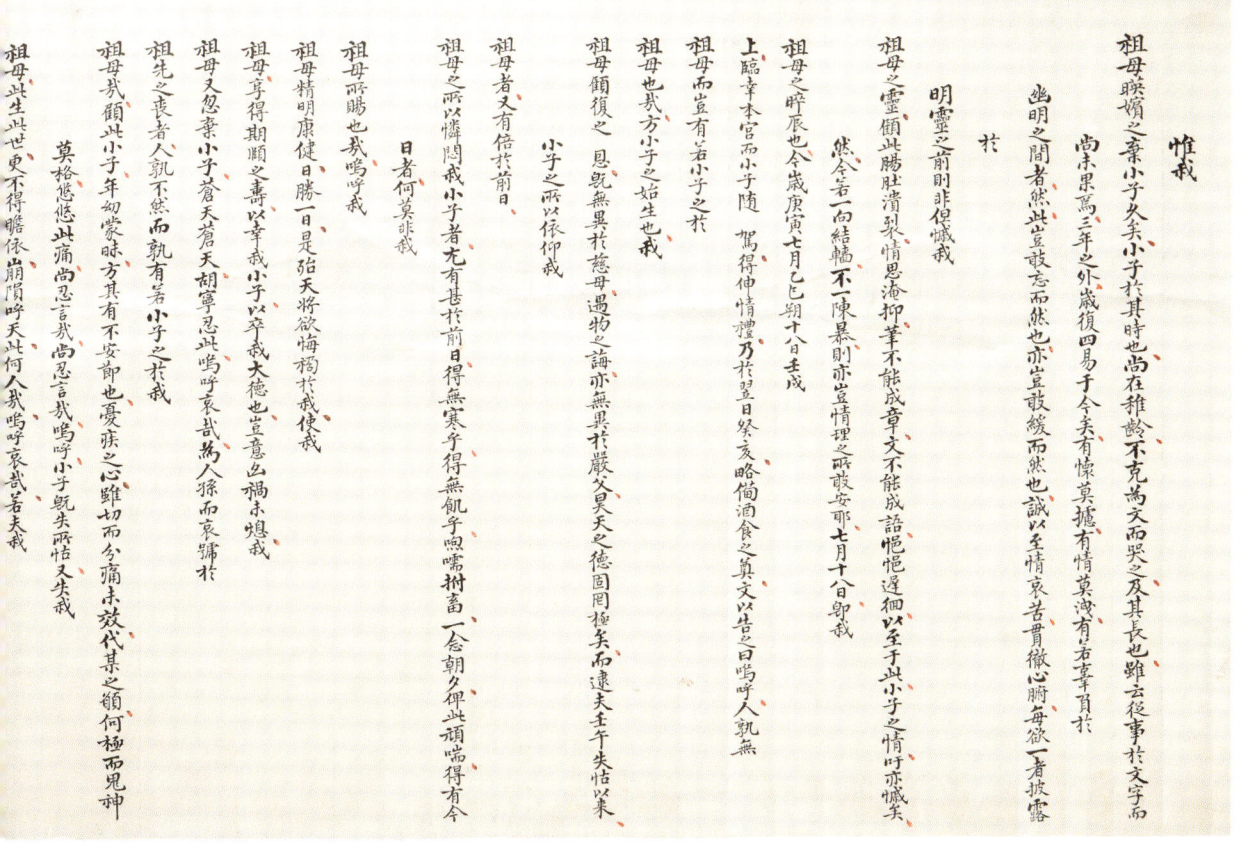

V.

정조의 비애와
사도세자 추숭

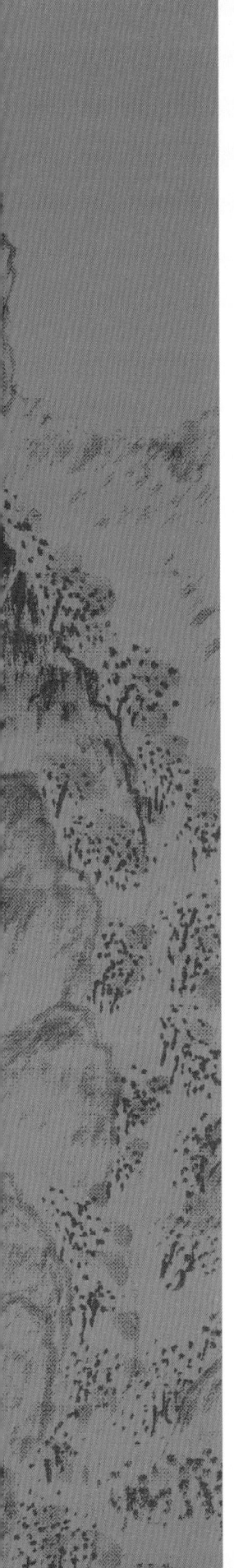

1776년(영조 52) 3월 5일 영조가 훙서했다. 사도에게 한 글자의 존호조차 올리지 말 것을 신신당부하고 사도 추숭을 금하는 전교를 누차 내렸다. 하지만 영조의 바람은 훙서와 동시에 수포로 돌아갔다. 정조는 즉위하자마자 본인이 사도의 아들임을 천명하더니 생부 추숭의 의지를 드러냈다. 정조는 훙서 직전에 판단력이 흐려진 영조에게 간청하여 임오화변 관련 기록을 세초함으로써 생부에 대한 부정적 기억이 회자되고 양산되는 것을 원천 봉쇄했다. 공적 기록의 선별적 폐기는 엄연한 역사 왜곡이다. 생부 추숭의 단초를 마련하고자 역사 왜곡까지 서슴지 않은 것이다. 정조가 먼저 착수한 부분은 생부의 호칭 및 육체와 혼령이 깃든 공간이다. 영조의 뜻을 거슬러 장헌莊獻이라는 시호를 올리고 묘묘墓廟를 영우원永祐園과 경모궁景慕宮으로 승격했다. 사도와 수은이라는 기존 호칭에 담긴 참담한 의미를 씻어낸 것이다. 정조가 꺼리던 호칭이 또 있다. 바로 의열이다. 영빈의 시호도 의열이고 사당과 묘소도 의열이다. 두 차례의 시도 끝에 영빈의 궁宮·묘廟 호칭을 선희宣禧로 고쳤다. 정조는 사도에게 시호 및 존호를 네 번 올렸다. 사도의 입장에서 보면 아들의 즉위요, 손자의 탄생과 세자 책봉이요, 동갑내기 아내와 자신의 회갑이다. 원소 추숭의 정점은 영우원 천장이다. 즉위 초부터 이장을 염두에 두고 전국의 길지를 물색하며 장고를 거듭해 왔기 때문에 연석에서 단 하루 만에 천장과 천장지를 결정했다.

생부 유적의 추숭도 시도되었다. 세자의 태실胎室을 가봉한 것은 전례 없는 일이다. 태실의 주인공이 왕위에 오른 뒤에 가봉하는 것이 원칙이기 때문이다. 또 생부의 온행과 관련된 홰나무를 기념하고자 어제어필 비석을 세우더니 이례적인 규모로 포상했다. 35년 전 사도가 심게 했다고 전해지는 홰나무 덕에 포상을 받은 자가 1,900명이다. 정조는 숙종, 영조, 사도, 본인의 무안왕묘 비문을 비석에 새겨 관왕묘에 세웠는데, 사도의 작품은 예제예필이 아닐 가능성이 농후하다. 대명의리의 상징적 공간에서 생부가 아들 국왕을 거느리고 두 선왕과 어깨를 나란히 한 모습을 길이 남기고 싶어 예제인 양 새겨 넣었을 것이다. 생부 추숭은 물리적 공간에 한정되지 않았다. 사도는 등극한 적이 없는데도 『선원계보기략』에 자손록을 따로 만들었다. 조선 유일의 세자 자손록이다. 국왕에 버금가는 생부의 공간을 왕실 보첩 속에 조성한 것이다. 사도 추숭의 최종 단계는 행장 찬술과 문집 간행이다. 정조는 행장에서 생부의 삶을 기술하되 억울한 죽음을 드러내는 데 초점을 맞추었고 행적을 과장한 경우가 많았으며 인용 서적의 실체도 불분명하다. 행장에 재구성된 사도의 생평은 자못 실상과 부합하지 않는다. 만년의 정조는 생부의 문집 3책을 편집하여 완성했는데 수집부터 교정까지 손수 진행했다. 이때 사도의 초고가 정조에 의해 대폭 수정되었다. 정조의 교정 범위는 개작에 가까웠고 타인의 작품을 생부의 문집에 끼워넣기도 했다. 왕세자로서 부친의 소양과 자질을 현양하는 것이 목적이었지만 정조의 그릇된 추숭 방식은 부친 행장과 문집의 신뢰성에 큰 흠결을 남겼다.

68.

『임진예찰壬辰睿札』

1772년(영조 48)
1첩, 필사
30.5×49.0cm(간찰)
장서각(고양 일산 류성권 소장 전적)

1772년 1월 2일부터 동년 5월 24일 사이에 세손 정조가 외조부 홍봉한에게 보낸 37통의 예찰을 장황한 첩이다. 정조는 세손이자 외손으로서 궐내 근황을 전하며 외가의 안부를 물었고, 국왕의 정무적 판단과 의중의 추이, 조정의 동향을 귀띔해 주었으며, 시문의 대작代作과 윤문, 비평을 요청하기도 했다. 우측의 예찰은 5월 19일과 21일에 쓴 것으로 사도세자를 향한 정조의 그리움과 혜경궁의 비탄이 드러나 있다. 21일 편지에 따르면 혜경궁은 아흐레 동안 수라를 물리쳤다고 한다. 아흐레는 10년 전 여름, 사도가 뒤주에 갇혀 있던 기간이다. 편지에서 말한 '모레'와 '오늘'은 5월 21일 사도의 기일을 가리킨다.

68-1 "머지않아 모레가 찾아오리니
　　　망극한 그리움을 도무지 주체하기 어렵습니다. 도대체 어찌해야 할까요!"

68-2 "저는 매년 오늘이 되면 지극한 슬픔이 갈수록 망극해지니
　　　재차 무슨 말씀을 드리겠습니까!
　　　모친께서는 일단 무탈하시나
　　　평소의 수라를 물리치신 지 이미 아흐레가 되었기에 몹시 근심스럽습니다."

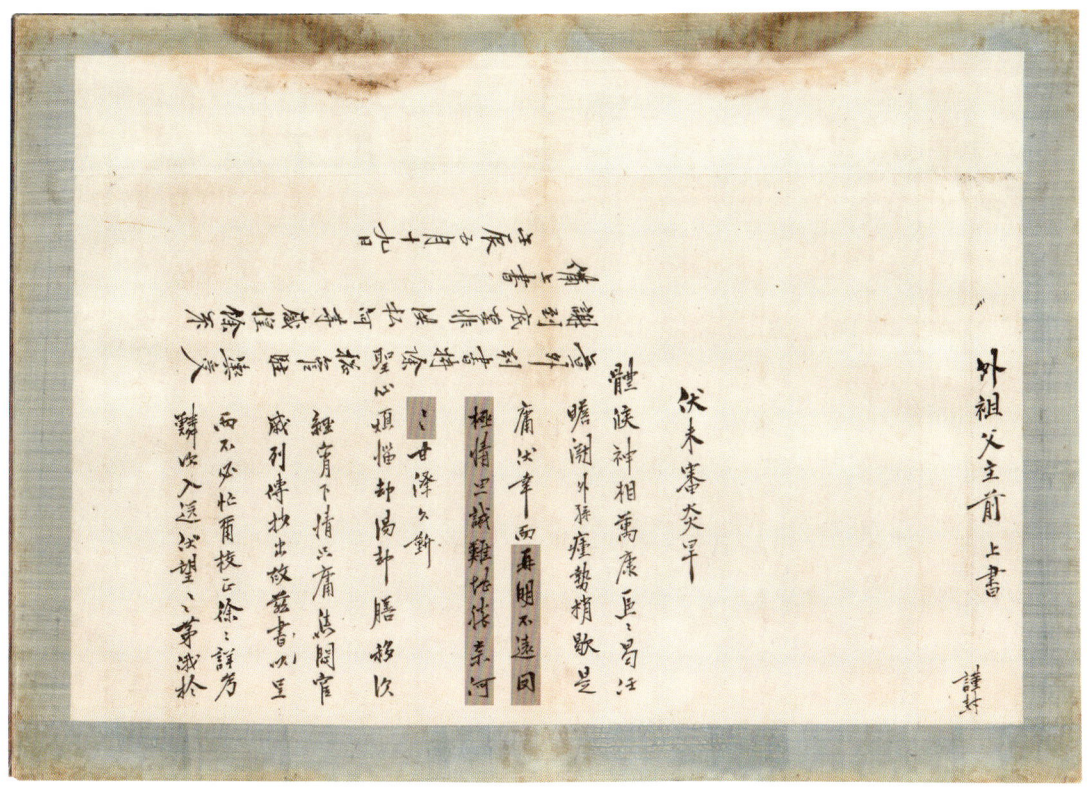

68-1.「정조 예찰」, 1772년(영조 48) 5월 19일, 『임진예찰』

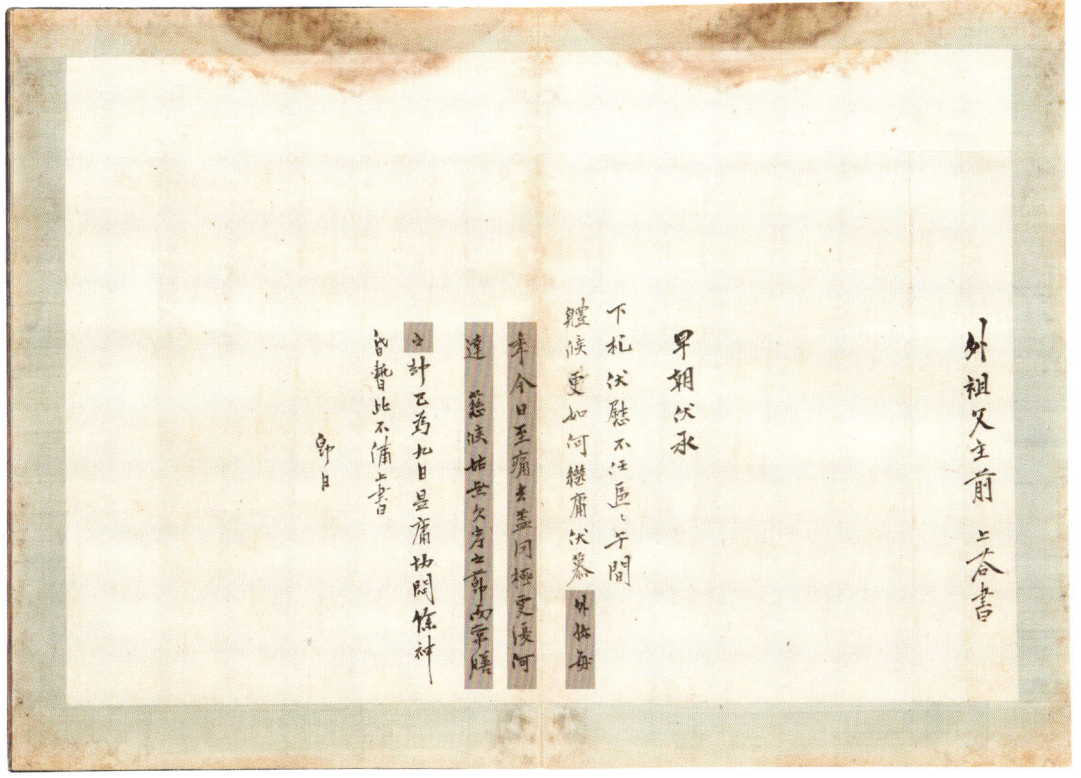

68-2.「정조 예찰」, 1772년(영조 48) 5월 21일, 『임진예찰』

69.

『양조홍륜록兩朝弘倫錄』

19세기
3책, 필사본
23.4×16.7cm
K2-663

영조 대부터 순조 대 초반까지 임오화변과 관련된 전교傳敎, 상소上疏, 반교문頒敎文 등 각종 공사公私 자료를 편년식으로 정리한 책이다. 양조兩朝는 영조와 정조를 지칭한다. 사도세자에 대한 영조의 처분과 정조의 추숭이 모두 합당하다는 관점에서 편찬했다. 1책에 실린 「왕세손상소王世孫上疏」와 「임오일기세초사 대조전교壬午日記洗草事大朝傳敎」는 1776년(영조 52) 2월 4일에 세손 정조가 『정원일기』에 수록된 임오화변 관련 기록의 세초를 요청한 상소와 그것을 수락하는 영조의 전교다. 세손이 대리청정한 지 두 달이 지났고 영조가 승하하기 한 달 전의 일이다. 당일 세손이 수은묘垂恩墓에 전배한 뒤 대신을 불러 모아 『정원일기』 세초의 필요성을 피력하자 대신들도 동조했다. 이에 세손이 상소하자 영조는 세손의 효성에 감동하여 즉시 수락했다. 따라서 정조 즉위 후에 간행된 『영조실록』에는 임오화변과 관련된 핵심 기록들이 누락될 수밖에 없었다. 정조는 사도의 행장을 친히 지으면서 '정원일기 및 공가문적公家文蹟'이 당시 세초 대상이었다고 밝혔다. 『승정원일기』만을 세초한 것이 아니었다. 이제 곧 등극할 세손의 의지가 작용한 것인지, '공가문적'에는 어떤 문헌이 포함되었는지 자못 궁금하다.

69-1. 「2월 초3일 왕세손상소王世孫上疏」

아! 임오년의 처분은 우리 성상께서 종사宗社를 위해 마지못해 내리신 조치입니다. 위대한 성인의 마음으로 최적의 도리를 행하셨으니 우리나라 신민 중에 누가 감히 그 사이에서 이의를 제기하겠습니까? 더구나 신이 죽을 뻔한 목숨을 보전하여 오늘에 이른 것도 다 전하의 큰 은혜입니다. […]

『정원일기』의 경우는 그때의 사실이 죄다 실려 있으므로 모르는 사람이 없고 못 본 사람이 없습니다. 본 자는 전하고 들은 자는 의논하여 세상에 퍼져서 사람들의 이목을 더럽히니 신의 애통한 마음이 흡사 돌아갈 데 없는 곤궁한 사람과 같습니다. […]

지금 세손의 자리에 앉아 준엄하게 백관百官을 대하고 있으니 어찌 마음에 병이 없겠으며 어찌 이마에 땀이 나지 않겠습니까? 신의 애통함이 전하의 처분에 방해가 된다고 말한다면 이 또한 옳지 않습니다. 무릇 전하의 처분은 처분이고 애통함은 애통함일 뿐이니 이른바 병행하더라도 위배되지 않고 병존하더라도 손해가 없다는 것입니다.

또 일기가 없으면 처분에 대해 실증할 수 없다고 말한다면 이 또한 옳지 않습니다. […] 무릇 국조國朝의 전고典故가 모두 간첩簡牒에 수록되었고 금궤金匱와 석실石室에 담긴 채 명산名山에 보관되어 영원토록 옮길 수 없거늘 도대체 『정원일기』는 어디에 쓰겠습니까.

아! 일기를 보존하느냐 없애느냐는 전하의 처분에 달려 있습니다. 그러나 신이 처신할 수 있는 길은 오직 세손을 사양하고 종신토록 숨어 지내면서 하루에 세 번 공손히 문안드리는 일만 할 따름입니다.

69-1. 「2월 초3일 왕세손상소 王世孫上疏」

69-2. 「같은 날 임오일기세초사 대조전교 壬午日記洗草事大朝傳敎」

69-2. 「같은 날 임오일기세초사 대조전교 壬午日記洗草事大朝傳敎」

이번 조치는 나라를 위하고 어린 세손을 위한 것이나 오히려 미진한 점이 있었다. 어째서인가? 실록은 의논할 수 없더라도 『정원일기政院日記』는 미천한 자들도 다 보고 사람들의 이목을 더럽히는 것이다. 아아! 임오년 윤5월의 일기를 미천한 자들이 보는 것은 내가 보는 것보다 심각하다. 저승의 사도세자가 알게 된다면 필시 눈물을 머금을 것이니 어찌 후손에게 덕행을 드리우는 일이겠는가! 실록이 이미 있으니 일기의 유무가 무슨 상관이겠는가! 이 전교를 듣는다면 수은垂恩(사도세자)이라 하더라도 "나라를 위해 나를 이렇게 처분하더니, 이제는 나를 위해 이렇게 조치하는구나. 나는 장차 여한이 없다."라고 생각할 것이다. 오늘 시임·원임대신이 마침 입시했으므로 이미 하교하였다. 승지承旨 한 사람이 실록의 전례에 따라 주서注書 한 사람과 함께 창의문彰義門 밖 차일암遮日巖에 가서 임오년 윤5월 그 당시의 일기를 세초하라.

V. 정조의 비애와 사도세자 추숭　131

70.

〈효손 은인孝孫銀印〉

1776년(영조 52)
은제, 10.2×10.2×9.5cm
국립고궁박물관
보물, 유네스코 세계기록유산

영조는 세손 정조의 효성에 감동하여 1776년 2월 9일에 집경당集慶堂에 나아가 '효손孝孫' 두 글자를 어필로 새긴 은인銀印과 영조가 친히 찬술한 유서諭書를 하사한 뒤에 "이 인장은 의당 세손을 따라야 하니, 앞으로 거둥할 때 이 인장으로 앞에서 이끌도록 하라."고 지시했다. 여기서 '효孝'의 대상은 세손의 생부 사도세자다. 유서에는 효장세자 승계를 통해 종통宗統을 바로잡은 사실, 세손의 효성과 『정원일기』 세초, 은인 하사의 의미, 조부로서의 당부가 적혀 있고, '유서지보諭書之寶'가 아홉 군데에 찍혀 있다. 정조는 즉위 이후에 조회朝會하거나 거둥할 때마다 늘 유서와 은인을 앞세웠는데 왕위 계승의 정통성을 상징하는 한편 생부 추숭에 대한 자신의 의지가 담겨 있기 때문이다. 은인은 임오화변 기록 말살의 상징이기도 하다. 즉위를 목전에 둔 시점에 생부에 관한 부정적 기억이 회자되고 양산되는 것을 원천적으로 봉쇄했고 이것은 사도 복권과 추숭 사업의 단초가 되었다.

71.

영조 어제「유세손서諭世孫書」

1776년(영조 52)
1축, 69.5×178.0cm
국립고궁박물관
보물, 유네스코 세계기록유산

왕이 말하노라. "아! 해동의 삼백 년 역사를 지닌 조선의 83세 임금이 25세 세손에게 의지하여 이제 종통宗統을 바로잡아 나라가 태산과 반석처럼 안정되었다. 또 진달한 소장을 보니 말과 뜻이 엄정하여 천백 세에 드리울 만하였다. 일기 세초는 진실로 네 뜻을 따른 것이다. 또 어제 수은묘垂恩墓에서의 행동에 대해 들으니 듣는 사람이 눈물을 흘릴 만하였다. 국초에 보인寶印을 만들어 준 고사를 따라 '지효至孝'라는 호를 너에게 하사하려 하였는데, 네 스승 영의정의 충언이 나를 감동케 하여 비록 그 명을 중지시키기는 하였지만, 어찌 후세에 그 자취를 민멸시킬 수 있겠는가. 특별히 '효孝' 한 글자로 그 마음을 금세에 드러내고 그 일을 후세에 나타낸다면 비록 해동의 초목 곤충일지라도 그 누가 모르겠는가! 특별히 정전에 임하여 선유하고 그 하례를 받을 것이다. 할아비와 손자가 서로 의지함이 오늘날에 광명정대하도다. 아! 세손은 네 할아비의 뜻을 깊이 유념하여 밤낮없이 삼가서 나의 삼백 년 종묘사직을 보존하도록 하라. 내가 즉위한 지 52년이 되고 나이 83세가 된 때에 25세의 세손에게 유시하노라."

72.
『승정원일기』 소재 임오화변 기록 세초 부분

1776년(영조 52) 2월 4일 영조가 임오년 윤5월 일기의 세초를 명하자 『승정원일기』에 수록된 임오화변 기록이 세초되었다. 당시 승정원 관원이 관련 기록을 세초하면서 해당 페이지의 여백에 "병신년에 전교로 인해 세초하다.[丙申因傳敎洗草]"라고 기입하기도 했다. 물론 아무런 표시도 없이 세초한 경우가 훨씬 더 많다. 세초한 기사는 몇 행에 그칠 때도 있지만 10여 장을 상회할 때도 있다. 아래에 제시한 기사 중 1755년(영조 31)은 세자의 병증이 심해진 탓에 강학과 문안을 등한시하여 부자간의 갈등이 고조될 무렵이고 1756년은 영조가 낙선당樂善堂 화재의 방화 주체로 세자를 지목했을 때이며, 1761년(영조 37)은 세자의 평양 잠행과 제반 비행이 발각되어 진상 조사와 관련자 처벌이 진행되던 시기다. 훙서 직전에 영조는 전교를 내려 '임오년 윤5월 일기', '임오년 윤5월 그때의 일기'를 세초하라고 명했으나, 정조 어제「현륭원행장」에는 '정원일기 및 공가문적公家文蹟'에 실린 '정축년[1757]부터 임오년[1762]까지의 차마 말하지 못할 내용'을 세초했다고 되어 있다. 영조와 정조가 생각하던 세초의 범주가 큰 차이를 보인다. 그뿐만 아니라 실제 세초 사례에서 확인할 수 있듯이 세초의 범주는 '정축년부터 임오년까지'를 넘어선다.

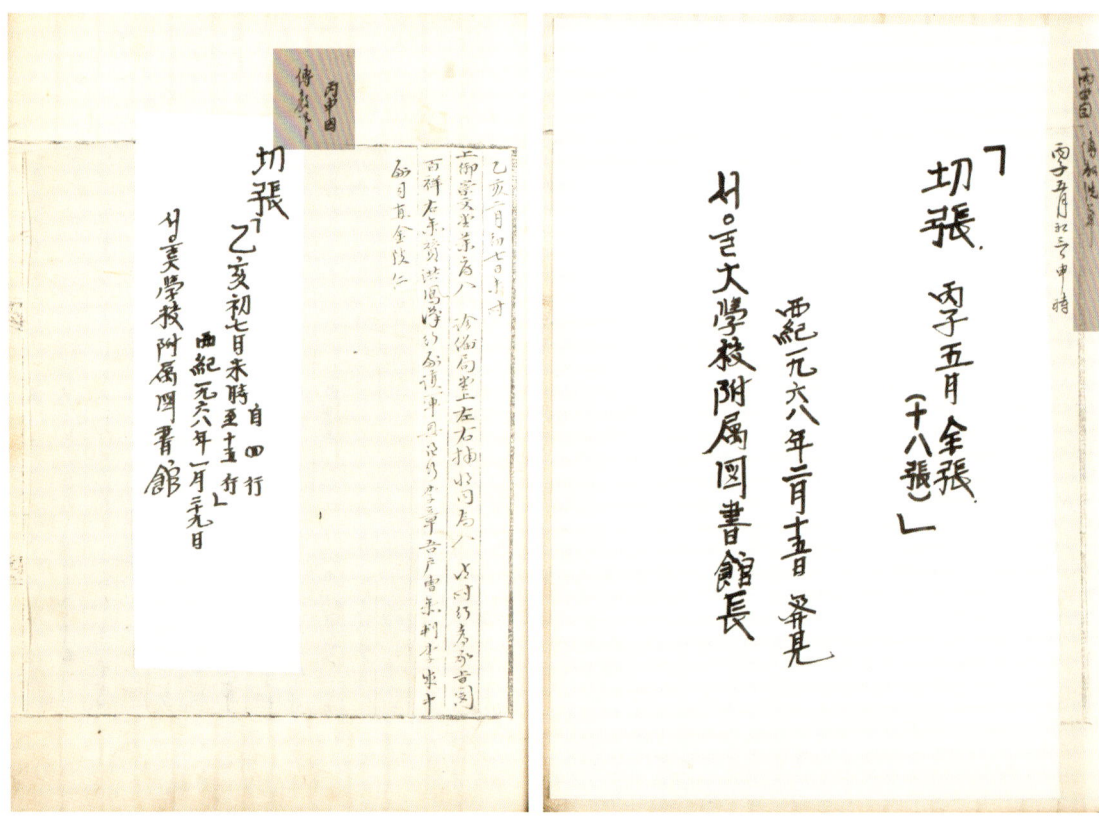

1755년(영조 31) 2월 7일 기사
『승정원일기』, 서울대학교 규장각한국학연구원

1756년(영조 32) 5월 3일 기사

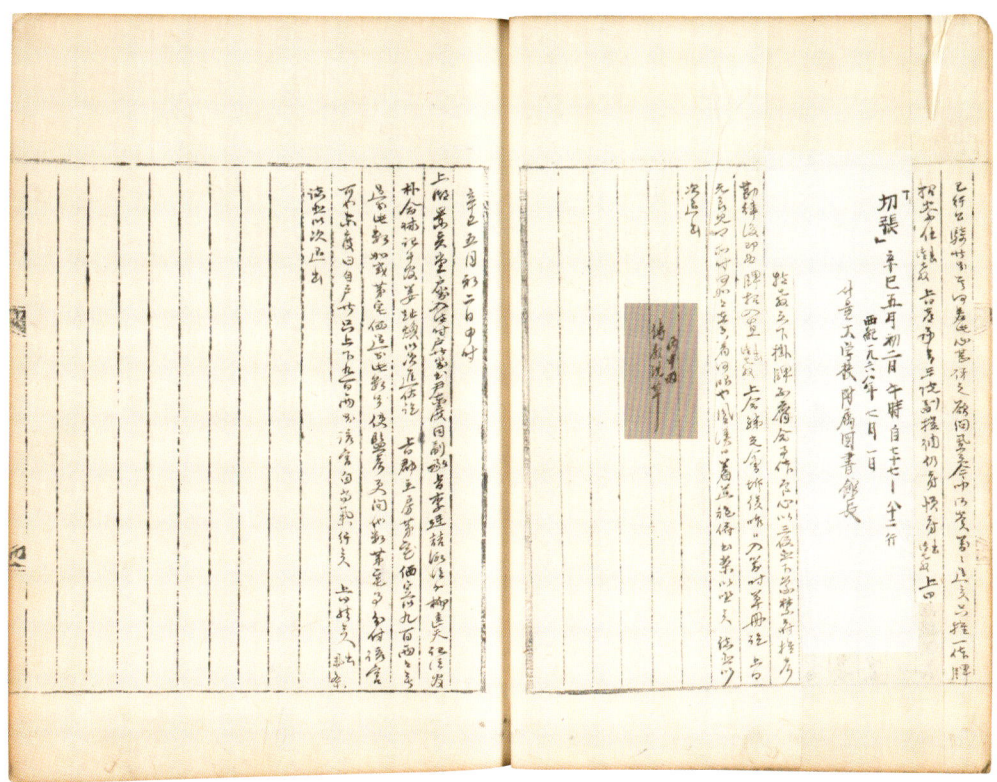

1761년(영조 37) 5월 2일 기사

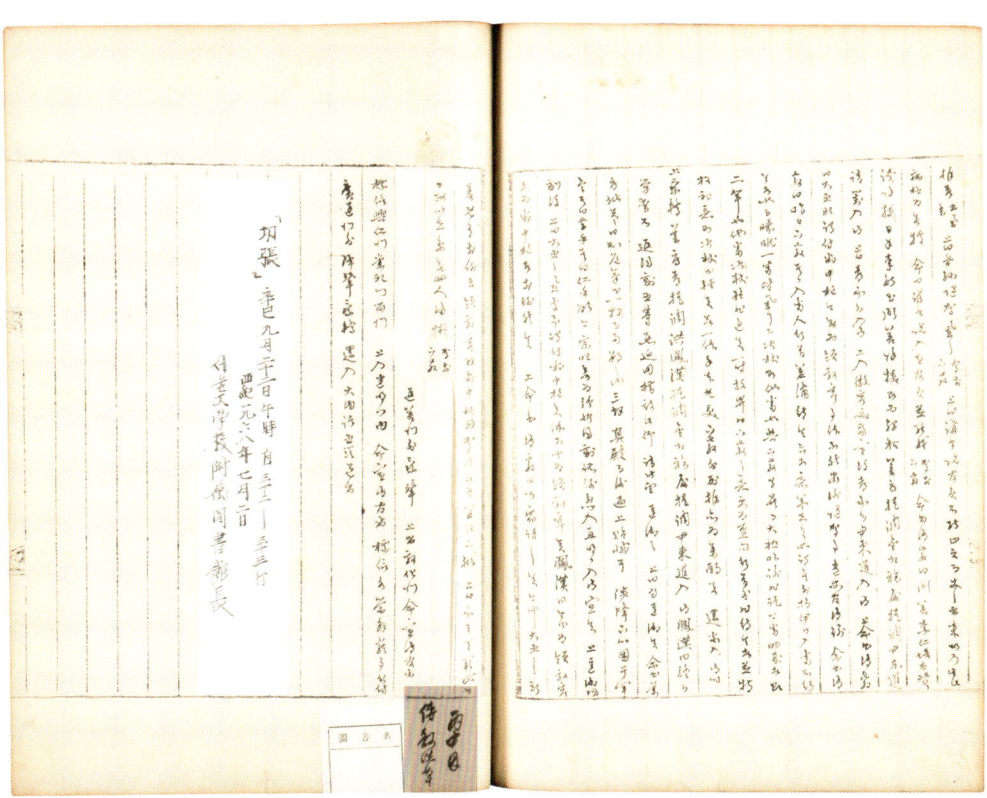

1761년(영조 37) 9월 22일 기사

73.

『정조실록』 즉위년(1776) 3월 20일 기사

정조는 1776년 3월 10일 경희궁 숭정문崇政門에서 즉위하자마자 대신에게 윤음을 내리며 "아! 과인은 사도세자의 아들이다."라고 운을 떼더니 "예법은 엄정하지 않을 수 없으나 인정 또한 펴지 않을 수 없다."고 말했다. 생부 추숭의 의지를 완곡히 표명한 것이다. 얼마 지나지 않아 사도에게 '장헌莊獻'이라는 시호를 올리고 묘묘墓廟를 '영우원永祐園'과 '경모궁景慕宮'으로 승격했다. 선왕의 당부에 역행하여 시호를 올리는 것이 마음에 걸렸는지 '끝없는 애모의 정[終天之悲慕]'을 부치고 싶을 뿐이라고 말했다. 정조는 추숭도감과 봉원도감을 하나로 합쳐 시호 추상과 묘묘 추봉의 제반 절차를 진행하게 했다. 실록에서는 선왕 영조를 의식하여 장헌을 '존호'라고 적고 있지만 당시 등록이나 일기, 영우원 표석 등에는 장헌을 '시호'로 지칭했다. 아래의 실록 기사를 읽으면 마치 3월 20일에 시호를 올린 것처럼 여겨진다. 하지만 책인冊印과 함께 '장헌'이라는 시호를 실제 올린 것은 동년 8월 17일이다. 『추숭봉원일기追崇封園日記』에 의하면 시호와 원호, 궁호가 결정된 것은 3월 19일이다.

사도세자의 존호를 추상하여 '장헌莊獻'이라 하고, 수은묘를 추봉하여 '영우원永祐園'이라 하고, 사당을 추봉하여 '경모궁景慕宮'이라 하였다. 이어서 존봉尊奉하는 의절을 송宋나라 복왕濮王의 고사에 따라 마련하되 봉원도감封園都監을 추숭도감追崇都監에 합쳐 설치하도록 명하였다. 시호를 의논할 여러 신하들을 소견하고 주상이 다음과 같이 말하였다.

"선왕께서 '사도'라는 시호를 내린 데는 성스러운 뜻이 있겠지만 지금 나는 끝없는 애모의 정을 보이고 싶을 뿐이다. 옛날 제왕들이 시법諡法에 관여하던 일을 나는 늘 옳지 않다고 여겨 왔다. 혹시라도 지나치게 찬미한다면 어찌 나의 본뜻이겠는가? 여러 신하들은 그것을 알아야 한다."

『정조실록』, 국가기록원 역사기록관

74.

『추숭봉원일기追崇封園日記』

1776년(정조 즉위)
1책, 필사본
37.5×24.0cm
K2-2852

1776년 3월 10일부터 동년 9월 29일까지 효장세자와 효순왕후, 사도세자의 추숭 및 봉원과 관련된 국왕의 전교 및 예조의 계啓, 단자單子 등을 계제사稽制司에서 정리한 책이다. 책보冊寶 제작과 봉안, 신주神主 제작, 구주舊主 매안埋安 절차, 상시上諡 의례 등이 수록되어 있다. 이 가운데 사도 신주의 경모궁 봉안 기사가 상당량을 차지한다. 3월 19일 기사에 사도의 시호諡號와 원호園號, 궁호宮號 망단자가 적혀 있다. 예조에서 사도를 처음 지칭할 때 '수은세자垂恩世子'라고 적었다가 추후 그 옆에 해서로 '사도思悼'라고 부기한 점이 눈에 띈다. 정조가 양부 효장세자를 내세워 생부 사도를 함께 추숭하던 정황을 살필 수 있다.

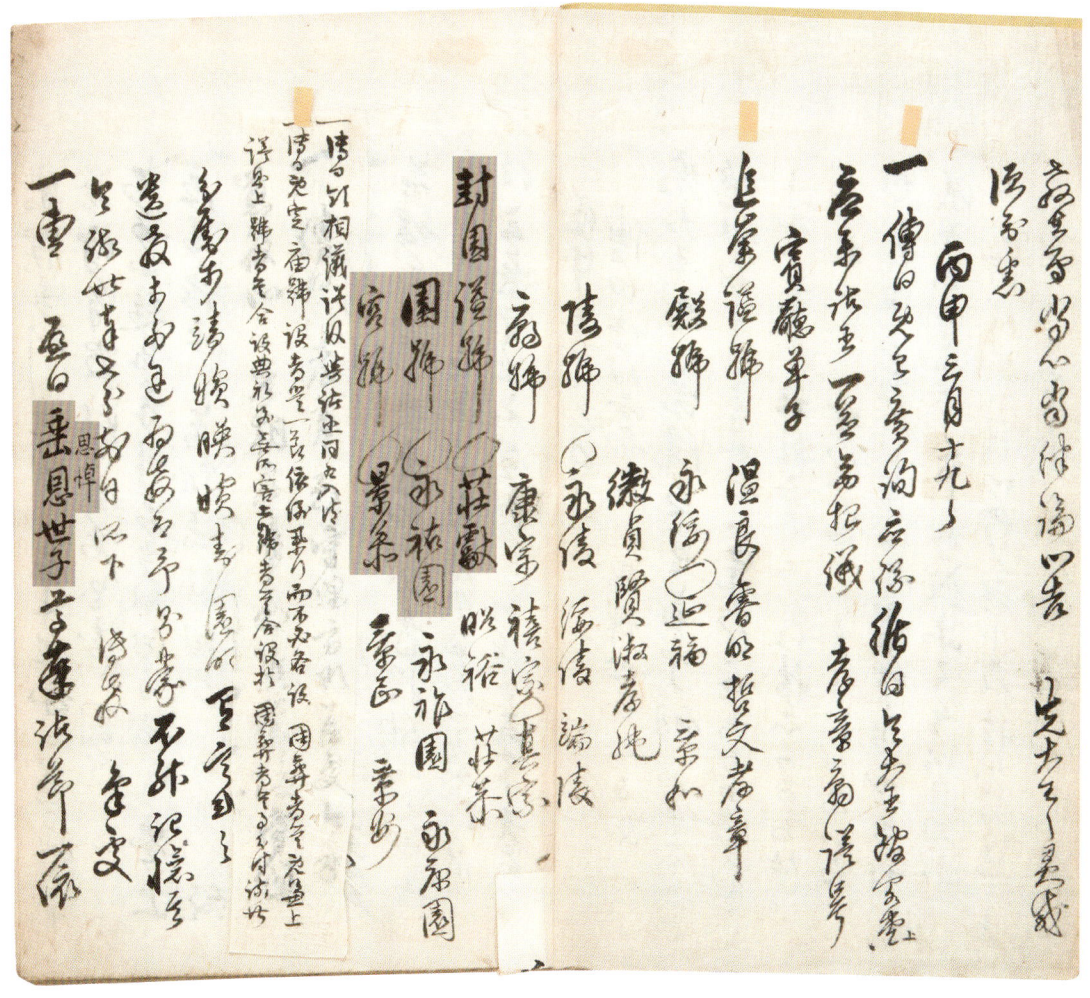

75.

『상시봉원도감의궤上諡封園都監儀軌』

1776년(정조 즉위)
1책, 필사본
43.9×33.5cm
K2-3070
보물, 유네스코 세계기록유산

1776년에 사도세자에게 시호를 추상하고 묘소를 원園으로 승격시키는 제반 의절을 편집하여 정리한 의궤이다. 좌목座目, 계사啓辭, 이문移文, 내관來關, 품목稟目, 감결甘結, 예관禮關, 의주儀註, 논상論賞, 일방一房, 이방二房, 삼방三房, 표석소表石所, 별공작別工作으로 구성된다. 각종 의장儀仗, 옥인玉印, 죽책竹冊, 표석表石 등을 제작하는 과정이 상세히 적혀 있다. 경모궁의 개건改建 공역으로 인해 1776년 8월 17일에 1776년 시호 추상 책인冊印과 1762년(영조 38) 및 1736년(영조 12) 책인을 창의궁彰義宮으로 이안移安한 뒤 사도에게 시호를 올렸고 40여 일 뒤 개건이 종료되자 9월 30일에 경모궁으로 환안還安한 바 있다. 본서의 일방의궤一房儀軌 뒷부분에 반차도가 실려 있는데 8월 17일에 신주神主, (1776년) 옥인玉印, 죽책竹冊, (1762년) 시인諡印, 시책諡冊, (1736년) 옥인, 교명·죽책을 창의궁에 이안하는 행렬을 그린 그림이다. 행렬 중에 1762년 시책이 담긴 시책요여諡冊腰舁에는 아무것도 실려있지 않았을 것이다. 임오사변 직후 영조의 명으로 시책을 만들지 않았기 때문이다.

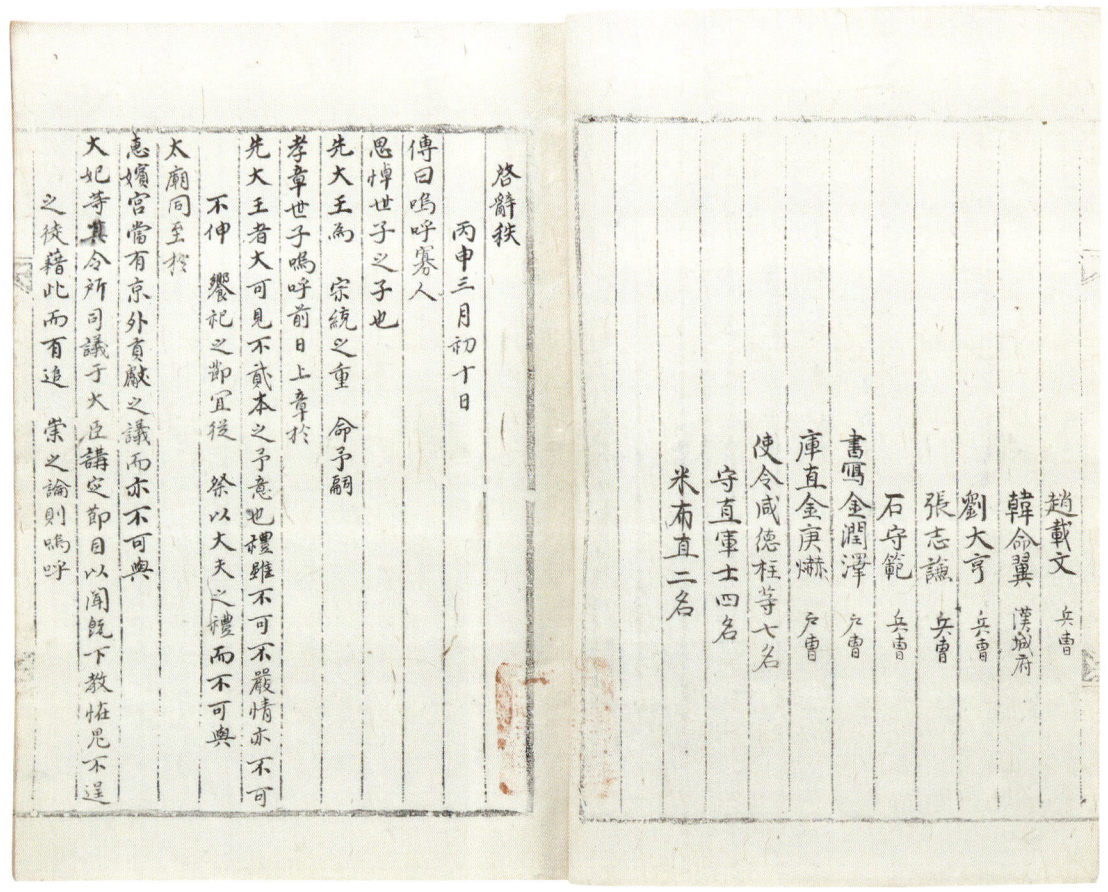

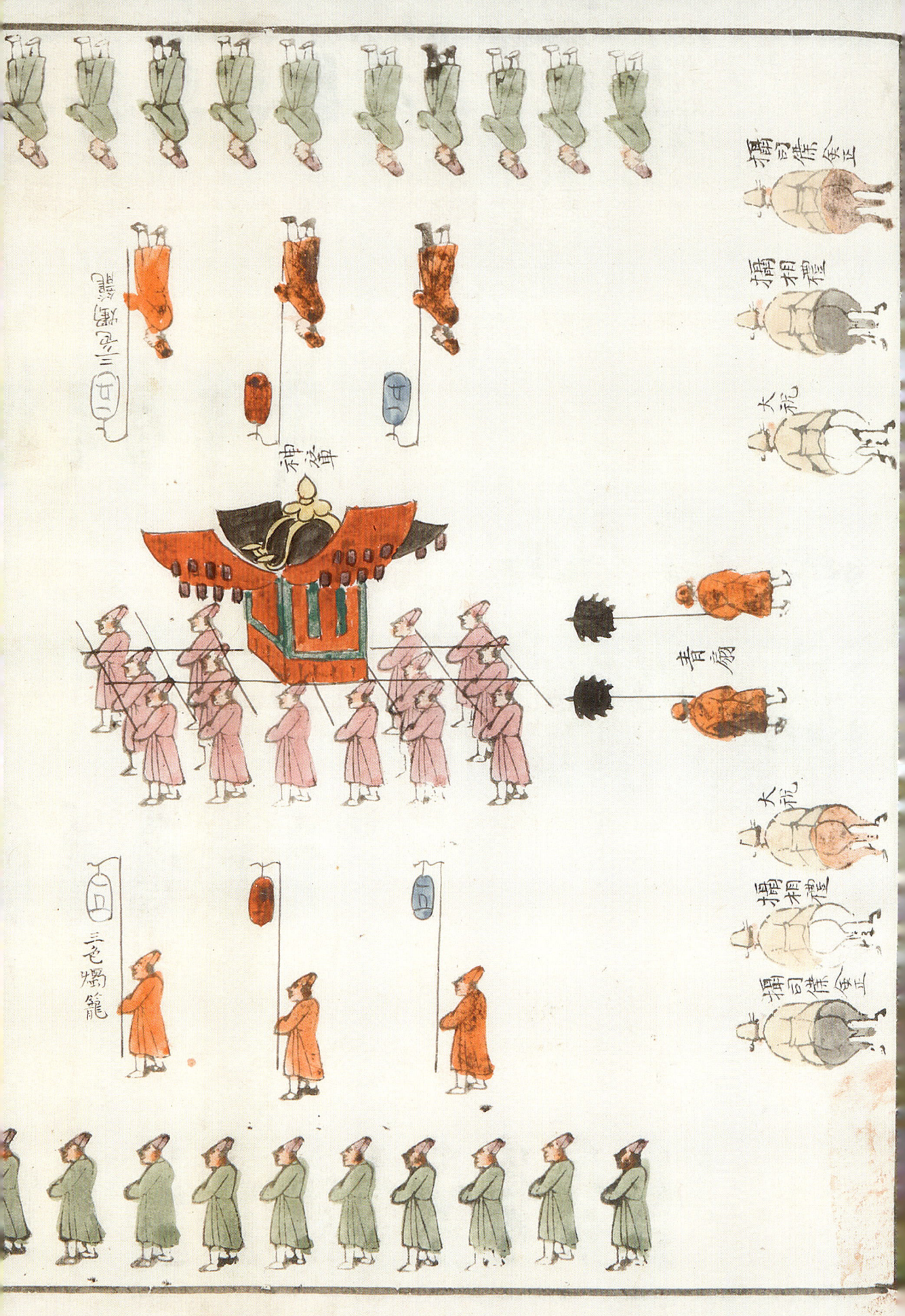

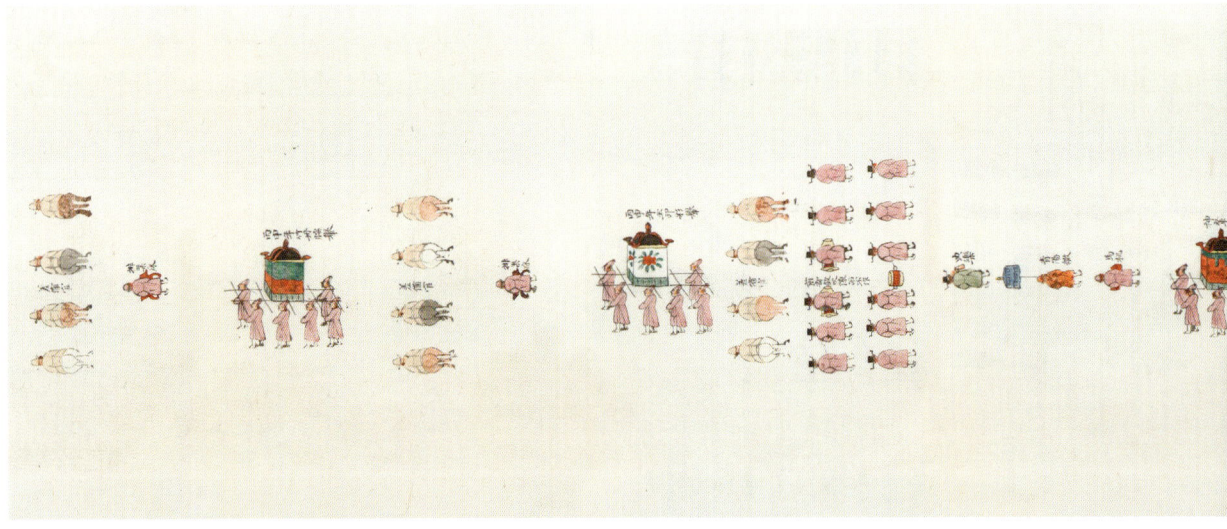

평교자平轎子　　　　　교명죽책요여敎命竹冊腰轝

병신년 죽책요여丙申年竹冊腰轝　　병신년 옥인채여丙申年玉印彩轝　　　　신연神輦

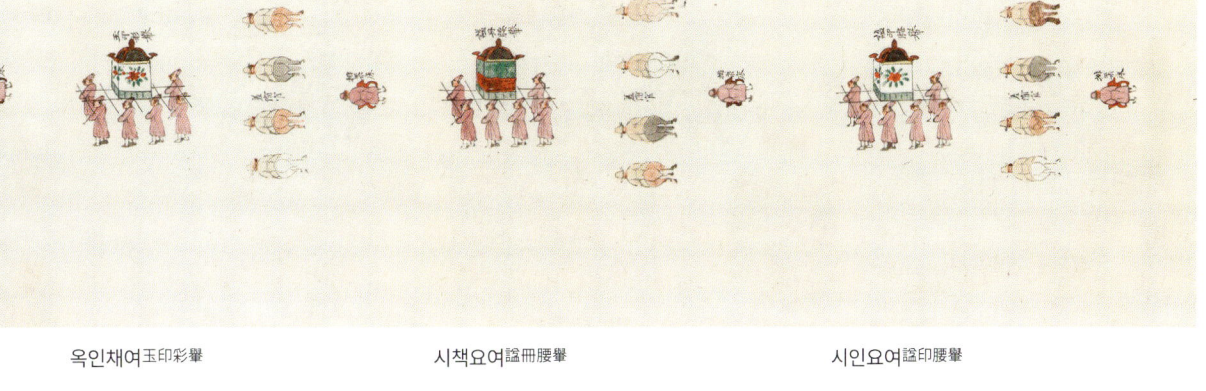

옥인채여玉印彩轝　　　시책요여諡冊腰轝　　　시인요여諡印腰轝

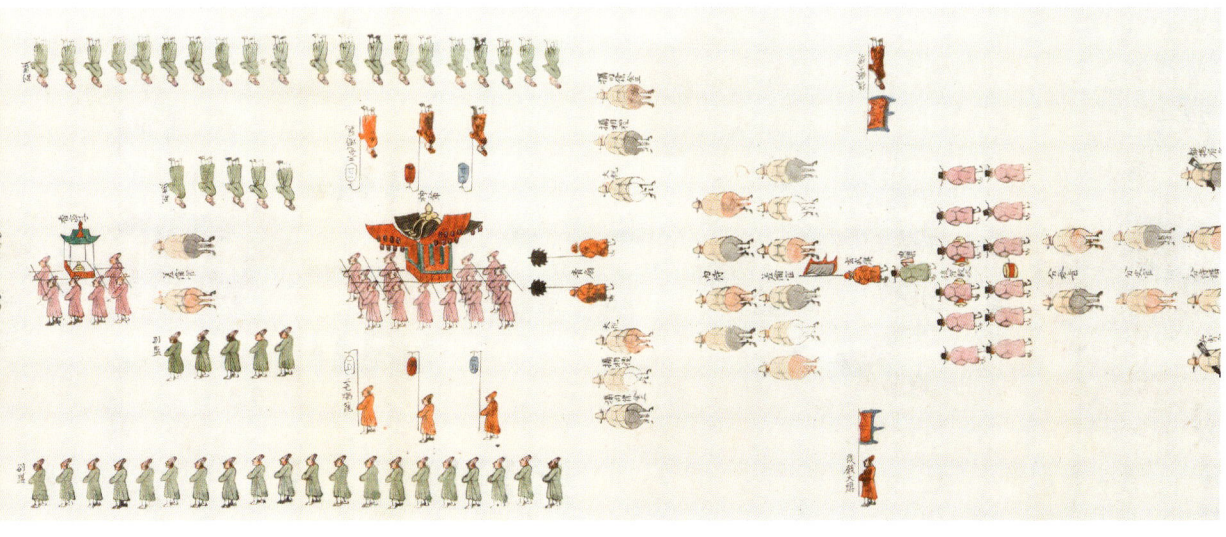

향정자香亭子　　　신연神輦

76.
『개건도감의궤改建都監儀軌』

1776년(정조 즉위)
1책, 필사본
45.4×33.4cm
K2-3556
보물, 유네스코 세계기록유산

1776년 경모궁 개건을 위해 설치된 개건도감改建都監에서 경모궁 개축과 관련된 제반 사항을 정리한 의궤이다. 사도의 사당은 1764년(영조 40) 7월 동부 숭교방崇敎坊에 세워져 '수은묘垂恩廟'로 칭해지다가 1776년 정조 즉위 후에 경모궁景慕宮으로 격상되었고 동년 4월부터 8월까지 개건이 진행되었다. 「경모궁 개건도景慕宮改建圖」를 비롯한 여러 장의 도설圖說을 통해 건물 구조와 규모, 제반 예물禮物의 모양과 크기 등을 기록했고, 각종 공역 및 의례의 택일擇日, 정당正堂의 상량문, 좌목座目, 계사啓辭, 이문移文 등을 수록했으며, 후반부에서는 공역에 투입된 각종 재료와 도구, 인력뿐만 아니라 경모궁 비치 물품까지 일일이 정리했다.

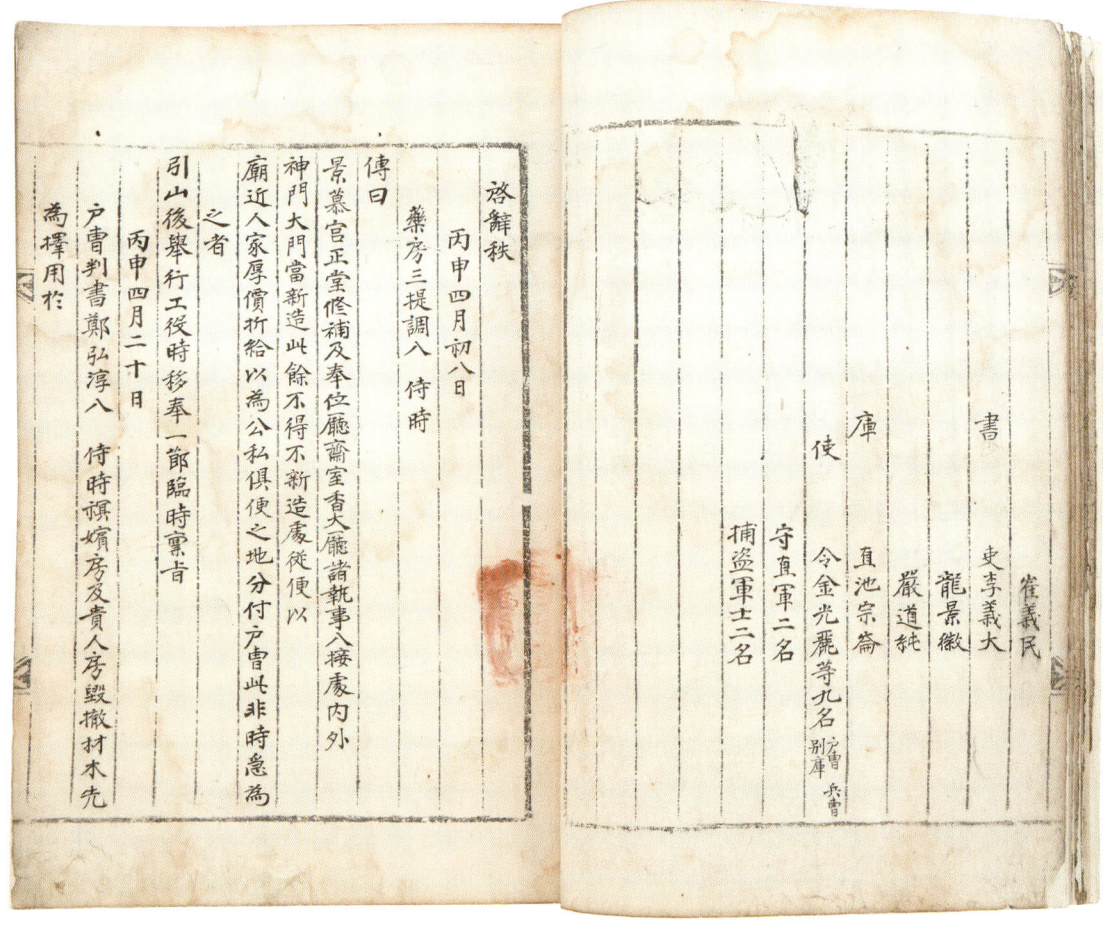

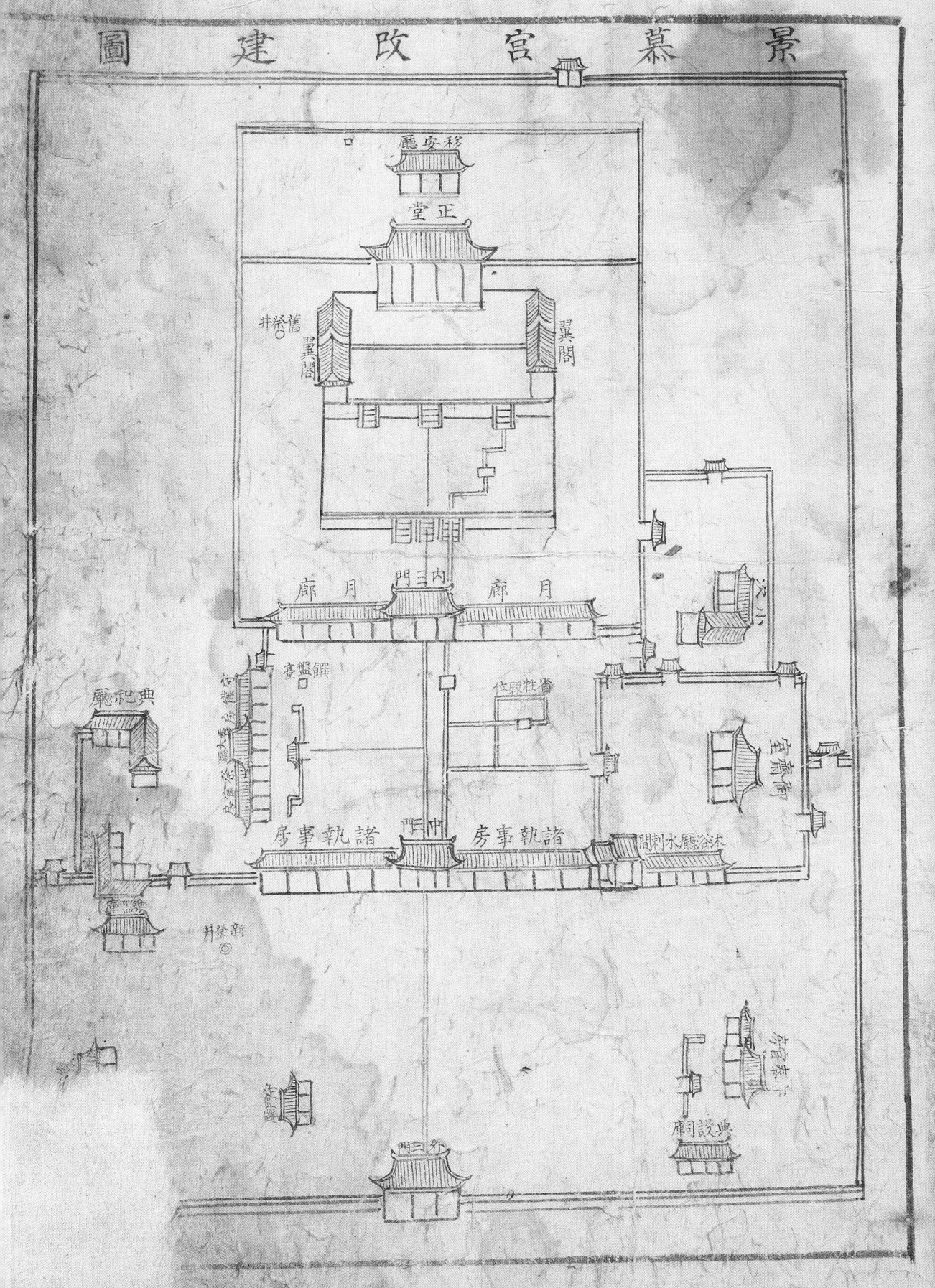

경모궁 전경. 현재 내삼문과 정당, 이안청 터만 남아 있다.
서울대학교 의과대학 내 소재(서울특별시 종로구 대학로95)
촬영_ 한정엽(한국사진문화재연구소)

77.

영우원永祐園, 현륭원顯隆園, 융릉隆陵 표석 탑본

사도세자의 원침이자 능침인 영우원, 현륭원, 융릉에 세워진 표석의 전면을 탑본한 것이다. 1762년(영조 38) 7월에 양주 배봉산拜峯山에 조성된 수은묘垂恩墓는 1776년 정조 즉위 직후에 '영우원'으로 승격되었다가 1789년(정조 13) 10월에 수원부 화산花山으로 천장하며 '현륭원'으로 이름이 바뀌었고 1899년(광무 3) 9월에 장조莊祖로 추존되면서 '융릉'으로 격상되었다. 영우원과 현륭원 표석 전면에는 '조선국 사도장헌세자영우원思悼莊獻世子永祐園'과 '조선국 사도장헌세자현륭원思悼莊獻世子顯隆園'이 전서로 새겨져 있고, 융릉 표석 전면에는 '대한 장조의황제융릉大韓莊祖懿皇帝隆陵 헌경의황후獻敬懿皇后 부좌祔左'가 소전小篆으로 새겨져 있다. 영우원 표석은 정조가 음기陰記를 직접 지었고 전면의 전서篆書와 음기의 해서까지 직접 썼다. 영우원 표석은 실물이 전하지 않고 탑본으로 그 형태와 내용을 가늠할 수 있다.

융릉

77-1. 〈영우원 표석 전면 탑본〉
1776년(정조 즉위), 1축, 탑본, 210.4×79.0cm, K2-5286

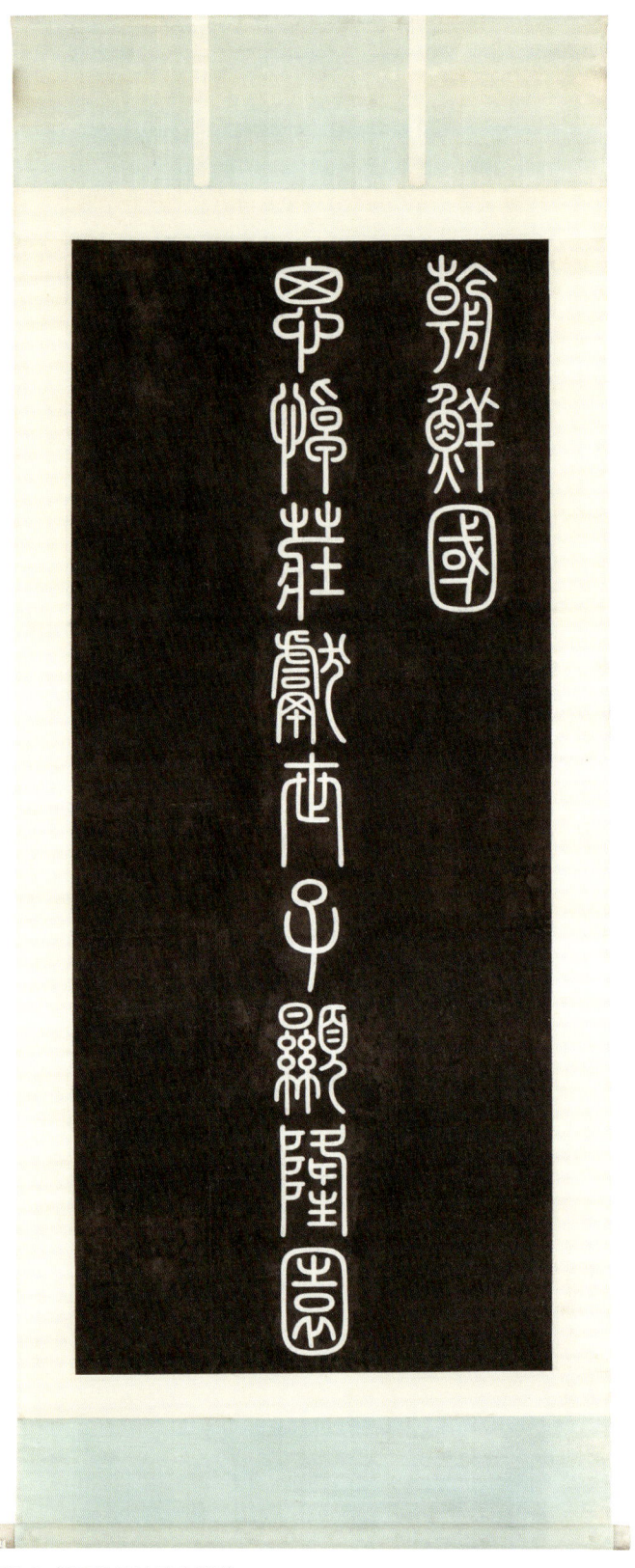

77-2. 〈현륭원 표석 전면 탑본〉
1789년(정조 13), 1축, 탑본, 246.7×100.8cm, K2-5287-1

77-3. 〈융릉 표석 전면 탑본〉
1899년(광무 4), 1축, 탑본, 257.8×92.7cm, K2-5288

V. 정조의 비애와 사도세자 추숭

78.

『선원계보기략璿源系譜紀略』

1779년(정조 3)
18권 8책, 목판본
36.2×25.2cm
K2-994-2

1778년(정조 2) 영조의 삼년상을 마치고 부묘祔廟한 뒤에 정조는 영조 어진 11건을 선원전과 육상궁 등에 봉안하고 정성왕후·정순왕후·정빈이씨·혜경궁에게 시호와 존호를 올렸다. 이듬해『선원계보기략』을 증보할 때 정조는 자신의 생부와 생모를 위해 파격적인 명령을 내렸다. 사도는 세자일 뿐이므로 영조 자손록에 속할 수밖에 없었으나 권卷을 달리하여 '사도장헌세자내외자손록思悼莊獻世子內外子孫錄'을 따로 만들게 했고, 생모 혜경궁은 왕후가 아님에도 불구하고 그녀의 사적을 '사도장헌세자내외자손록'에 기재하도록 했다. 조선시대 유일무이한 세자자손록이다.

사도장헌세자思悼莊獻世子
영빈이씨가 낳았다. 영종 11년 을묘[1735] 정월 21일에 탄생하여 병진[1736]에 세자로 책봉되고 임오[1762] 윤5월 21일에 훙서했으니 춘추 28세. 병신[1776] 8월 17일에 '장헌'이라는 시호를 올렸고 궁호는 경모景慕이고 원호는 영우永祐이다. 5남 3녀를 두었다. 원침은 양주 배봉산에 있는데 갑좌경향甲坐庚向이다.

혜경궁효강혜빈홍씨惠慶宮孝康惠嬪洪氏
본관은 풍산豐山이며 영의정 봉한鳳漢의 딸이다. 영종 11년 을묘[1735] 6월 18일 병술에 반송방盤松坊 사저에서 탄생했다. 갑자[1744]에 세자빈에 책봉되어 어의동於義洞 본궁에서 가례를 행하고 임오[1762]에 혜빈惠嬪이라는 호를 받았다. 금상 병신[1776]에 혜경惠慶이라는 궁호를 올리고 2년 무술[1778]에 효강孝康이라는 존호를 올렸다. 2남 2녀를 낳았다.

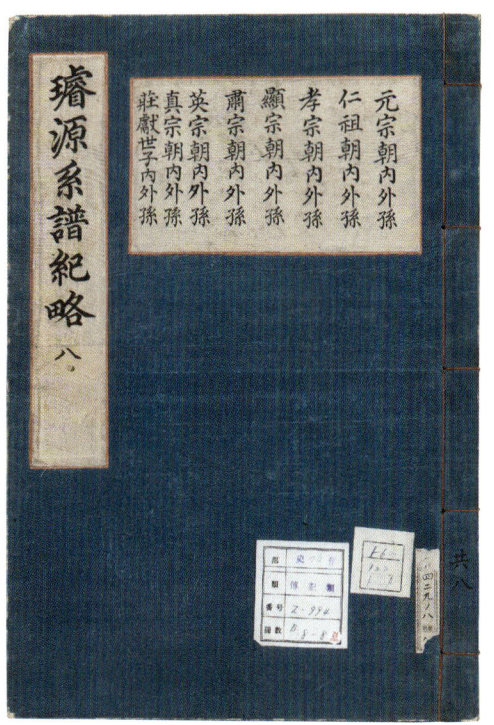
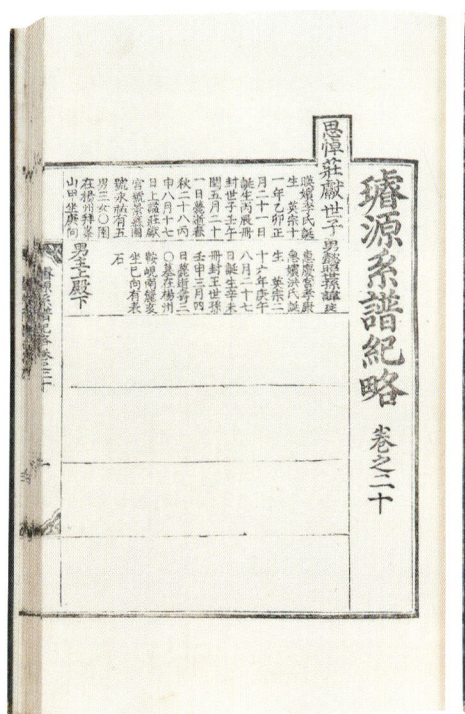
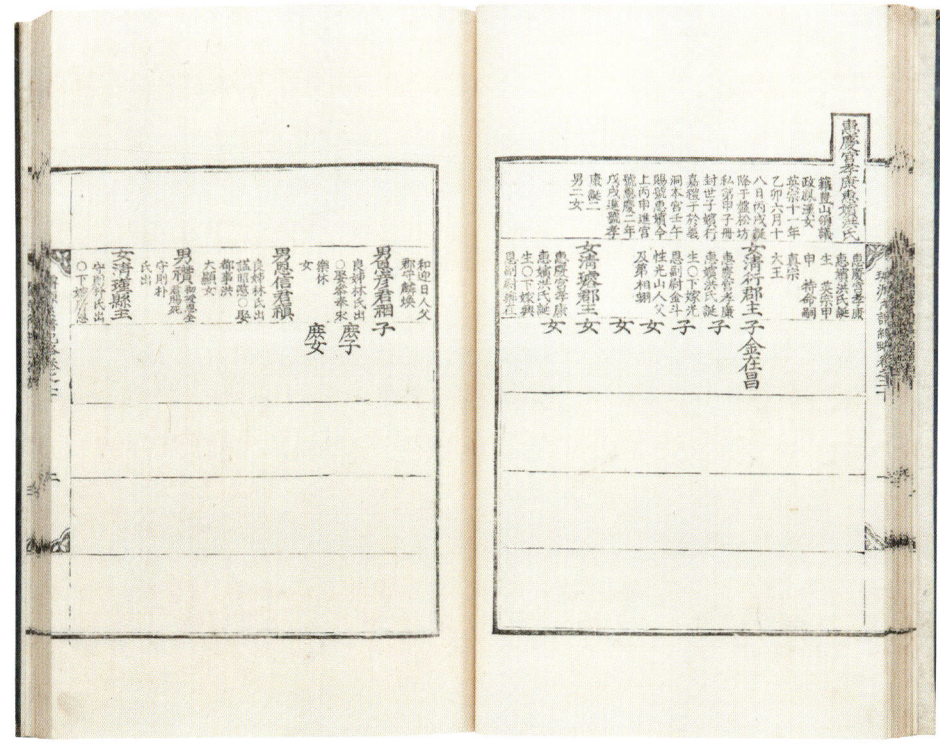

79.

〈진하도병 陳賀圖屛〉

1783년(정조 7)
8폭 병풍, 비단에 채색
182.0×59.0cm(각 폭)
국립중앙박물관

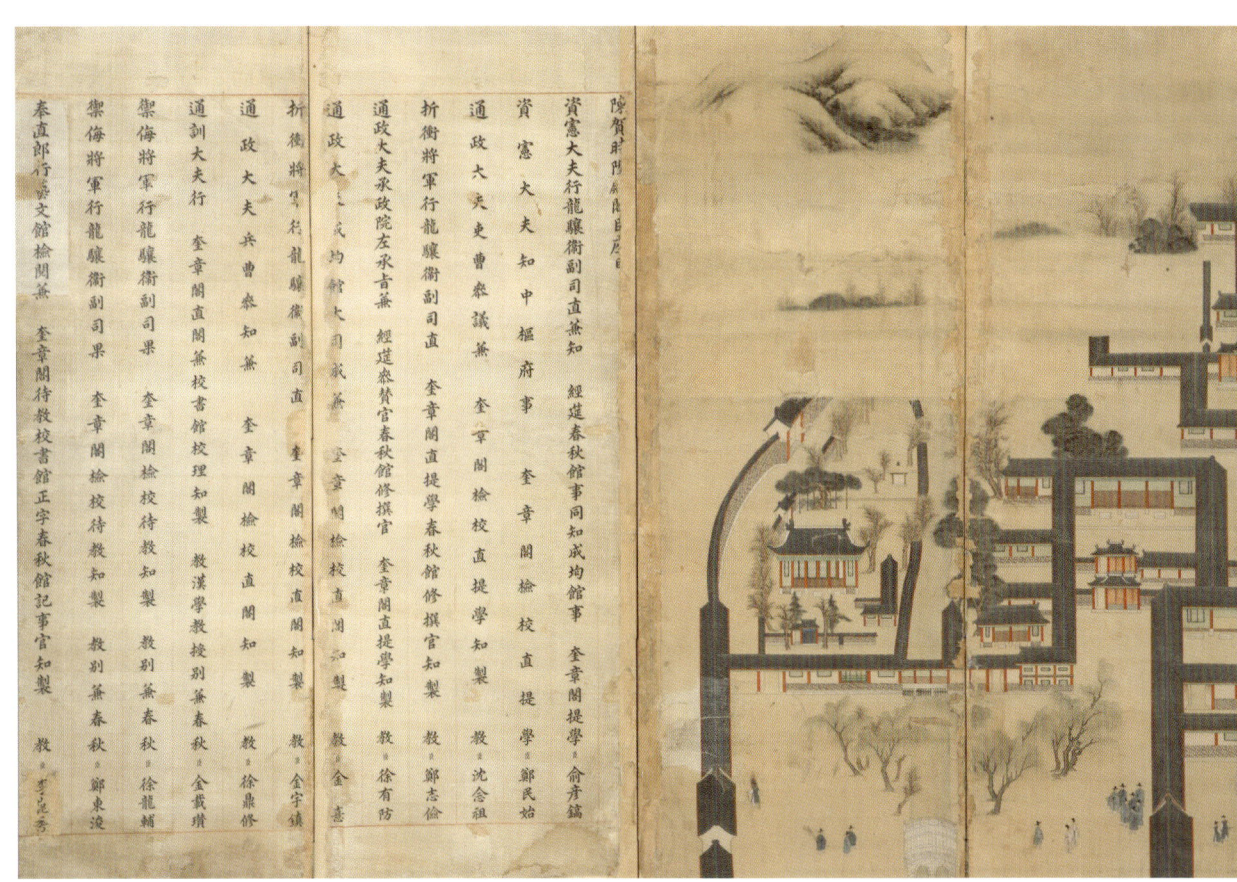

1783년 4월 1일에 정조가 원자元子 탄생을 기념하여 생부 사도와 생모 혜경궁에게 '수덕돈경綏德敦慶'과 '자희慈禧'라는 존호를 올린 뒤에 창덕궁 인정전仁政殿에서 백관의 하례를 받았는데 그 장면을 그린 그림으로 만든 병풍이다. 이날 정조는 경모궁에 행차하여 사도에게 죽책과 옥보를 추상하고 창경궁 명정전明政殿에 나아가 혜경궁에게 죽책과 옥인을 가상한 뒤 창덕궁 인정전에서 백관의 하례를 받고 사면령을 반포했다. 인정전 내부 어좌 앞에 7년 전 선왕 영조에게 받은 효손孝孫 은인 함과 유서 함이 나란히 놓여 있다. 왕위 계승의 정통성을 상징하고 생부 추숭에 대한 의지가 담겨 있는 상징물이다. 병풍 제7·8폭에는 '진하시 승전각신좌목陳賀時陞殿閣臣座目'이 보인다. 진하할 때 전각에 오른 규장각 신하 12명의 명단이다. 당시 규장각 신하는 제술관, 서사관, 대축, 집사, 예의사 등의 역할을 맡으며 존호 추상 과정에 깊숙이 관여했다. 이에 인정전에서 하례를 받을 때 승지와 사관이 아님에도 불구하고 인정전 내부에서 입시入侍하는 영예를 누릴 수 있었다. 정조는 하전賀箋을 받고 나서 다시 성정각誠正閣에 행차하여 규장각 신하의 하전을 따로 받았다. 규장각 신료가 사도 추숭 사업에 적극 동참했고 각신에 대한 정조의 관심도 각별했기 때문이다.

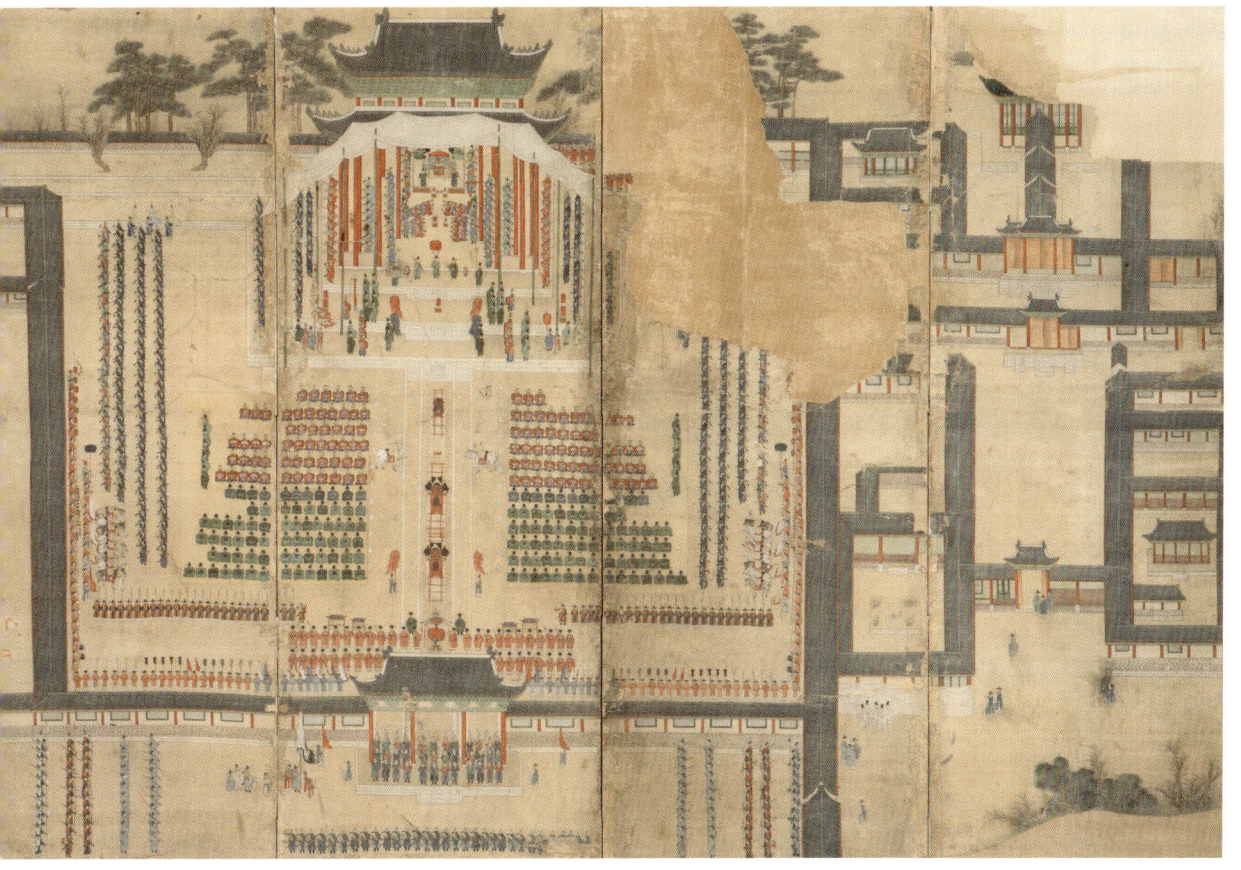

80.
『장헌세자 추상존호옥책문莊獻世子追上尊號玉冊文』

1795년(정조 19)
1첩, 탁인본
28.5×19.5cm
K2-4122

1795년 1월 17일 정조가 사도세자에게 존호를 추상할 때의 옥책문과 당시 제작한 금인의 인영印影으로 구성된 첩이다. 이병모李秉模가 죽책문을 지었고 서유방徐有防이 죽책문을 썼으며 윤사국尹師國이 금인 전자篆字를 썼다. 인문印文은 '사도 수덕돈경 홍인경지 장륜융범기명창휴 장헌세자지인思悼綏德敦慶弘仁景祉章倫隆範基命彰休莊獻世子之印'이다. 당시 정조는 정순왕후 춘추 50세, 혜경궁 춘추 60세를 기념하기 위해 경모궁에 행차하여 '장륜융범기명창휴'라는 여덟 글자 존호를 추상했으며 파격적으로 죽책이 아닌 옥책玉冊을, 옥인이 아닌 금인金印을 제작했다. 조선시대를 통틀어 세자에게 여덟 글자 존호를 옥책, 금인과 함께 올린 유일한 사례다. 12년 전인 1783년 4월에도 원자 탄생을 명분으로 '수덕돈경'이라는 존호를 올렸고 1784년 9월에도 선왕 영조 등극 60주년, 문효세자 세자 책봉을 명분으로 '홍인경지'라는 존호를 올렸다. 즉위하자마자 시호를 올리더니 원자 탄생, 세자 책봉, 생모 회갑을 맞아 세 차례 존호를 추상한 것이다. 사도의 입장에서 보면 아들의 즉위요, 손자의 탄생과 세자 책봉이요, 동갑내기 아내와 자신의 환갑이다. 기실 영조 등극 60주년, 정순왕후 춘추 50세 등은 명목상의 이유일 뿐이다.

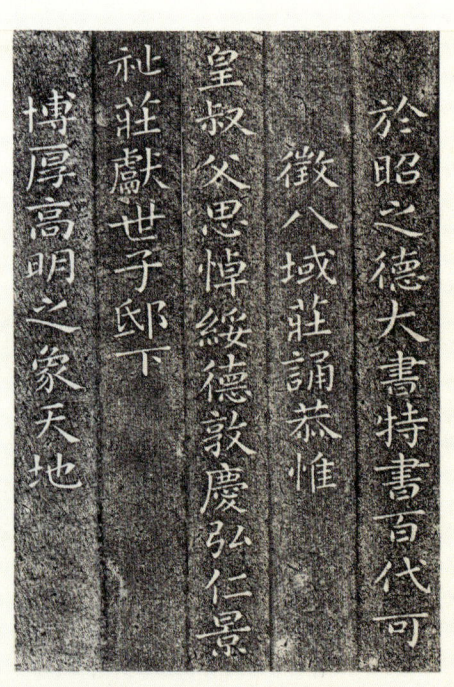
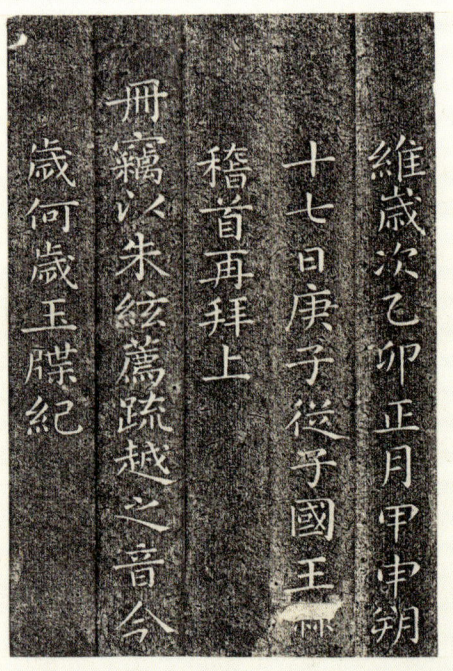

장헌세자 금인莊獻世子金印, 1795년(정조 19), 9.9×9.9×8.5cm, 국립고궁박물관

장헌세자 금인(1795) 인영

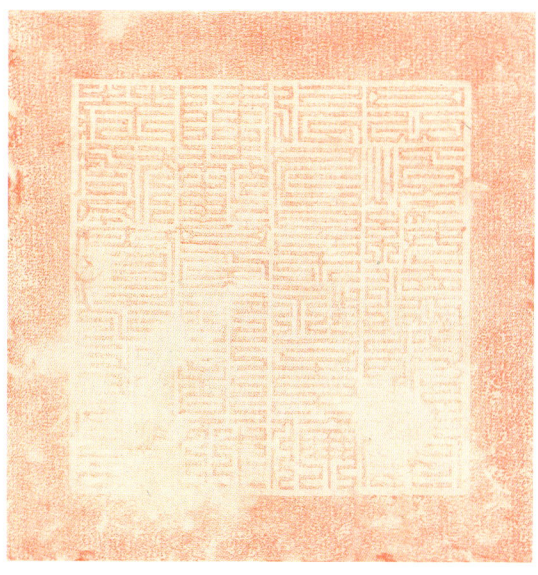

『장헌세자 추상존호옥책문』 수록 금인 인영

Ⅴ. 정조의 비애와 사도세자 추숭

81.

『경모궁의궤』景慕宮儀軌

1784년(정조 8)
4권 3책, 필사본
49.0×33.0cm
K2-2410
보물, 유네스코 세계기록유산

사도세자의 사당인 경모궁과 관련된 제반 사항을 정리하여 만든 의궤이다. 가장 늦은 시기의 기사가 부록에 실린 1784년 3월 21일 정조의 하교인 점으로 보아 1784년 이후에 작성된 것으로 여겨진다. 권1은 도설圖說로서 경모궁의 전체 구조, 봉안 의물, 각종 옥인과 죽책, 의장, 제기, 악기 등을 그림으로 설명했고, 권2는 사전祀典으로서 봉안 규정, 제향 규식, 각종 축식, 악장, 찬품饌品, 폐백, 제반 의례 등을 기술했다. 권3은 고실故實로서 사도세자의 원자 정호부터 세자 책봉, 성균관 입학, 관례, 가례, 대리청정 과정을 정리했고, 권4는 금제今制와 부록附錄으로서 정조 즉위년 경모궁 개건, 정조 즉위 후 휘호 추상, 원자 정호 후 휘호 가상, 어제와 어필, 각종 전교傳敎 등을 수록했다. 이 의궤는 생부 사당에 대한 추숭 작업을 일단락 짓는다는 의미가 있다.

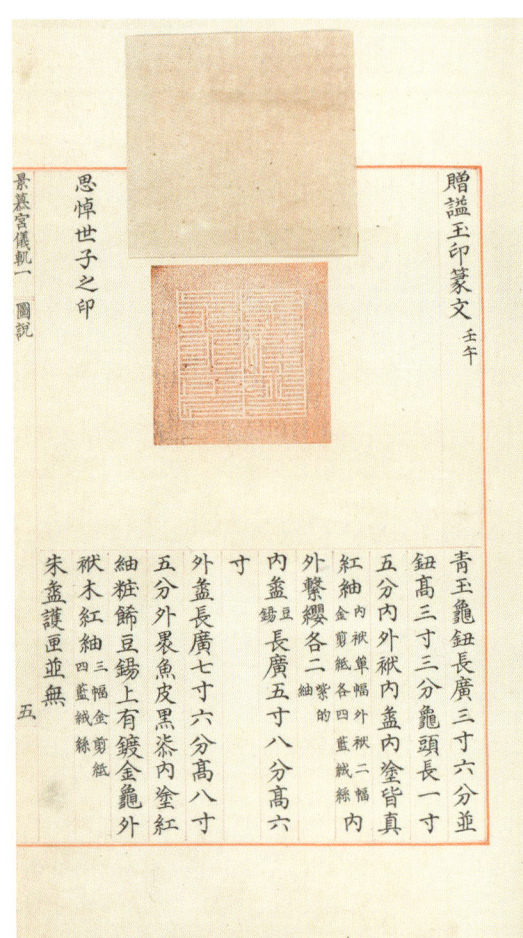

1762년 '사도思悼' 증시 옥인 전문篆文

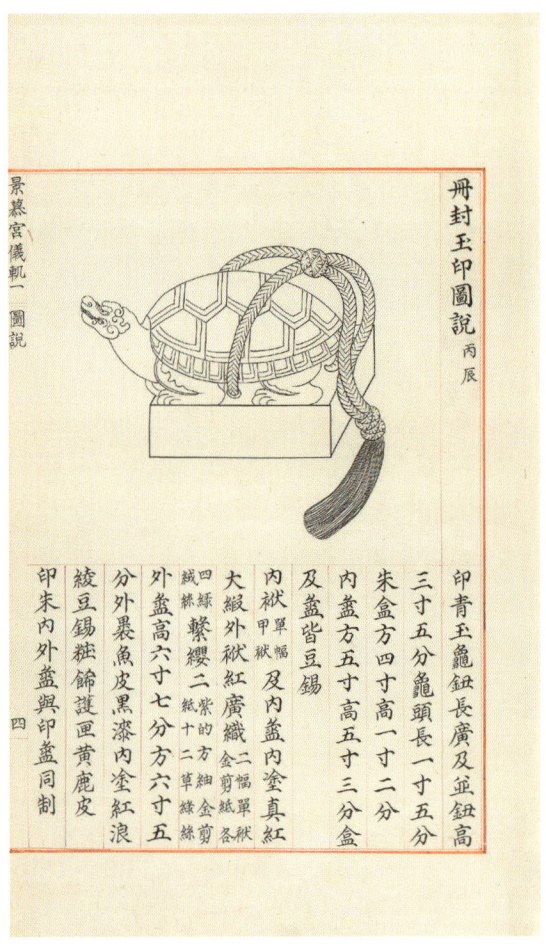

1736년 세자 책봉 옥인 도설

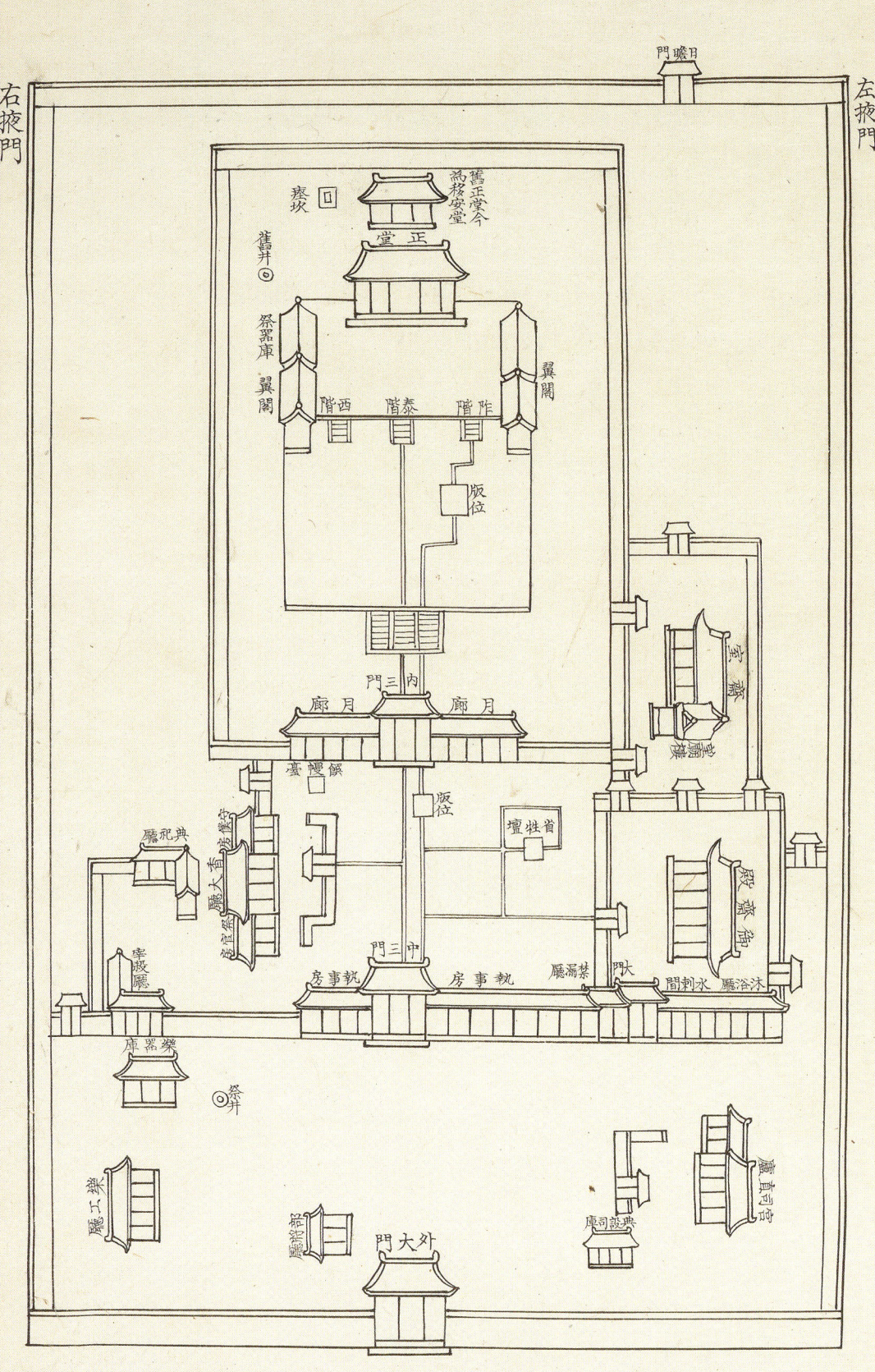

本宮全圖說

82.

『대동방여전도大東方輿全圖』

19세기 중반
21첩, 필사본
32.2×20.7cm
서울대학교 규장각한국학연구원

『대동방여전도』(21첩)는 김정호가 제작한 『대동여지도』(22첩)와 내용이나 구성이 거의 동일한 채색필사본 지도다. 제1첩에는 한성부 도성을 별도로 제작한 지도가 실려 있다. 백악산, 인왕산, 목멱산, 낙산을 이어 만든 도성 안과 그 인접 지역을 그린 것이다. 오른쪽 도판은 한성부 도성 그림 중에서 경모궁 주변을 확대한 이미지다. 좌측에 창덕궁, 창경궁, 태묘[종묘]가 보이고 그 우측에 문묘, 경모궁, 함춘원이 있다. 경모궁의 대략적 위치와 규모를 가늠할 수 있다.

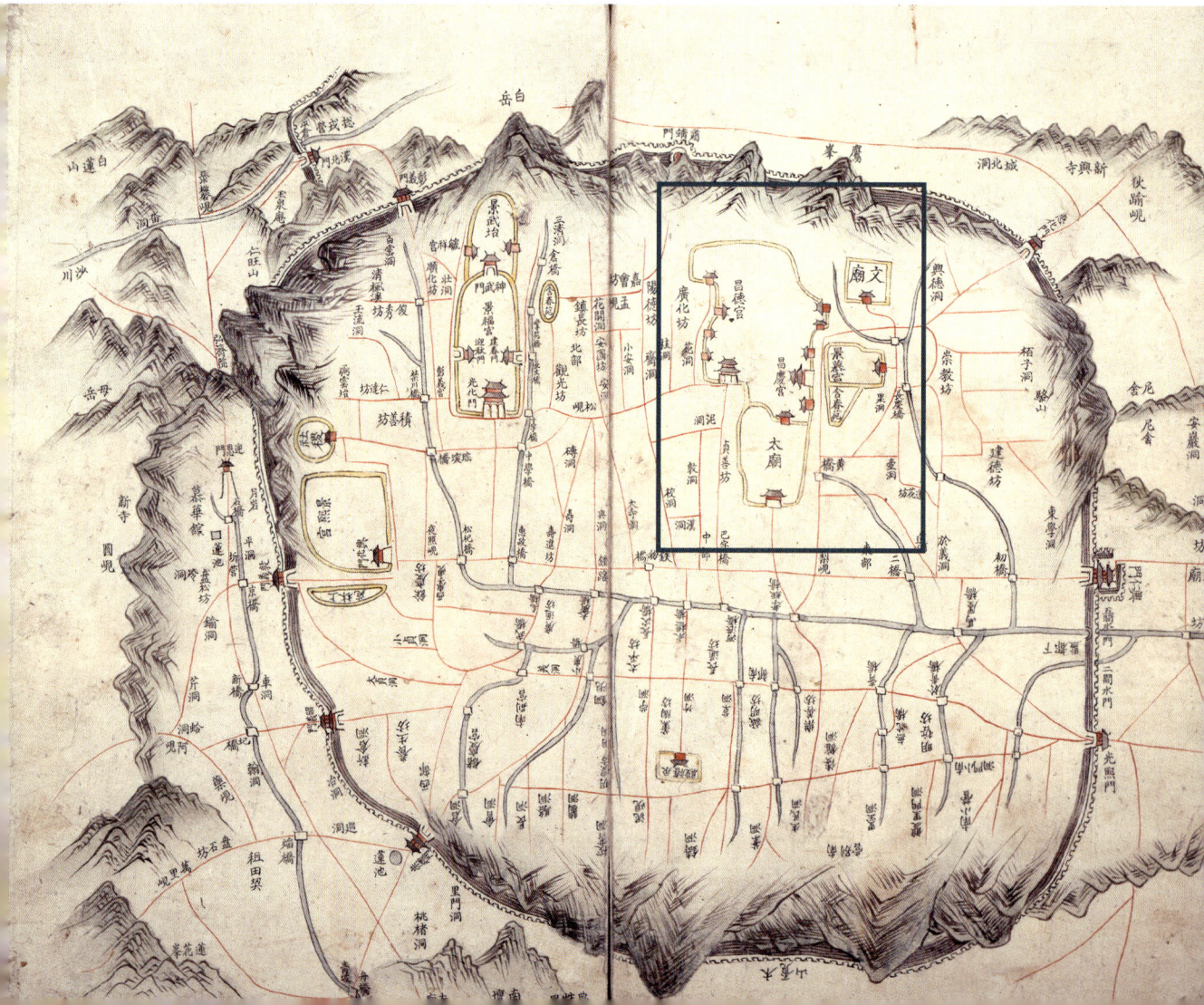

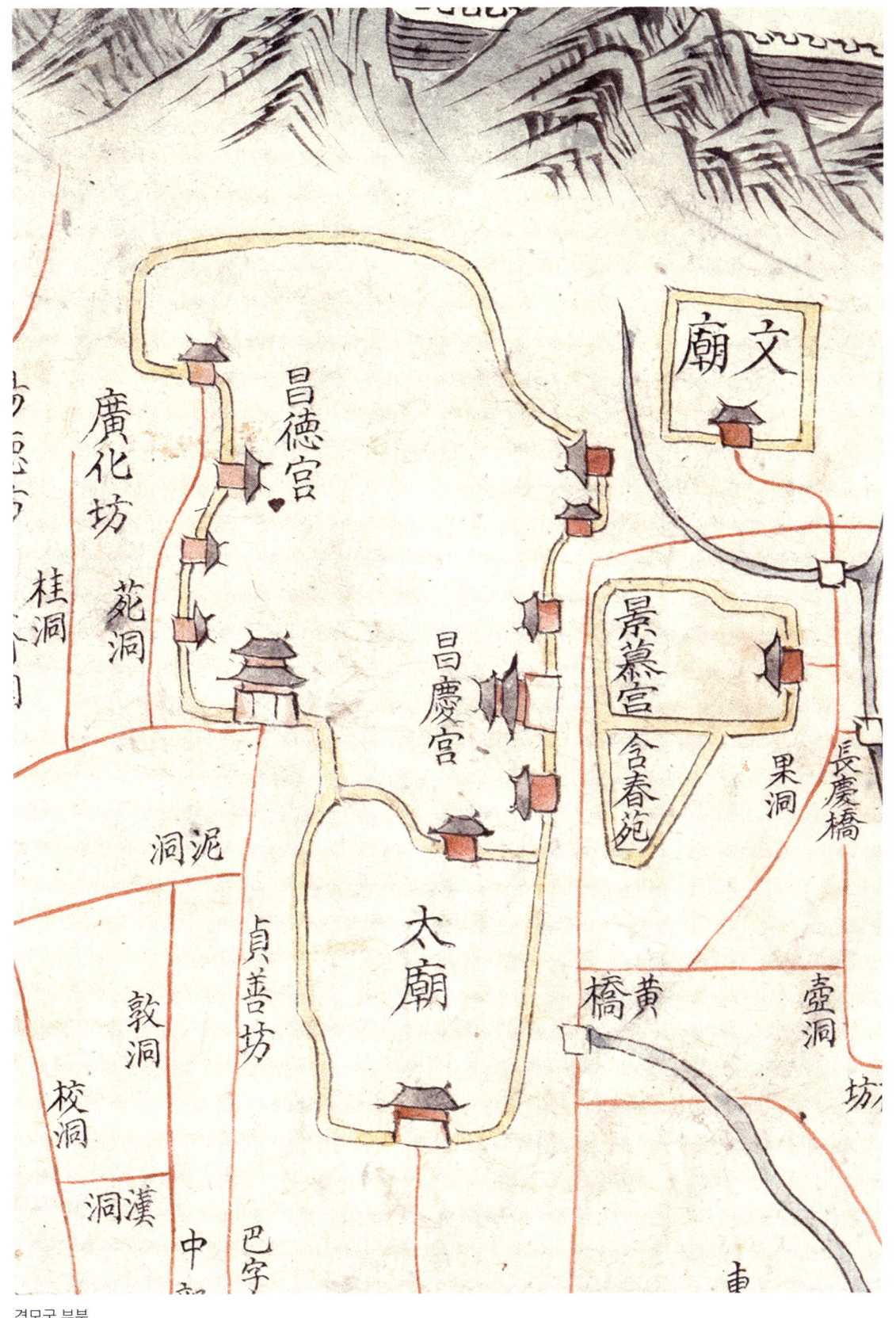

경모궁 부분

83.

『영우원 보토소등록永祐園補土所謄錄』

1785년(정조 9)
1책, 필사본
36.5×25.5cm
K2-2348

1785년 영우원의 보토補土 공사와 관련된 제반 문건을 정리한 책이다. 보토란 패어서 우묵한 곳을 흙으로 메우는 일이다. 모두에서 영우원의 형국과 좌향, 주봉, 안산, 도성과의 거리를 요약했고, 이어서 원소 주변의 각 산줄기에 시행했던 보토, 보사補莎, 벽돌[磚石] 포장 공사 내역을 영우원 산도山圖 위에 기재하여 전체 공역을 일견에 파악할 수 있다. 좌목座目과 본문 중에 씌어 있는 당상堂上 구선복具善復의 성명은 모두 도말塗抹되어 있는데 1786년(정조 10) 역모로 처형되었기 때문이다. 1784년(정조 8) 9월 영우원 별검別檢 이청李晴의 보고, 1785년 4월 정조의 친림과 보토 작업 지시, 동년 7월 공역 시작, 동년 8월 공역 종료까지의 진행 상황을 날짜별로 기록했다. 정조의 전교뿐만 아니라 공역에 소요된 재용, 참여 관원 및 공장의 명단, 상전 내역 등을 확인할 수 있다. 『승정원일기』 1785년 9월 20일 기사에 『영우원보토의궤永祐園補土儀軌』 제작에 관한 정조의 명이 보인다. 공역의 규모가 크지 않았기 때문에 의궤가 아닌 등록의 형태로 제작했을 것이다. 이 자료는 장서각 유일본이자 귀중본이다.

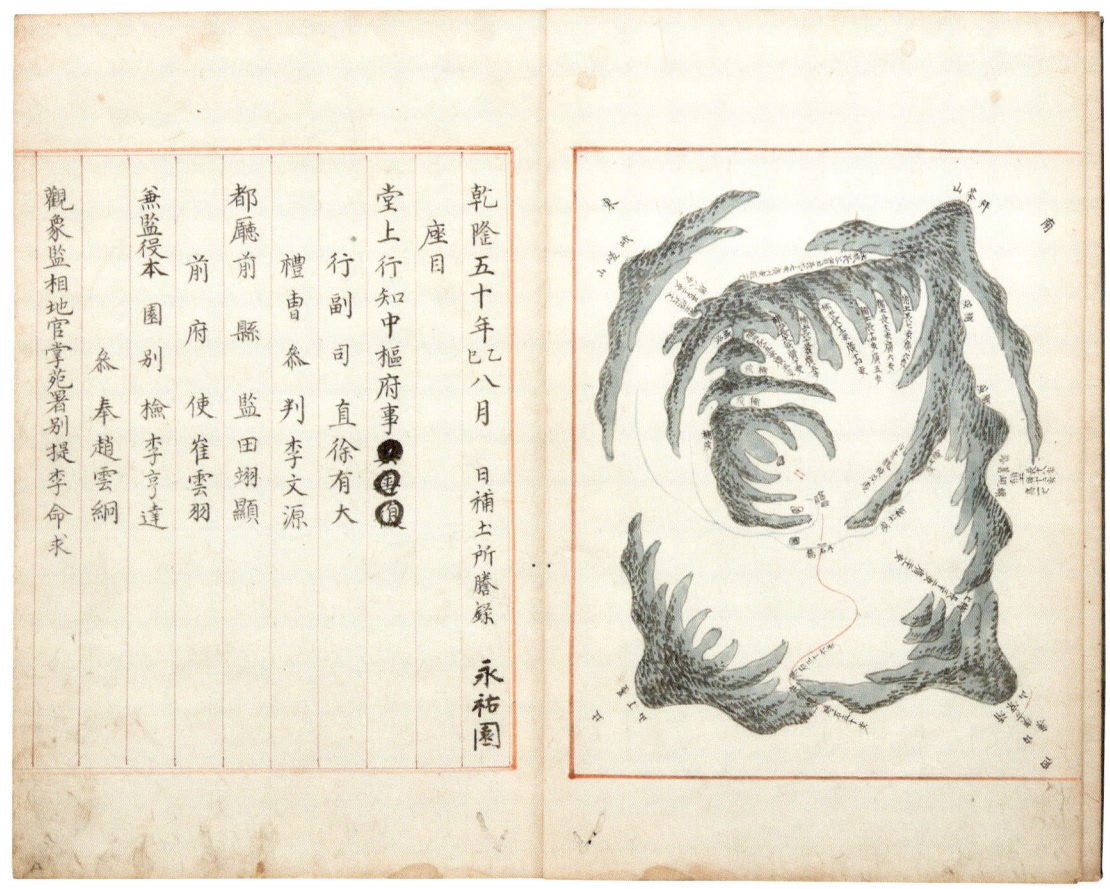

84.
〈경모궁 태실표석景慕宮胎室表石 탑본〉

1785년(정조 9)
1축, 탑본
183.5×66.0cm
K2-5290

1785년 3월 사도세자 태실에 석물을 가봉할 때 세운 태실 표석의 탑본이다. 사도 태실은 그가 탄생한 1735년(영조 11)에 경상도 풍기현 소백산 기슭 명봉산鳴鳳山에 조성되었다. 관상감 지관이 강원도, 충청도, 경상도에서 찾은 12곳의 길지 중에서 엄선한 곳이다. 원자의 태실이므로 태봉 정상에 원통형 태함胎函을 묻고 그 안에 태항아리와 지석誌石을 넣은 다음 개첨석을 얹고 흙을 덮었으며 1보쯤 떨어진 곳에 탄생일과 안태일安胎日을 새긴 태실 표석을 세웠다. 1785년에 기존 태실에 동석童石, 개첨석蓋簷石, 상석裳石, 귀롱대龜籠臺 등의 석물을 가봉하면서 석난간石欄干과 연엽주석蓮葉柱石, 표석表石 등을 추가했고, 표석에는 '경모궁태실景慕宮胎室'이라 새기고 건립 시기를 명시했다. 장서각 소장〈장조태봉도莊祖胎封圖〉를 통해 가봉된 태실의 모습을 가늠할 수 있는데 태실 표석은 귀부龜趺와 옥개석屋蓋石을 갖춘 형태였다. 세자의 태실을 가봉한 것은 전례가 없는 일이다. 보위를 승계하여 국왕이 된 사람의 태실을 가봉하는 것이 원칙이기 때문이다. 조선시대를 통틀어 세자로서 태실이 가봉된 사례는 유일하다.

85.
〈장조 태봉도莊祖胎封圖〉

1785년(정조 9)경
1폭, 종이에 채색
158.0×75.1cm
장서각
보물

사도세자 태실胎室의 형태 및 태실을 품고 있는 명봉산鳴鳳山의 형세를 그린 태봉도이다. 1735년(영조 11) 윤4월에 경상도 풍기현 소백산 기슭 명봉산에 태실을 조성했는데, 1785년(정조 9) 3월 18일 태실에 석물을 가봉하고 나서 어람용으로 제작한 것이다. 화면 중앙 상단에 '경모궁태실景慕宮胎室'이라고 기재된 곳을 보면 태실에 석물이 가봉加封되어 있다. 화면 맨 위쪽에 원각봉圓覺峯이 그려져 있고, 사도 태실 아래에 문종文宗의 태실이 위치하며, 그 아래쪽에 태실의 수호사찰인 명봉사鳴鳳寺가 그려져 있다. 제첨에는 '장조태봉산도莊祖胎封山圖'라고 쓰여 있는데, 1899년(광무 3) 이후에 쓴 것이다.

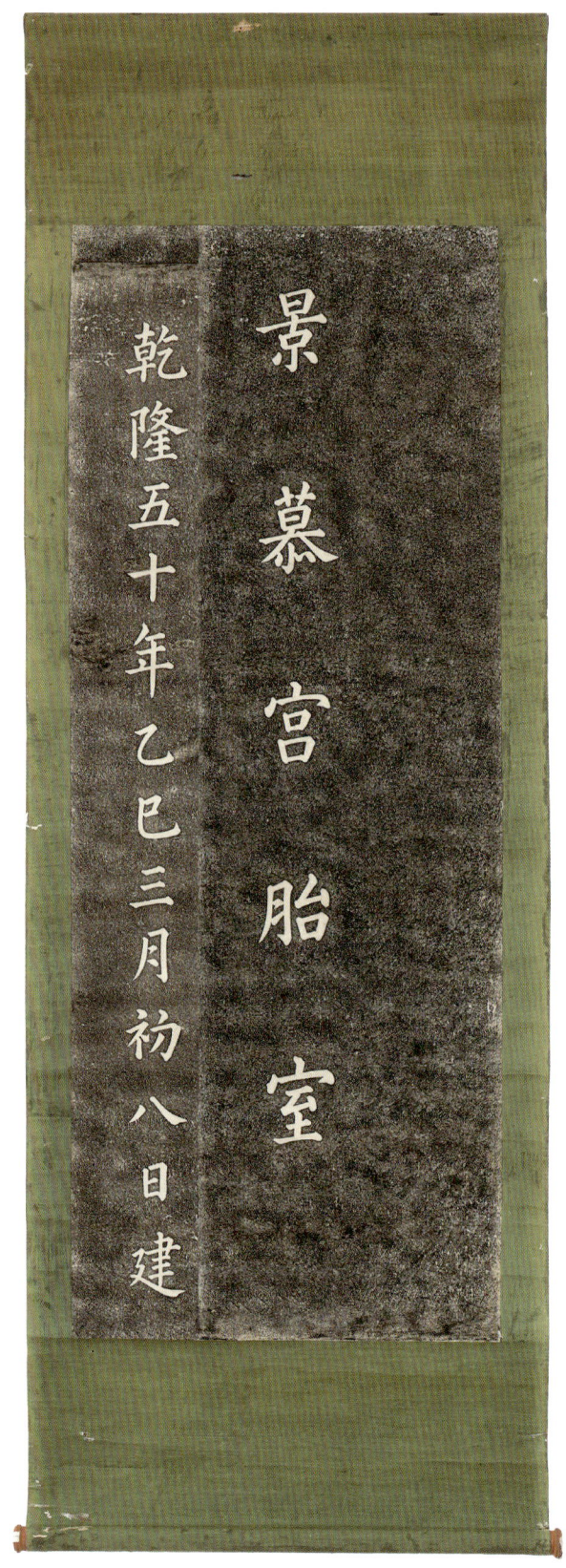

〈경모궁 태실표석 탑본〉

86.

경모궁 예제예필 〈무안왕묘비명武安王廟碑銘 탑본〉

1752년(영조 28) 撰
1785년(정조 9) 竪
1축, 탑본
292.4×120.4cm
K2-5343

1785년 11월 15일에 정조는 숙종, 영조, 사도세자, 정조 본인 4대의 어제어필과 예제예필 무안왕묘武安王廟 비문을 2개의 비석 앞뒷면에 새겨 동묘와 남묘에 세웠다. 숙종 어제는 1695년(숙종 21), 영조 어제는 1730년(영조 6), 사도 예제는 1752년, 정조 어제는 1785년에 지어졌다. 이 탑본은 그 가운데 사도 예제예필 「무안왕묘비명」을 탑본하여 족자로 만든 것이다. 비문 상단에 '무안왕묘비명'이라고 쓴 두전頭篆이 보이고 우측 상단에 '경모궁예제예필'을 소전으로 새겼다. 본 작품은 서序는 없고 명銘으로만 이루어졌는데 숙종 어제 뒷부분의 명銘을 차운한 것이다. 「무안왕묘비명」은 사도의 예제예필이 아닐 가능성이 높다. 18세에 지은 작품인데도 8~9년 뒤에 찬술한 다른 예제 시문에 비해 작품의 완성도가 지나치게 높다는 점, 『예제시민당초본』이나 여타 문헌에 이 작품이 수록되지 않은 점, 유독 사도의 경우만 예필을 집자集字하기 위한 방법이 『내각일력內閣日曆』에 기록되지 않은 점 등이 그 근거다. 즉 『능허관만고』에 수록된 다수의 작품처럼 출처가 불분명하다. 1785년에 처음 등장하여 비문에 새겨졌고 추후 『능허관만고』에도 실렸다. 『능허관만고』는 정조가 수집, 편집, 교정을 전담했던 생부의 문집이다. 정조는 대명의리를 상징하는 공간에서 생부가 아들 국왕을 거느리고 두 선왕과 어깨를 나란히 한 채 위풍당당하게 서 있는 모습을 보고 싶었을 것이고 숙종부터 정조까지 4대가 비석의 형태로나마 영원히 전해지길 바랐을 것이다.

경모궁 예제예필 〈무안왕묘비명〉, 동관왕묘 소재(서울특별시 종로구 난계로27길 84)

顯隆園誌上篇

顯隆園誌銘

天地鍾英鼎氣雄 功蓋萬禩威耀八戎盱衡載籍侯莫與同
禍禅子雲卒伍老忠桃園盟血直盤 皇穹愍兄義君首腹膺
王龍所征先敽海內靡風暨亦我旅伊貔伊熊載揚豊烈為漢之
棠若唐若宋同不致隆 皇朝秩典爵視王公述我 宣祖肇
祀國中家繪九章有儼 睟容廟楹有刻 兩聖紀功小子式
欽先志是從我銘作詩以詔先窮不舊董筆斬權斁蒙恭惟
冥冥遂感而通誕聖 顯靈大德鐫腦歲一精禋帕首甲東
靈如地水若朝暮逢蕢垂 英顧祚我大東 歲壬申謹撰

87.

『어제 공묵합입시시 면유御製恭默閣入侍時面諭』

1764년(영조 40), 1788년(정조 12)
1첩, 필사본
34.8×19.9cm
K2-1837

1764년(영조 40) 9월 26일에 영조가 창경궁 공묵합恭默閣에서 세손에게 내린 하교를 필사한 첩이다. 영조는 임오화변 시 사도세자 처분이 종사의 대의를 위해 불가피한 결정이었음을 천명했다. 이날 임오의리를 말한 것은 이튿날이 영빈의 장례였기 때문이다. 영빈의 의리와 본인의 판단 덕분에 종사가 보전되었고 영빈 사당에 '의열義烈'이라는 호칭을 내린 것도 종사를 위한 조처였음을 강조한 뒤 어떤 이견도 용납하지 말라고 했다. 그리고 이 면유를 써서 대내에 들이고 『정원일기』에도 기록하게 했다. 이 첩은 이때 제작된 것이다. 특이한 점은 1788년(정조 12) 영빈의 궁묘宮墓 호칭을 정할 때의 망단자가 이 첩 뒷부분에 첨부되어 있다는 사실이다. 생부의 시호인 '사도'는 잘못을 후회하고 요절했다는 뜻이고, 조모의 시호인 '의열'은 의리와 충렬을 다했다는 뜻이다. 정조는 '사도'라는 호칭을 들을 때마다 불편했고 '의열'이라는 시호를 들을 때마다 두렵고 서글펐다. 조모의 '의열'이 현양될수록 생부의 불의와 불충은 그만큼 부각되었다. 더욱이 영빈의 사당과 묘소는 영조에 의해 공히 '의열'로 칭해졌다. 이에 1778년 궁묘의 호칭이라도 바꾸려 했지만, 선왕의 깊은 뜻이 담겨 있다고 주장하는 김종수의 반대에 부딪혀 무산되었다. 1788년 12월 26일 정조의 고모부 금성위 박명원朴明源이 때마침 상소하여 시호 두 글자로 영빈의 사당과 묘소를 통칭하는 것은 전례가 없다고 주장하며 개정을 요청했다. 대신들이 이 논지에 동조하자 정조는 전격적으로 영빈 궁묘의 이름을 '선희宣禧'로 바꿨다. 호칭 개정 요청부터 의견 수렴, 실제 개정까지 만 하루도 걸리지 않았다. 영빈의 장례 하루 전에 의열의 의미를 강조한 영조의 면유 뒤에 의열을 개정하기 위한 망단자를 덧붙인 점이 아이러니하다.

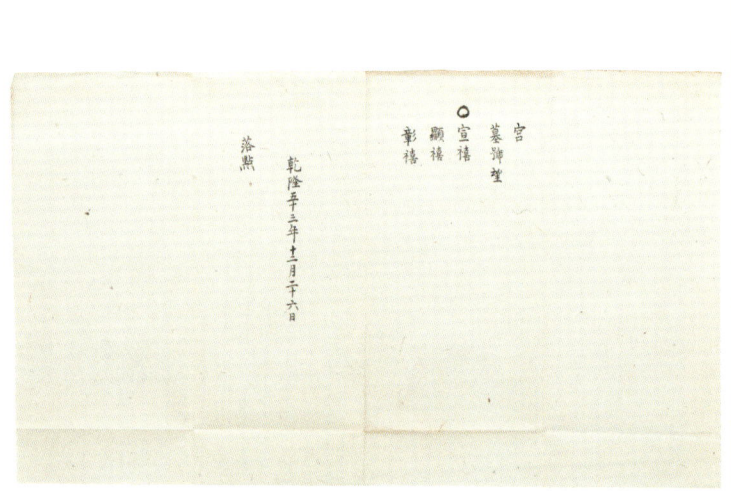

88.

『영우원 천봉등록永祐園遷奉謄錄』

1789년(정조 13)
2책, 필사본
40.0×26.4cm
K2-2349

1789년 양주 배봉산의 영우원永祐園을 수원부 화산花山으로 천장할 때의 관련 전교와 계사, 별단, 의주 등을 예조에서 정리한 등록이다. 1789년 7월 11일부터 11월 6일까지 도감 설치, 천장 예정지의 간산看山과 복명, 수원 읍치 이전, 제반 일정의 택일, 재실 준비, 지석 마련, 차비관 차출, 영우원 발인 시 응행절목, 친제親祭 및 천전遷奠 거행, 관무재 및 정시 설행 등이 일자별로 정리되어 있다. 정조는 영우원의 협소한 형국 탓에 즉위 초부터 이장할 뜻을 품었고 천장에 적합한 길지를 줄곧 물색하며 기회를 엿보았다. 그러던 차에 1789년 7월 11일 고모부 박명원朴明源이 상소하여 영우원의 풍수 문제를 거론하며 천장을 제안했다. 바로 그날 수의收議를 거쳐 천장을 결정하더니 수원부 화산을 천장지로 확정하고 천장 담당관을 임명했으며 소요 비용에 대한 전교까지 내렸다. 특히 정조는 수원부로 결정하기 전에 그간 천장 후보지로 고민했던 전국 명당 10여 곳의 형국과 개별 지역에 대한 개인적 평가를 일일이 설명한 뒤 수원부를 선택한 이론적 근거를 제시했다. 일곱 달 전 박명원의 상소를 계기로 하루 만에 영빈 사당과 묘소의 호칭을 바꾼 것처럼 이때도 박명원의 상소가 촉매가 되어 하루 만에 영우원 천장을 결정한 것이다. 천장은 일사불란하게 진행되었고 동년 10월 16일에 현륭원 공역을 완료하며 안원전安園奠을 거행했다.

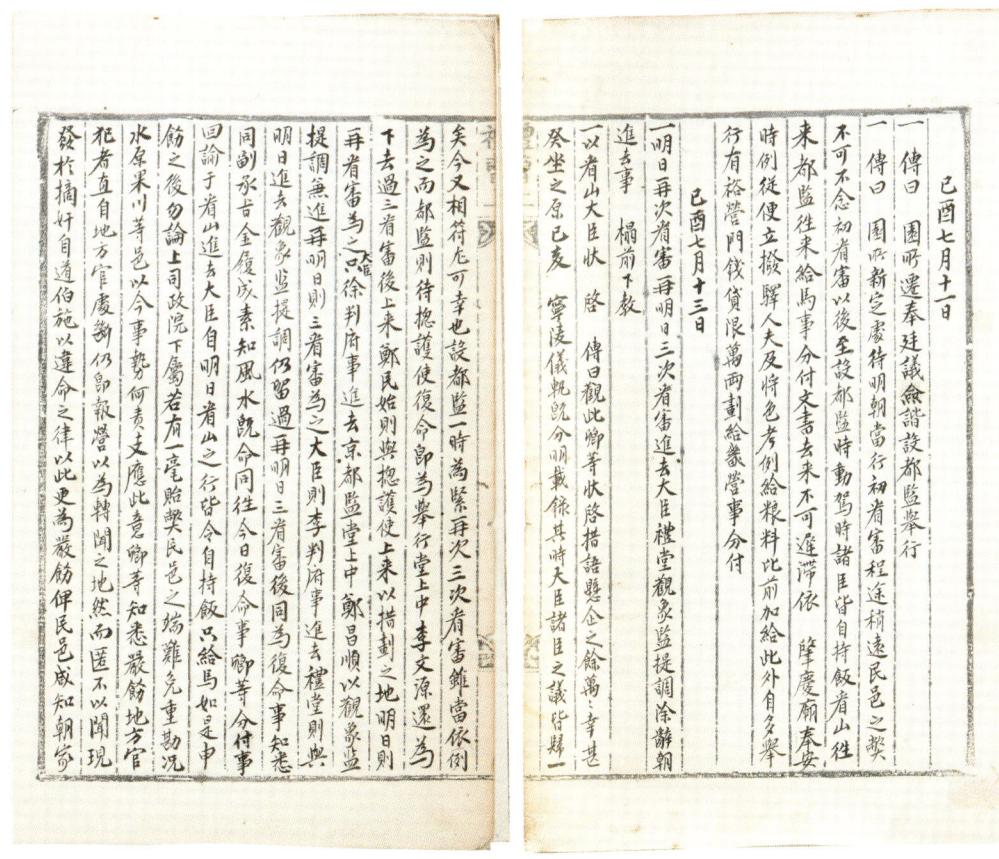

89.

정조 어제어필
「경모궁 원호의정 계원택일 고유제문景慕宮園號議定啓園擇日告由祭文」

1789년(정조 13)
1장, 필사
33.0×24.0cm
RD02857

1789년 8월 9일에 새 원침의 이름을 '현륭顯隆'으로, 옛 원침을 열 날짜를 8월 12일로, 수원부로 천장할 날짜를 10월 7일로 정한 뒤에 정조가 생부 사도세자에게 그 사실을 고유하기 위해 작성한 어제어필 제문 원고이다. '현륭'의 현顯은 『상서尙書』의 "크게 드러났도다, 문왕의 계책이여."에서 가져왔고 '융隆'은 융숭히 보답한다는 뜻이다. 원고의 우측 하단에 작성 시기를 세필로 명시했고 본문 중간에 글자를 수정한 흔적이 보인다. 실록에는 이날 경모궁에 작헌례를 올렸다고 적혀 있지만 실제로는 영우원에 행차하여 작헌례를 거행하며 사유를 친히 고했다. 실록에 적힌 경모궁은 사당이 아니라 사도세자의 이칭이다.

「경모궁의 원호園號를 의정하고 계원啓園 일자를 고른 뒤에 사유를 고하는 제문」

移卜吉岡　　길한 언덕으로 옮기며
載揚新號　　새 이름을 드러내고
啓園在卽　　곧 원침을 열 예정이기에
庸申兼告　　겸하여 고유하는 의식을 베푸나이다.

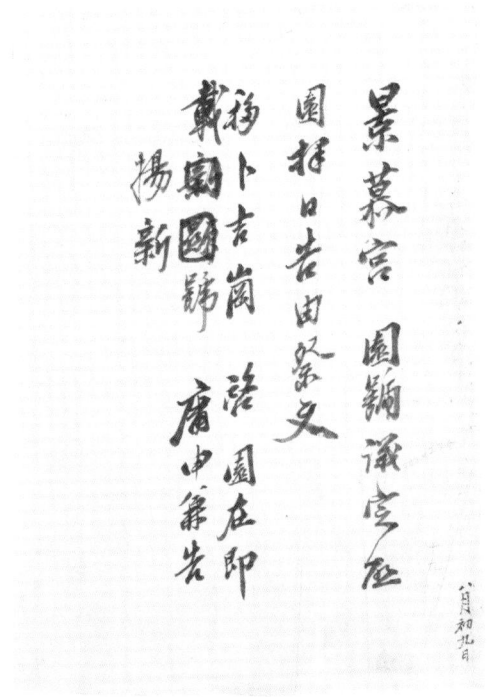

90.
정조 어제어필 「안원전 축문安園奠祝文」

1789년(정조 13)
1장, 필사
30.0×40.0cm
RD02491

1789년 10월 16일 현륭원顯隆園의 공역이 완료되었을 때 현륭원에서 지낸 안원전安園奠 축문의 원고로서 정조가 직접 짓고 썼다. 안원전은 원침을 완성하고 나서 지내는 제전祭奠으로 능침의 경우에는 안릉전安陵奠이라고 한다. 당시의 안원전은 내섬시內贍寺에서 준비하여 원소도감 당상 김이소金履素가 대신 설행했다.

「안원전 축문」

龍盤珠丘   용이 서린 듯한 좋은 무덤은
萬年之宅   만년의 유택입니다.
象設告完   석물을 다 설치하고 나서
替奠明酌   저 대신 사람을 보내 술잔을 올리나이다.

91.

정조 어제 『현륭원 행장顯隆園行狀』

1789년(정조 13)
1책, 필사본
35.6×23.2cm
K2-679

1789년에 정조가 사도세자의 행적을 기리기 위해 찬술한 행장이다. 이 행장의 찬술은 같은 해 10월 영우원을 수원부로 천장한 것과 밀접한 관련이 있다. 영우원 천장이 결정되자 정조는 매우 긴 분량으로 생부의 지문誌文을 직접 짓고 썼는데, 이 행장 전체를 그대로 활용하되 행장 앞에 현륭원의 위치, 천장 경위, 본인의 심회를 몇 줄 추가하고 행장 뒤에 자손 현황을 약술했다. 영우원 천장을 염두에 두고 미리 행장을 지어 놓았을 것으로 추정된다. 이 행장은 『열성지장통기』, 『정조실록』, 『홍재전서』 등에도 수록되었다. 정조는 행장에서 사도를 '선군先君'이라 칭하며 가계를 약술한 뒤 생평을 개괄했다. 일화를 통해 사도의 성품과 자질을 부각시키는 한편 사도의 행적을 미화하고 그의 억울한 죽음을 드러내는 데 초점을 맞추었다. 영조와 사도의 불화 원인을 경종의 내인, 화평옹주의 죽음, 역신들의 모해 등에서 찾은 점, '적賊'·'간奸'·'모謀'·'무誣'·'흉凶' 등의 글자를 다용한 점, 1759년(영조 35) 『무기신식武技新式』의 편찬과 반포, 1761년 평양 잠행의 목적, 세자 사후 영조의 후회 등의 서술은 과장되거나 가공된 측면이 강하다. 특히 사도의 죽음을 기술한 부분은 임오화변의 경위를 생략한 채 당시 세자에게 내려진 처분에 저항하는 신하들의 활약상을 기술하는 데 많은 지면을 할애했다. 1776년(영조 52) 영조가 『정원일기』에 수록된 임오화변 관련 기록을 세초하도록 명한 장면도 기술했는데 이 행장에는 세초 대상에 공가문적公家文蹟까지 포함되어 있어 주목을 요한다. 행장에서 자주 인용한 『행록行錄』, 『기주記注』, 『궁중기문宮中記聞』 등의 전적도 그 실체가 분명하지 않다. 행장 찬술을 통한 사도 삶의 재구성은 생부 추숭의 핵심적인 단계였다. 하지만 행장에서 재구성된 사도세자의 생평은 자못 실상과 부합하지 않는다.

92.

『현륭원 등록顯隆園謄錄』

1793년(정조 17)
1책, 필사본
39.2×25.6cm
K2-2383

1789년(정조 13)부터 1793년까지 현륭원顯隆園과 관련된 제반 사항을 정리하여 만든 등록이다. 현륭원의 형국과 조성, 각종 석물과 건물의 현황, 천원도감遷園都監과 원소도감園所都監의 좌목, 배속 관원, 각종 규정과 실제 업무, 정자각 및 부속 건물에 배치된 의물儀物의 종류와 수량, 전교와 계사, 수수한 공문 등이 정리되어 있다. 현륭원 영令이 주도하여 작성한 것이다. 원소가 막 조성된 시기였으므로 식목, 파종, 보토補土 등을 지속적으로 진행했으며 특히 1790년(정조 14) 가을에 대대적인 식목과 보토 작업이 이루어졌다. 이 등록 모두冒頭에 수록된 부속 건물 평면도는 간가도間架圖 형식으로 그려졌는데 일제강점기에 사라진 재실 복원에 활용할 수 있다.

行狀

君諱某字某 爾宗元孝大王之孫 英宗顯
孝大王之子 暎嬪李氏所誕也謹稽行錄曰自
誕前數日有星雲及誕日表照人聲音如洪
鐘 英廟喜甚謂大臣曰三宗血脈將絶今則
有歸拜 列祖之定號矣 命遵 肅廟庚午故事
坤殿取以子之 命諸臣入瞻仍令近侍書誠敬
日也告 廟社大赦中外 夆姿歧嶷未逾數月
已如二三歲兒 命歲擧而示之諦視若謹受者秋行輔養官相見

禮 命抄孝經章句使左右日誦習于前丙辰立
為世子以三月十五日備儀衛行冊禮于養正閤
遴臣趙顯命曰邸下克肖 孝廟典型寶 宗
社無疆之休社也 英廟命宮書文王世子篇于
屏以進之及是已解字義見王字指 英廟見坐
子字自指之又解天地父母等六十有三字丁巳
始開書遴講宮 小學抄解宮官進讀仍手拈文
王二字以示宮官請授音解聲明亮至數行無錯
又寫五大字心畫强正典實宮中嘗以八卦粉糕
進不御曰形象八卦可食乎尋見洛義圖 命

園所定例

園所左旋龍乾主亥轉癸乘丑撼良入首癸坐丁向
分金左乙傅水右乾轉水申傅水內堂丙破外堂午破
己酉七月乙卯日始役十月初七日亥時下
玄宮同月十六日行安園祭
園上石物排設尾燒石三十六張定地獎石十二張曲墻二十四間半
十四張滿石十二張方位石十二張鼓石四箇下砌石二張
視遊石一坐 文武石一雙 望柱石一雙 禹石一雙 羊石
文石一雙長明燈一坐上階砌石十二箇下階砌石二十箇
一雙明堗一雙武石一雙長九尺七寸五分廣五尺八寸七分
方乾下排一千六百十三百
丁字閣丑坐未向

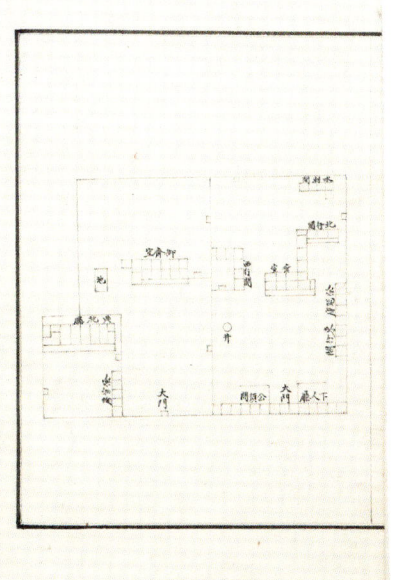

93.

『어제 영괴대명靈槐臺銘』

1795년(정조 19)
1첩, 탁인본
45.3×34.0cm
K2-3961

1795년 9월에 정조가 지은 「영괴대명」을 비석에 새긴 뒤 탁본하여 장황한 첩이다. 1760년(영조 36) 사도세자가 온양 행궁 행차 시 사대射臺에 심도록 명한 홰나무가 30여 년이 지나 울창해지자 고을 수령이 그 둘레에 축대를 쌓았다. 때마침 경모궁에서 재숙齋宿을 마친 정조는 이 소식을 듣고 감격한 나머지 「영괴대명」을 지어 그 사적을 기록한 뒤 비석에 새겨 세우도록 명했다. 1795년 10월에 비석을 세웠는데 비석 전면에는 정조 어필 '영괴대靈槐臺' 세 글자를 새겼고 후면에는 각신 윤행임尹行恁이 어제 「영괴대명」을 썼다.

윤행임이 글씨를 쓴 것은 35년 전 세자의 명으로 홰나무를 심은 자가 당시 온양군수이던 윤염尹琰이기 때문이다. 윤행임은 윤염의 아들이었다. 온양 행차의 추숭 사업은 어제 찬술과 비석 건립에 그치지 않았다. 정조는 사도 온행溫幸 시 충청감사를 위시하여 고을 수령, 식수植樹 참여자, 수행 문무 관원, 하급 관리, 의관, 군병, 아전 등을 대상으로 자급을 올리거나 녹용하거나 물품을 하사했다. 심지어 온행과 무관하게 당시 시강원 관원 가운데 생존해 있는 자에게도 은전을 베풀었다. 사도 온행과 관련하여 포상을 받은 자가 1,900명에 육박한다. 사도 일화가 전해지는 영괴대의 성역화 과정은 정조가 생부 추숭에 얼마나 골몰했는지 여실히 보여주는 사례다.

〈영괴대비〉, 충청남도 아산시 온천동 소재
사진제공_ 아산시청

御製靈槐臺銘緬遂蹟於溫水之涯兮鬱乎童童而如華蓋者有三槐溫湯之水混混而

溉靈根兮繚繞以高數尺之臺窾獨愛此后皇之嘉種兮其上蓋有五色雲佳占本支之百

古兮將以驗積慶之流於後來小子即阼之二十年乙卯秋九月小子生朝前三日拜手敬銘昔歲庚辰八月幸溫宮命郡守尹琰植三槐於射臺今幾抱嘉蔭垂地春初始聞於邑守增築識其蹟琰

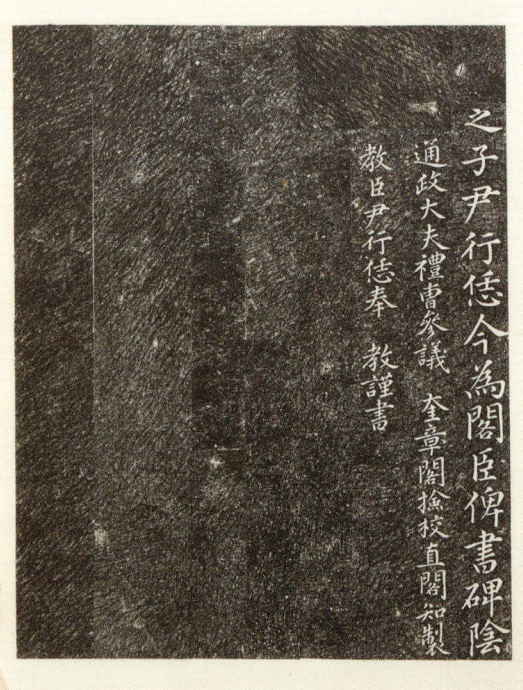

之子尹行恁今爲閣臣俾書碑陰通政大夫禮曹參議奎章閣檢校直閣知製教臣尹行恁奉 教謹書

94.

정조 어제어필 「온궁 영괴대명 溫宮靈槐臺銘」 원고

1795년(정조 19)
1장, 필사
36.0×49.0cm
RD02326

1795년 9월에 정조가 사도세자의 온행溫幸 자취를 현양하기 위해 찬술한 「온궁 영괴대명 溫宮靈槐臺銘」의 어필 원고이다. 피봉에 '영괴대명'이라 쓰여 있는 봉투도 함께 전한다. 세필로 적은 후서後序에 정조가 직접 글자를 수정한 부분이 보인다. 이 원고는 영괴대 비석의 저본이 되었고 훗날 「온궁 영괴대비명 溫宮靈槐臺碑銘」이라는 제목으로 『홍재전서』에 수록되었다. 이 원고가 현전하는 까닭은 정조가 문집 간행을 염두에 두고 자신의 원고를 보관했기 때문이다.

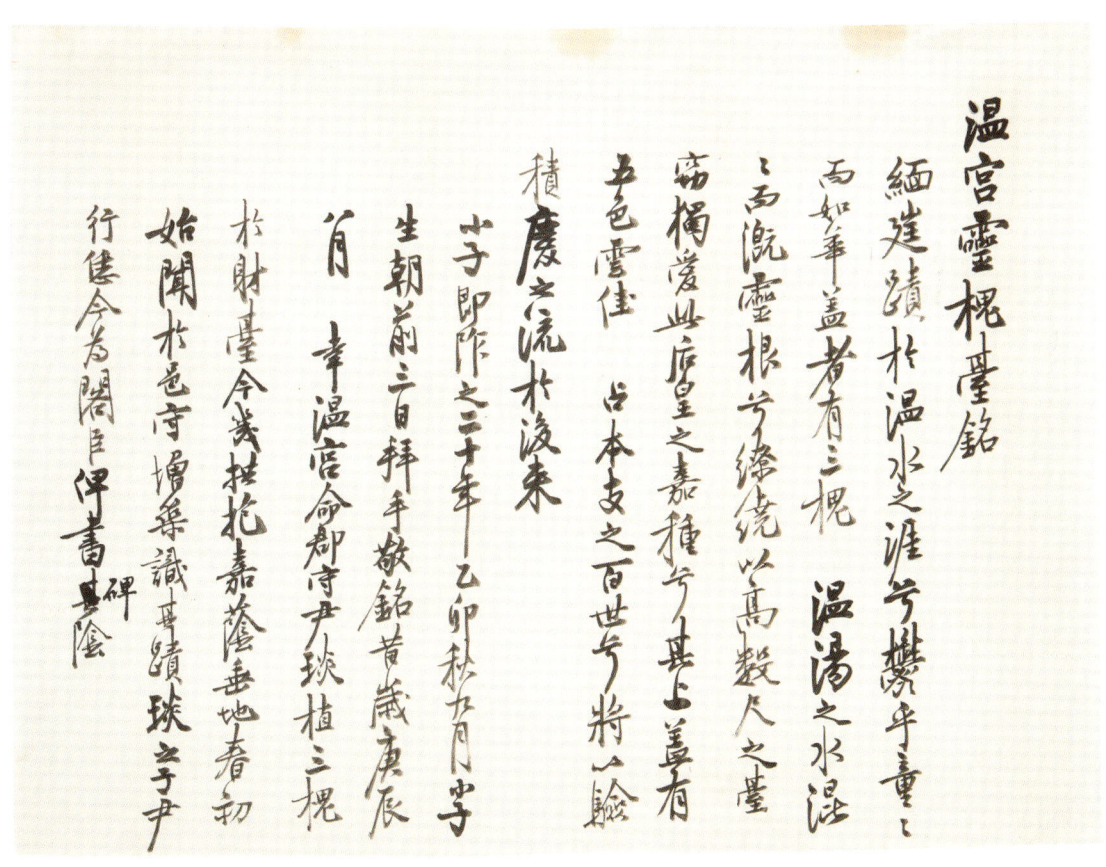

95.

〈온궁 영괴대도 溫宮靈槐臺圖〉

1795년(정조 19)
1축, 종이에 채색
126.5×58.0cm
국립중앙박물관

1795년 10월에 정조 어제를 새긴 영괴대靈槐臺 비석을 세우고 나서 영괴대 부분을 강조하여 온양 행궁을 그린 그림이다. 사도세자가 온양 행궁 서쪽 담장 안에서 활을 쏜 뒤 온양군수에게 명하여 홰나무 세 그루를 심었는데 훗날 회나무가 무성해지자 고을 수령이 그 둘레에 축대를 쌓았다. 이 소식을 전해 들은 정조가 「영괴대명」을 지어 비석에 새겨 세우도록 명했다. 내정전內正殿, 외정전外正殿, 온천溫泉 등의 온양 행궁 부속 건물이 배치도 형식으로 그려졌는데 홰나무를 과장되게 그린 점이 이채롭다. 영괴대 아래에 비석과 비각이 보인다. 그림의 하단 우측에는 정조 어제「온궁영괴대명溫宮靈槐臺銘」이 적혀 있고 좌측에는 윤행임尹行恁이 비석 음기를 쓰게 된 경위, 윤행임과 그 부모에게 내린 포상 내역이 기록되어 있다. 이 그림의 제작을 주도한 것은 윤행임이나 그 후손일 가능성이 높다.

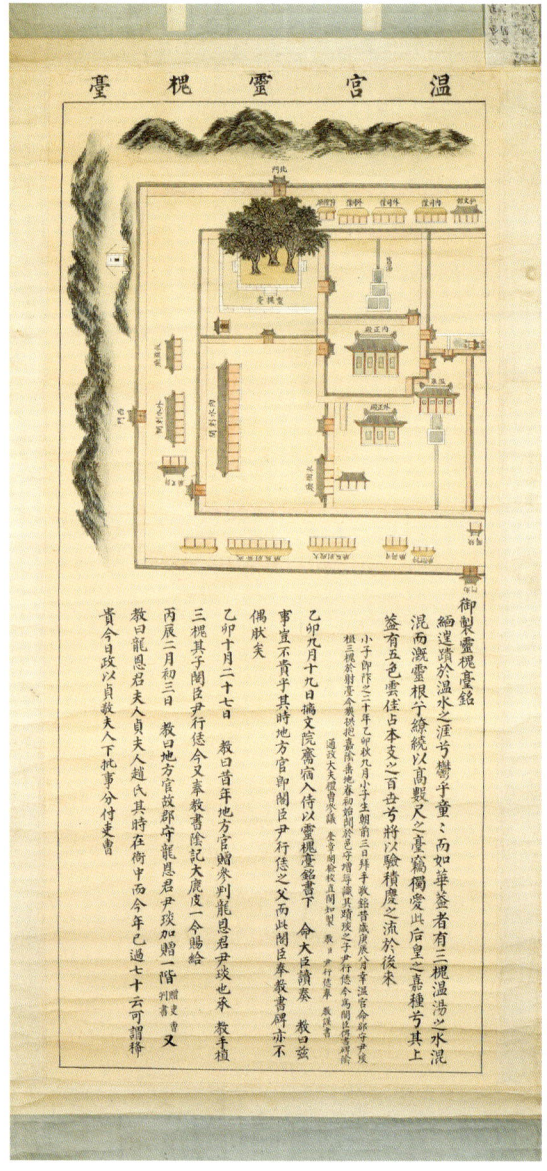

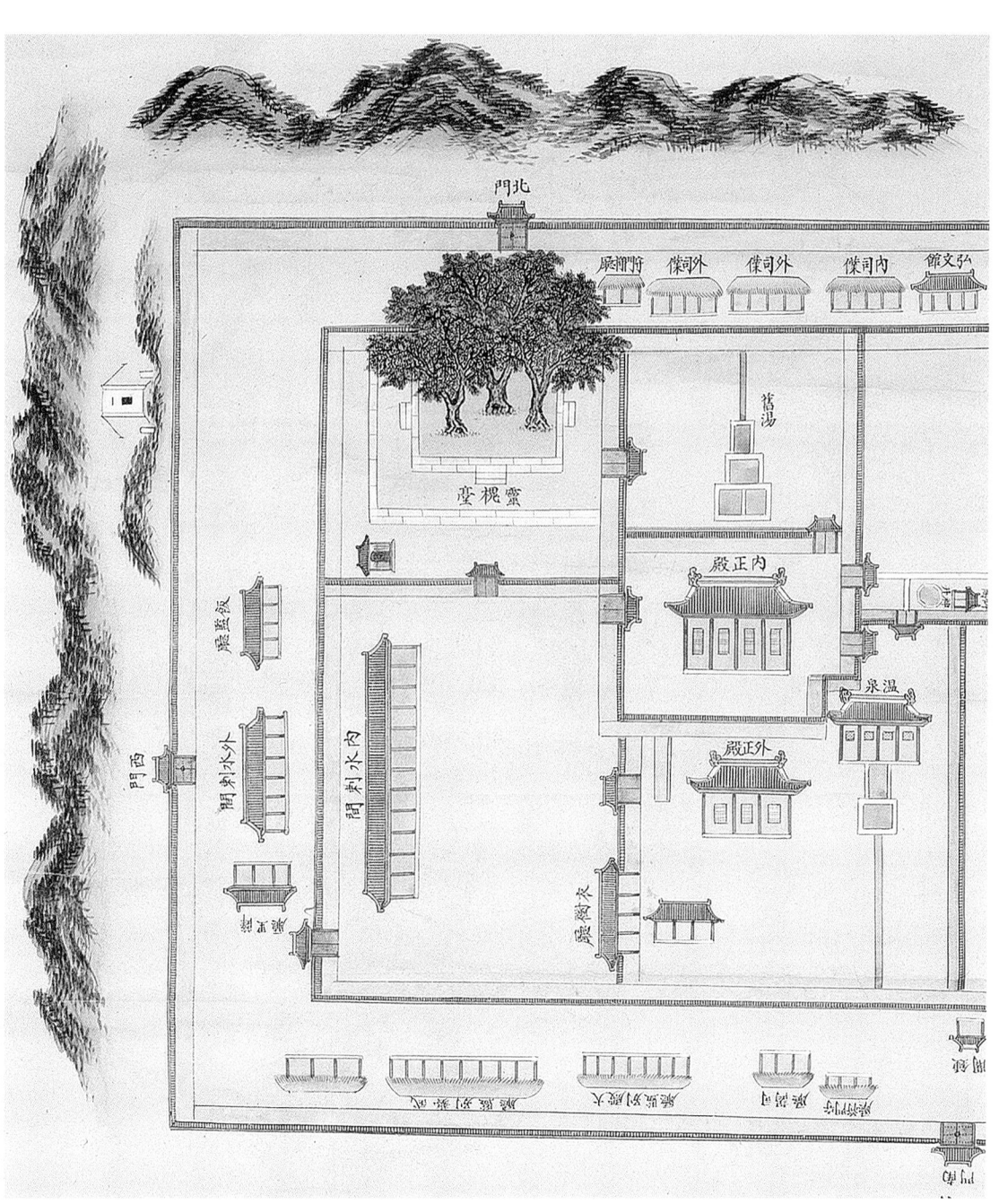

96.

『예제시민당초본睿製時敏堂草本』

18세기 후반(정조 즉위 직전)
2권 1책, 필사본
30.2×18.9cm
K4-6934

정조가 즉위 직전에 1747년(영조 23)부터 1757년(영조 33) 사이에 지어진 사도세자의 예제 시문을 정리하여 필사한 책이다. 시민당時敏堂은 창경궁 동궁의 외당으로 세자가 정무를 보던 공간이다. 사도가 관례를 치르고 대리청정하던 공간도 시민당이다. 여기서 시민당은 사도세자의 대칭이다. 서명에 '초본'이라 적힌 것으로 보아 수정을 가하지 않은 초고일 가능성이 높다. 2권 1책의 낙질본으로 각 권의 서두에 목록이 있고 저작 시기순으로 편차되어 있다. 권1은 문文이다. 소疏, 제문祭文, 진향문進香文, 춘방 관원과 수수한 「답고사答故事」와 「하궁료下宮僚」 등 38편의 산문이 실려 있다. 권2는 부賦와 시詩이다. 목록상에는 부 1편, 사언시 12편, 오언시 10편, 육언시 1편, 칠언시 18편의 제목이 보이나, 오언시 첫 번째 작품인 「화선畫扇」【정묘丁卯】의 미련 일부까지만 남아 있다. 이 책에 수록된 시문은 1814년(순조 14)에 간행된 『능허관만고凌虛關漫稿』에 대부분 수록되었다. 『능허관만고』는 정조가 훙서하기 직전에 손수 편집과 교정을 마친 뒤에 3책으로 엮어 놓은 책이다. 『예제시민당초본』과 『능허관만고』를 비교해 보면 사도의 초고가 정조에 의해 대폭 수정되었음을 확인할 수 있다. 물론 작품의 완성도를 제고하고 왕세자로서 부친의 소양과 자질을 현양하기 위해서다. 하지만 정조의 교정 범위는 수정보다는 개작에 가깝다.

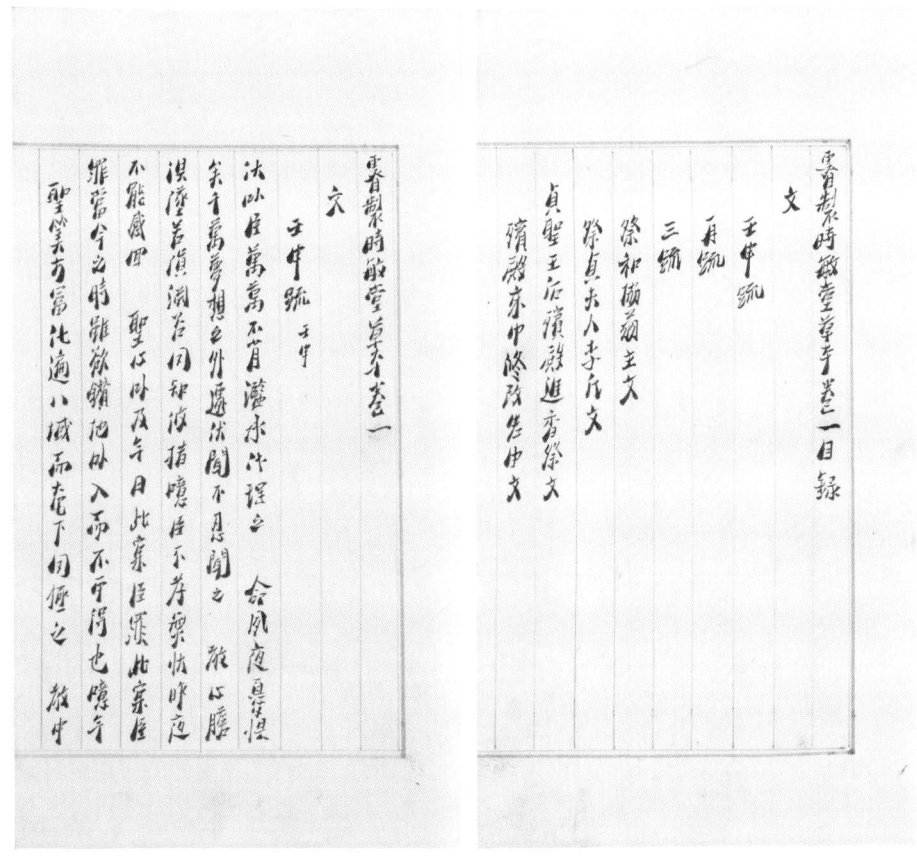

97.
『능허관만고凌虛關漫稿』

1814년(순조 14)
7권 3책, 금속활자본(정리자整理字)
30.9×19.9cm
K4-429

1814년에 사도세자의 예제를 정리자整理字로 간행한 시문집이다. 정조는 1799년(정조 23)에 '장헌세자예제莊獻世子睿製' 3책을 편집하여 완성했는데 수집부터 편찬, 교정까지 손수 진행했다. 이후 1814년에 규장각의 주도하에 『홍재전서』를 인행하면서 『능허관만고』를 함께 간행했다. 본서는 7권 3책으로 서발序跋은 없고 각 권마다 권두에 목록이 있다. 표제와 권수제, 판심제는 '능허관만고'이고 편제면에는 '장헌세자예제'라고 적혀 있다. 서명에 보이는 '능허관凌虛關'은 권1에 수록된 「능허정사凌虛亭辭」에서 가져온 듯하다. 본서에는 1747년(영조 23)부터 1762년(영조 38) 사이에 지은 시문이 문체별로 실려 있다. 정조는 비명에 생을 달리한 생부의 추숭을 위해 다방면으로 노력을 경주했다. 임오화변 관련 기록의 세초를 위시하여 시호 추상, 원소 및 사당 정비, 태실 가봉, 존호 추상, 행장 찬술, 유적지 현양 등에 힘썼으며 마지막으로 부친 문집을 손수 편집하고 교정했다. 교정 과정에서 부친의 원고를 대폭 개작했으며 심지어 위작을 제작하여 문집에 수록하기도 했다. 이러한 정조의 그릇된 추숭 방식은 부친 문집의 문헌적 신뢰성에 중대한 흠결을 남겼다.

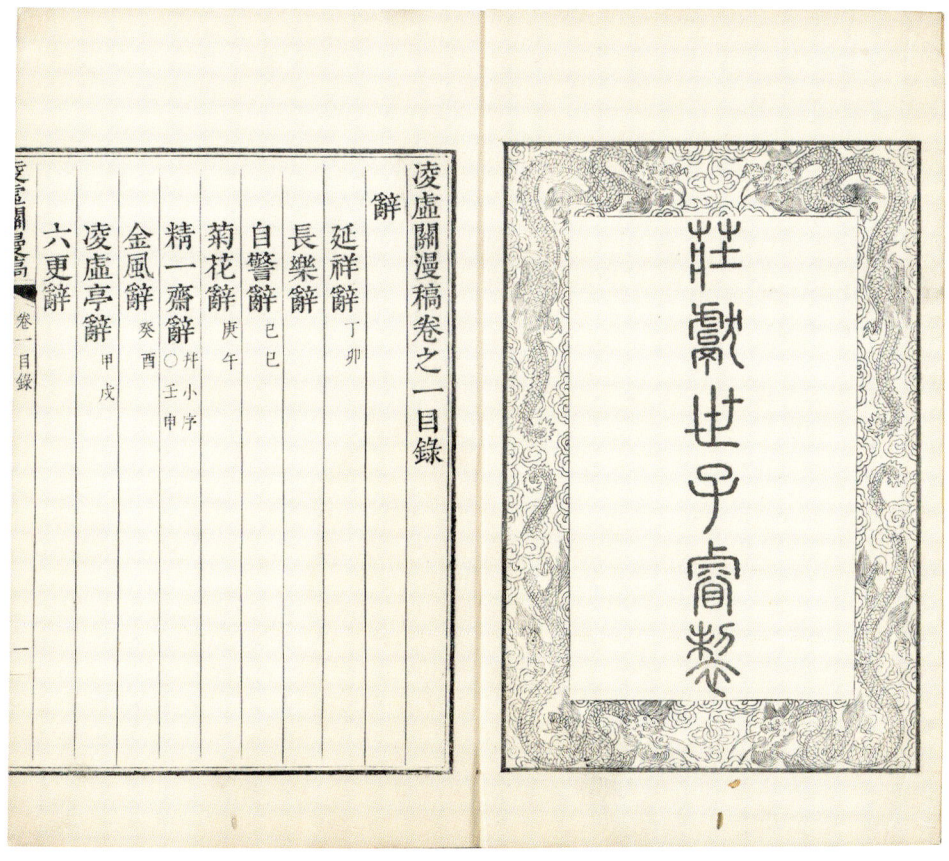

사도세자 시문에 대한
국왕 정조의 개작 및 위작 양상

김덕수
한국학중앙연구원 책임연구원

1. 머리말

사도세자思悼世子(1735~1762)는 1749년(영조 25)부터 대리청정에 임했으나 초기 우울증이 극심한 정신 질환으로 이어지더니 광적인 기행을 일삼다가 1762년(영조 38) 윤5월에 서인으로 강등된 채 비운의 죽음을 맞았다. 국왕 정조는 세손 시절부터 생부의 기일이 다가오면 서글픈 심사를 주체하기 어려웠거니와[1] 즉위하던 날 자신이 사도세자의 아들임을 천명했다. 정조의 생부 추숭은 다방면으로 추진되었다. 먼저 1776년(정조 즉위) '장헌莊獻'이라는 시호를 추상하고 수은묘垂恩墓와 수은묘垂恩廟를 영우원永祐園과 경모궁景慕宮으로 격상했다. 1778년(정조 2) 『선원계보기략璿源系譜紀略』에 사도 자손록을 따로 만들고 1785년(정조 9) 태실을 가봉한 것은 근거할 만한 전례가 없는 일이다. 그리고 1789년(정조 13) 오랜 고심 끝에 양주 영우원을 수원부로 옮기며 현륭원顯隆園으로 개칭했다.

정조의 사도 추숭은 여기에서 그치지 않았다. 행장 찬술과 문집 간행을 통한 생평의 재구성과 불후함의 도모가 생부 추숭의 종착지였다. 정조는 문집 간행을 염두에 두고 생부 시문을 적극 수집했는데 이들 원고를 친히 교정하고 편차하는 과정에서 원고를 대폭 개작했을 뿐만 아니라 심지어 위작을 제작하기도 했다. 물론 그 목적은 세자로서의 자질과 소양을 부각하기 위해서다.

이 글에서는 정조가 즉위 직전에 사도의 시문을 손수 정리한 『예제시민당초본睿製時敏堂草本』과 1799년(정조 23)에 직접 교정하여 3책으로 완성한 『능허관만고凌虛關漫稿』 수록 시문을 대상으로 개작 양상을 살펴보겠다. 1796년(정조 20)경 정조는 생부의 예제·예필 원고를 적극 수습했는데 이 원고가 현재 한국학중앙연구원 장서각에 소장되어 있다. 이에 예제·예필 원고와 『능허관만고』 수록 작품을 비교함으로써 개작의 실제를 고구한 뒤, 『능허관만고』 소재 「정성왕후홍릉지貞聖王后弘陵誌」와 해당 지문의 초고를 검토하여 위작의 경위를 도출해 보겠다.

---

*   이 글은 김덕수, 「사도세자 시문에 대한 국왕 정조의 개작 및 위작 양상」(『동양학』 88, 2022)을 축약하고 일부 수정한 것이다.

1   김덕수 옮김, 『정조어찰첩: 壬辰睿札과 己未御札』, 한국학중앙연구원, 2013. 임진년 5월 19일 정조 예찰, "外孫痛勢稍歇, 是庸伏幸, 而再明不遠, 罔極情思, 誠難堪勝, 奈何奈何?"; 임진년 5월 21일 정조 예찰, "外孫每年今日, 至痛去益罔極, 更復何達?"

2. 『예제시민당초본』 소재 시문의 개작 양상

세손 정조가 사도의 예제를 수집·정리하여 직접 필사한 책이 『예제시민당초본』(2권 1책, 장서각 소장)이다.[2] 시민당은 창경궁 동궁의 외당으로 세자가 정무를 보던 공간이다. 사도가 관례를 치르고 대리청정하던 공간도 시민당이다. 여기서 시민당은 사도세자의 대칭이다. 서명에 초본이라고 적은 것은 초고를 정리했기 때문이다. 각 권 모두에 목록이 있다. 권1에는 산문 38편이, 권2에는 부 1편, 사언시 12편, 오언시 10편, 육언시 1편, 칠언시 18편이 실려 있다.[3]

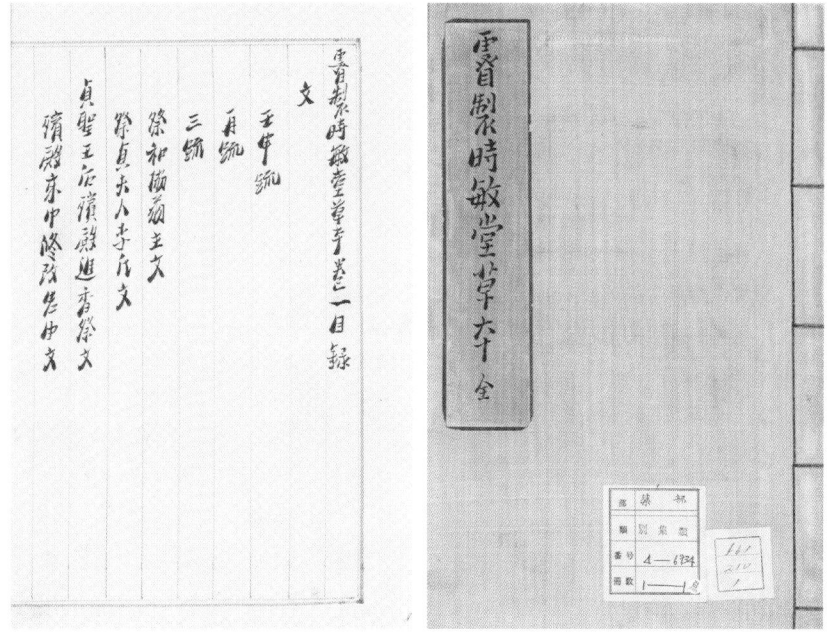

〈도1〉 『예제시민당초본』 표지와 권1 목록

『예제시민당초본』과 『능허관만고』를 비교해 보면 사도의 초고가 정조에 의해 대폭 개작되었음을 확인할 수 있다. 다음은 시강원 관원에게 질문하며 가르침을 청하는 글이다.

> ① 안자는 누추한 곳에 살며 한 그릇의 밥과 한 표주박의 물로도 그 즐거움을 바꾸지 않았습니다. 그가 즐긴 것은 무엇인지요? 그 의론을 듣고 싶습니다.
> 顔子之居陋巷, 一簞食一瓢飮, 不改其樂, 所樂者, 何事也. 請聞其論.[4]

---

2 이완우는 「장서각 소장 莊獻世子 睿筆眞蹟」, 『한국학』 36, 2013에서 서체적 특징을 근거로 1772~1776년 사이에 정조가 직접 『예제시민당초본』을 필사했을 것으로 추정했다.

3 권1은 온전하지만 권2는 본문 중후반 부분이 결락되었다. 현재는 권2 오언시 첫 번째 작품인 「畫扇」【丁卯】의 미련 일부까지만 남아 있다.

4 『睿製時敏堂草本』 卷1, 「下宮僚」.

② 안자는 누추한 곳에 살며 한 그릇의 밥과 한 표주박의 물로도 그 즐거움을 바꾸지 않았습니다. 그가 즐긴 것은 무엇인지요? 만약 도를 즐긴 것이라 말한다면 도道와 분리된 것입니다. 분리될 수 있다면 도가 아니거늘 도 이외에 언급할 만한 것이 무엇이 있습니까?

顔子之居陋巷, 一簞食一瓢飲, 不改其樂, 所樂者, 何事也. 若曰樂道, 則與道爲離. 可離非道也, 道外有何可言者耶.[5]

①에서 사도는 안회가 빈한한 삶 속에서도 변함없던 즐거움[樂]의 실체가 무엇인지 묻고 있다. 즉 즐거움의 목적어를 물은 것이다. ②에서 볼 수 있듯이 정조는 사도 질문 끝의 '그 의론을 듣고 싶습니다'를 삭제하더니 자문자답 기법을 가미하여 질문의 수준을 심화시켰다. 즉 '안빈낙도'의 '낙도'를 자신의 답변으로 제시한 뒤 도道와 사람이 분리된다면 참된 도가 아니라는 『중용』의 단락을 인용하며 도 이외에 다른 것이 즐거움의 대상이 될 수 있는지 물었다. 정조 자신이 평소 지녔던 학술적 견해를 덧붙임으로써 사도의 얕은 질문이 깊이를 획득하게 되었다.[6]

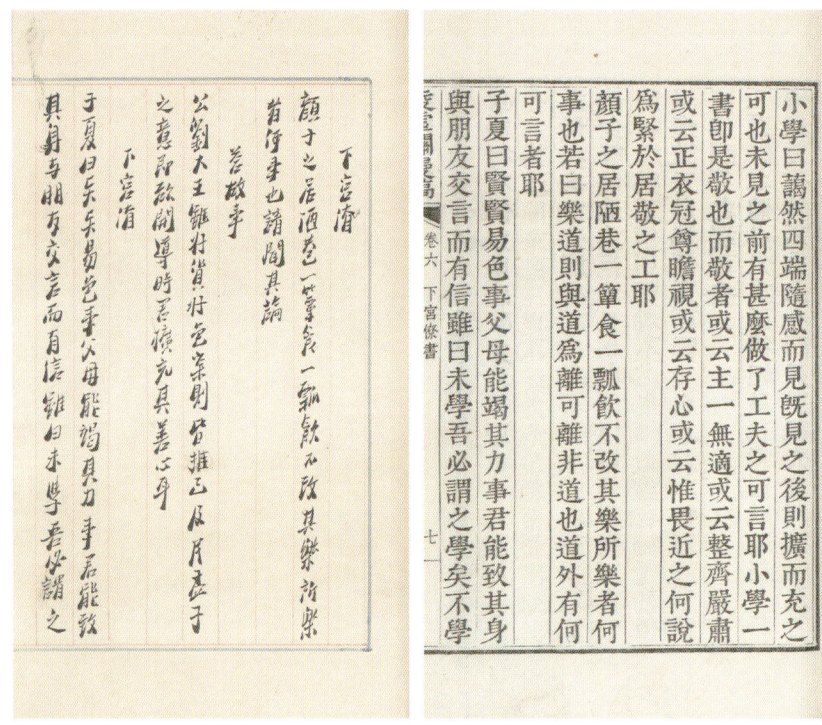

〈도2〉 『예제시민당초본』 「下宮僚」   〈도3〉 『능허관만고』 卷6, 下宮僚書【姓名失傳】, 「其二」【癸酉】

---

5 『凌虛關漫稿』 卷6, 下宮僚書【姓名失傳】, 「其二」【癸酉】.

6 정조는 동일한 주제를 가지고 金鍾秀, 徐命膺, 李福源 등과 논의한 바 있다. 『弘齋全書』 卷65, 「經史講義二」, 「近思錄」【二】, "如以顔子所樂, 爲樂聖人之道, 則有道與我爲二之病. 顔子亞聖也, 道是顔子, 顔子是道, 不可謂之樂道矣. 或又以爲名敎中, 自有樂地看之爲可云. 此則尤不可矣. 此乃千古未定之案也. 說者又以爲顔子所樂之樂字, 別無經傳可以參照者. 然則這樂字, 將何以指的說得耶."

사도는 호연지기의 개념에 대해 질문한 바 있는데 정조는 그 글을 ②와 같이 수정했다.

> ① 그 기氣를 잘 기른 자는 요堯와 순舜이고 영기英氣로 일을 해친 자는 진시황秦始皇과 한무제漢武帝입니다. 그 기는 터럭만큼도 흩날리는 게 없으니 바로 인의仁義일 뿐입니다. 나는 진실로 그 핵심을 얻지 못해 엉성하게 대답했습니다. 고견을 듣고 싶습니다.
> 善養其氣者, 是堯·舜, 英氣害事者, 是秦皇·漢武也. 其爲氣也, 無一毫飛揚, 是仁義而已矣. 余實不得其中, 草率以對. 請聞高說.[7]

> ② 그 기氣를 잘 기른 자는 요堯, 순舜, 공자孔子이고 영기英氣로 일을 해친 자는 진시황秦始皇과 한무제漢武帝입니다. 호연지기가 지극히 크고 지극히 강하다는 것은 기의 체體를 의미하고 의義와 도道에 짝한다는 것은 기氣의 용用을 의미합니다. 호연지기의 본체로 하여금 천지 사이에 가득 차게 만드는 것은 도와 의가 이루는 것이 아니라 도와 의로 말미암아 생기는 것입니다.
> 善養其氣者, 是堯·舜·孔子也, 英氣害事者, 是秦皇·漢武也. 其爲氣也, 至大至剛, 言氣之體, 配義與道, 言氣之用. 能使浩然之本體, 充塞天地者, 非道義成之, 由道義生也.[8]

사도는 기氣의 긍정적 사례와 부정적 사례를 제시한 뒤 『맹자』를 인용하여 기는 인의仁義일 뿐이라고 정의하더니 그 의미를 이해하지 못한 탓에 거칠게 답변했음을 고백했다. 맹자가 인의일 뿐이라고 말한 것은 양 혜왕梁惠王이 맹자를 만나자마자 '이로움[利]'을 언급하던 때로서 호연지기와는 무관하다. 정의 자체가 오류이므로 올바른 질문이 되지 못한다. 이에 정조는 그 부분을 『맹자』 호연장浩然章에 수록된 호연지기의 정의로 환치했을 뿐만 아니라 호연지기와 도의道義의 관계에 관한 이이李珥의 입론까지 덧붙였다.[9] 어느새 사도의 엉뚱한 질문이 사도가 본인의 학술적 의론을 논리적으로 개진하는 글로 바뀌었다.[10]

---

[7] 『睿製時敏堂草本』, 卷1, 「又」.

[8] 『凌虛關漫稿』, 卷6, 答宮僚故事, 「戊辰故事」.

[9] 『栗谷全書』, 卷31, 語錄, 「金振綱所錄」, "問, 浩然之氣, 初間則道義成之也, 旣成之後, 氣還配道義而爲之助耶? 曰, 浩然之氣, 非道義成之, 由道義而生也."

[10] 편폭이 큰 산문도 마찬가지다. 사도는 군왕이 신하를 곁에 머물게 하고 신하에게 대도(大道)를 듣는 것이 군왕 마음의 성실 여부에 달려 있음을 답변하기도 했는데 정조는 기본 골격만 남겨 두고 내용을 대거 추가하여 완정한 산문으로 만들었다. 기본 골격 중에서도 전후 문맥이 상응하지 않는 표현은 적잖이 수정을 가했다. 『睿製時敏堂草本』, 卷1, 「答故事」; 『凌虛關漫稿』, 卷6, 「答宮僚故事」.

다음은 사언시의 사례를 통해 원작에 대한 정조의 개작 양상을 살펴보겠다. 사도는 「분노를 참는 것[忍忿]」이란 제목으로 아래의 사언시를 제작했다.

> 사람의 칠정 가운데 분노가 가장 어려우니,
> 천성을 능히 회복해야 심신이 태연해지리라.
> 人之七情, 惟怒最難. 克復天性, 心廣體胖.[11]

인간의 칠정 가운데 분노가 가장 통제하기 어렵다고 전제하더니 타고난 성품을 회복해야 심광체반心廣體胖의 경지에 이를 수 있다고 말했다. 앞의 2구, 혹은 뒤의 2구는 논리적으로나 통사적으로 무리가 없다. 그러나 전반부와 후반부가 의미상 승접을 이루지 못한다. 이 점을 간파한 정조는 이렇게 고쳐 지었다.

> 사람의 칠정 가운데 분노가 가장 어려우니,
> 일시의 분노를 참아야 후회하지 않을 수 있지.
> 人之七情, 惟怒最難. 忍一時忿, 可無悔歎.

> 천성을 능히 회복해야 심신이 태연해지고
> 남을 잘 헤아려 실천해야 백세토록 편안하다네.
> 克復天性, 心廣體胖. 絜矩實踐, 百世是安.[12]

원작 전반부와 후반부를 분리한 뒤 2구씩 새로 지어 덧붙임으로써 2편의 작품으로 만들었다. 기일其一에서는 『홍루몽紅樓夢』의 본문을 활용했고[13] 기이其二에서는 『대학』의 혈구지도絜矩之道를 활용했다. 작품 속 시상은 자연스럽게 연결되지만 기이其二의 경우는 시제인 「인분忍忿」과 다소 무관하다는 혐의를 피하기 어렵다.

「지일至日」은 동짓날을 제재로 지은 사언시이다.

> ① 지금 동짓날에 양기가 비로소 생기니
> ② 학문은 날로 새로워지고 필시 말과 행동을 돌아봐야지.
> ③ 부지런히 성인의 경전에 침잠하며
> ④ 법에 맞는 말씀 먼저 실천하고 몸을 곤추세워 경청해야지.
> 時當至日, 陽氣始生. 學問日新, 必顧言行.
> 勤勤孜孜, 沉潛聖經. 先行法言, 竦身敬聽.[14]

---

11 『睿製時敏堂草本』 卷2, 詩四言, 「忍忿」.
12 『凌虛關漫稿』 卷7, 箴, 「又題」.
13 『紅樓夢』 九回, "俗語說的, 忍得一時忿, 終身無煩惱."
14 『睿製時敏堂草本』 卷2, 詩四言, 「至日」.

4언 8구로 구성했는데 제3구와 제4구에서 『대학』과 『중용』을 시료로 삼았다. 이 작품 역시 각 2구에 구현된 개별 의미는 무리가 없으나 처음 2구에서 제시한 '지일至日'과 '양기시생陽氣始生'이 아래 시구로 전개되는 과정에서 승접, 전환, 결론이 억지스럽다. 정조가 손대어 완성한 시편은 다음과 같다.

① 지금 동짓날에 양기가 비로소 생기니
③ 시절에 맞게 근실하고 민첩하게 六經에 침잠하네.
④ 선인의 말씀을 몸을 곧추세워 경청하자
② 날마다 새롭고 또 새로우며 말과 행동을 돌아보는구나.
維時至日, 陽氣始生. 對時懋敏, 沉潛六經.
聖人之言, 竦身敬聽. 日新又新, 顧言顧行.[15]

제3·4구에서 『주역』에 출전을 둔 '시절에 맞게對時'를 추가함으로써 제1·2구의 뜻을 이었고, 원작의 제7·8구를 제5·6구로 이동함으로써 제3·4구에서 말한 '침잠육경沈潛六經'의 의미를 전환했으며, 원작의 제3·4구를 제7·8구로 옮김으로써 탕왕과 공자의 언행으로 전체 시상을 마무리했다. 물론 시구의 위치를 이동하는 데 그치지 않고 개별 시구를 보다 전아한 표현으로 수정했다. 통상 문집의 간행 전에 원고를 교정하기 마련이지만 정조의 교정 범위는 수정보다는 개작에 가깝다.[16]

3. 사도세자 예제·예필 원고의 개작 양상

장서각 왕실 고문서 4,500여 점 중에는 사도 예제·예필 원고 10여 점이 포함되어 있다. 사도가 1756년(영조 32)부터 1761년(영조 37) 사이에 측근이나 일반 백성에게 써 준 것으로 대부분 1796년(정조 20) 이전에 수집되었다. 물론 정조의 친람을 거쳤으며 정조는 원고를 헌상한 자, 혹은 그 자손에게 후한 상을 내렸다. 사도의 원고 가운데 9점은 상당 부분 개작을 거친 뒤에 『능허관만고』에 수록되었다.

1758년(영조 34) 사도는 황석기黃錫耆라는 자에게 칠언절구 1수 [RD02104][17]를 지어 주었다. 파초 문양 용지 위에 사도 특유의 투박한 서체로 적었고 원고 후반부에 작성 시기와 수신자를 기재했다. 황석기는 사도를 수행하던 별감으로 『일성록』과 『승정원일기』에는 황석구黃錫耉로 기재되기도 한다. 사도의 온양 행행 시

---

15 『凌虛關漫稿』卷7, 箴, 「至日箴」.
16 사도는 홍봉한의 아내이자 자신의 장모인 한산 이씨를 위해 4언 42구로 제문을 찬술했는데 정조는 원작의 전개 방식만 유지한 채 전편에 걸쳐 대폭 수정했다. 『睿製時敏堂草本』卷1, 文, 「祭貞夫人李氏文」【乙亥】.; 『凌虛關漫稿』卷7, 致祭文, 「祭貞夫人李氏文」【乙亥】.
17 왕실 고문서는 제목이 명시되지 않은 경우가 상당수다. 제목이 적히지 않은 왕실 고문서를 이 글에서 인용할 때에는 '[청구기호]'로 지칭하겠다.

수가隨駕했다는 이유로 1796년에 가자加資되었는데 며칠 뒤 그가 사도 예필을 진헌하자 정조는 감동한 나머지 병조판서로 하여금 그의 소원을 물어 보고하게 했다.[18] 당시 정조가 애달파하며 친견하던 사도 예필이 바로 아래의 원고다.

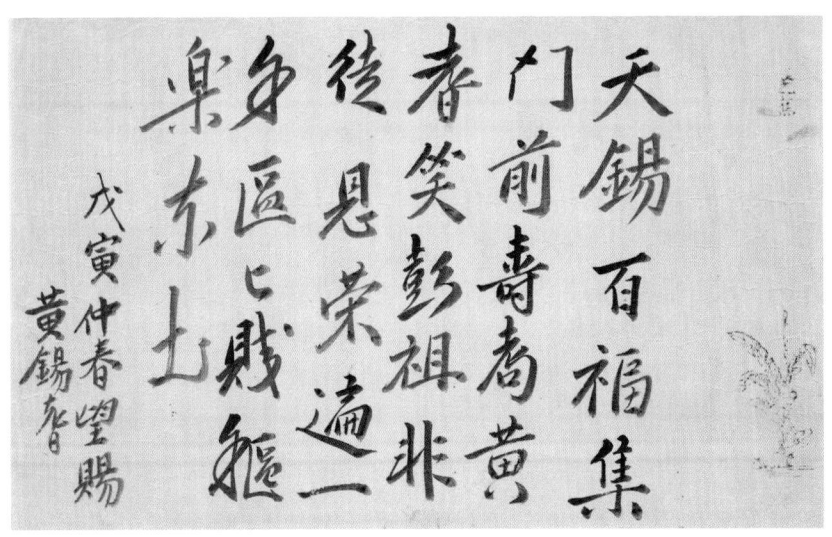

〈도4〉 사도세자가 황석기에게 써 준 칠언절구 [RD02104]

天錫百福集門前　　하늘이 준 온갖 복이 문 앞에 모이니
　측　측　평　　　　(측-평-측)
壽耈黃耆笑彭祖　　장수 노인 황석기가 팽조를 비웃네.
　측　평　평　　　　(평-측-평)
非徒恩榮遍一身　　은혜가 일신에 두루 미쳤을 뿐 아니라
　평　평　측　　　　(평-측-평)
區區賤軀樂東土　　구구하고 미천한 몸으로 동쪽 땅에서 즐겁구나.
　평　평　평　　　　(측-평-측)
【무인년[1758] 2월 보름에 황석기에게 주다】

　수신자 황석기의 성명 세 글자를 기구와 승구에서 시어로 활용한 점이 이채롭다. 이 시편은 기구의 두 번째 글자錫가 측성이고 승구와 결구의 마지막 글자祖, 土가 상성 우운麌韻이므로 칠언절구 측기식 측성운이다. 근체시는 이사륙부동二四六不同, 일삼오불론一三五不論이라는 작시 원칙이 엄격하게 지켜진다. 이 시가 근체시 평측보에 맞기 위해서는 괄호에 제시한 것처럼 기구와 결구의 제2자, 제4자, 제6자가 측-평-측이 되고 승구와 전구의 제2자, 제4자, 제6자가 평-측-평이 되어야

---

18 『日省錄』, 正祖 20年(1796) 3月 22日.

한다. 이 시는 평측이 맞지 않는다. 외형상 운문으로 보이지만 실상은 자수가 가지런한 산문일 뿐이다. 정조는 아래와 같이 대폭 수정할 수밖에 없었다.

天錫洋洋百福來　하늘이 온갖 복을 성대히 내려주니
　측　평　측　　（측-평-측）
紅顏黃耈笑彭祖　붉은 얼굴의 노인이 팽조를 비웃네.
　평　측　평　　（평-측-평）
不徒恩渥偏身家　은택이 일신과 가문에 가득할 뿐만 아니라
　평　측　평　　（평-측-평）
康色分明皇極五　편안한 낯빛은 분명히 황극의 오복이로다.[19]
　측　평　측　　（측-평-측）

전체 시상을 자연스럽게 이끌어가되 평측을 맞추기 위해 성명 중에서 '기耆'자를 포기했고 결구는 『서경』에 출전을 둔 오복五福으로 마무리했다. 그 결과 시편의 평측이 괄호 안에 표시된 정격과 일치하게 되었다. 또한 『능허관만고』에 이 작품을 수록하면서 원고에 적혀 있던 수신자 이름을 '어떤 사람人'으로 수정했고 작성 시기도 1758년(영조 34) 2월 15일이 분명한데 1756년(영조 32) 조에 편차했다. 1758년 2월 15일은 정성왕후가 훙서한 지 1년째 되는 날이다. 모친의 연제練祭를 지내는 날에 일국의 세자가 미천한 자에게 희작의 성격이 농후한 시편을 써 준 것이다. 이것은 누가 보아도 경솔하고 비상식적인 행동이므로 정조는 부친의 과오를 일부러 감춘 것이다.

아래의 고문서 [RD02111]도 동년 봄에 공사청公事廳 대령별감待令別監 최선기崔善起에게 준 것이다.[20] 사도 특유의 서체로 쓰여 있고 끝부분에 찬술 시기와 수신자가 적혀 있다.[21]

19　『凌虛關漫稿』 卷1, 「贈人」·其四.
20　최선기는 1761년 사도세자 평양 밀행 직후에 지도(智島)로 정배되었다가 곧 풀려났다.
21　시고 용지는 황석기에게 써 준 것과 다르지만 찬술 시기와 행의 수, 글자 수가 대동소이하고 수신자의 성명을 시어로 활용한 점으로 보아 비슷한 시기에 썼을 것이다.

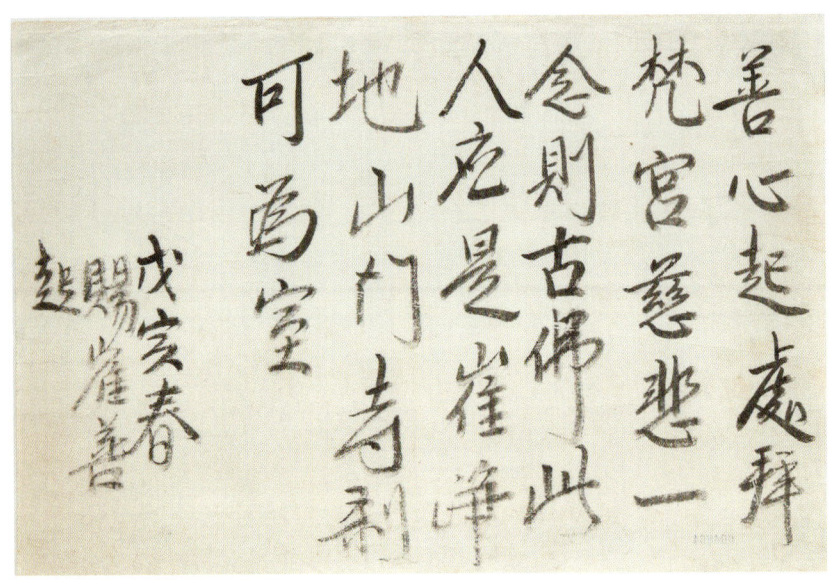

〈도5〉 사도세자가 최선기에게 써 준 칠언절구[RD02111]

善心起處拜梵宮　선심이 일어나는 곳, 사찰에서 절하니
　평　측　측　　（평-측-평）
慈悲一念則古佛　자비라는 일념이 옛 부처와 다름없구나.
　평　측　측　　（측-평-측）
此人應是崔淨地　이 사람은 그 수준이 높고 깨끗하니
　평　측　측　　（측-평-측）
山門寺刹可爲室　산속 사찰을 집으로 삼을 만하리라.
　평　측　평　　（평-측-평）
【무인년 봄에 崔善起에게 주다.】

수신자의 성명 '최선기'가 글자대로 풀면 '높고 선한 마음이 일어난다'인 점에 착안하여 세 글자를 시편 속에 수렴하되 불가적 면모와 연결했다. 이 시편은 기구의 두 번째 글자 心가 평성이고 승구와 결구의 마지막 글자 佛, 室가 각각 입성 물운 物韻과 입성 실운 質韻이다. 칠언절구 평기식 측성운으로 제작했으나 각운의 운목이 다를 뿐 아니라 괄호 안에 제시한 정격 평측보와 비교했을 때 거의 일치하지 않는다. 정조가 수정한 시편은 이렇다.

善心起處人爲善　선심이 일어나는 곳에서 사람은 선해지는 법
　평　측　평　　（평-측-평）
普濟羣生佛亦靈　중생을 널리 구제하니 부처 또한 신령하구나.
　측　평　측　　（측-평-측）

爾欲歸依觀世佛	네가 관세음 부처에게 귀의하고자 하니
측　평　측	(측-평-측)
楞嚴須讀雨花庭	뜰에 꽃비 내렸다는 『능엄경』을 응당 읽어야지.[22]
평　측　평	(평-측-평)

　　평기식을 유지하되 평성 청운靑韻으로 압운했다. 기구의 '선기심처善心起處'를 제외하고 대부분의 표현을 수정한 결과, 전체 구성도 바뀌었으며 운율상 문제가 없는 근체시로 변모했다. 사도 원고는 작성 시기가 1758년 봄이고 수신자가 최선기이지만, 문집 수록 시 1756년에 함께 이야기하던 자에게 써 준 것으로 제목을 달았다. 모친의 소상小祥 즈음에 일개 별감에게 실없이 시편을 써 준 사실을 은폐하기 위해서다. 이 시기의 사도는 일상이 정상궤도에서 벗어난 상태였고 한시의 평측과 압운 등을 제대로 구사하지 못했을 가능성이 크다.[23]

　　사도의 예필 가운데 오언절구 1수 [RD02105]와 칠언절구 3수 [RD02106], [RD02107], [RD02108]가 있다. 이 4점은 용지의 세로 길이가 같고 먹의 농담과 필획도 일치하는바 일시에 쓴 것이다.

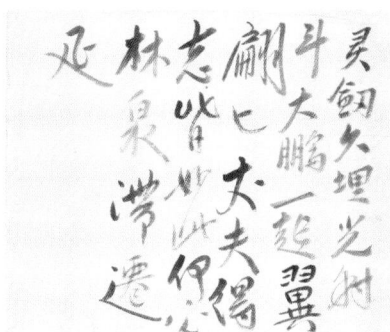
〈도6〉 사도세자 예필 칠언절구 [RD02108]

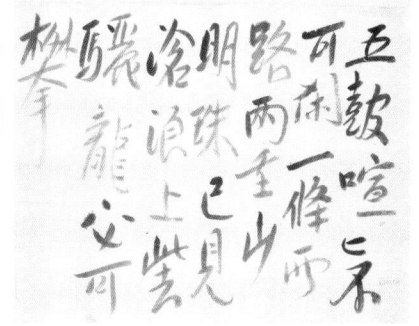
〈도7〉 사도세자 예필 칠언절구 [RD02107]

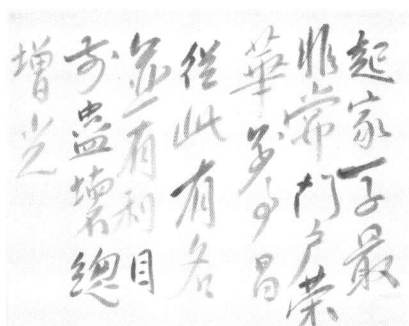
〈도8〉 사도세자 예필 칠언절구 [RD02106]

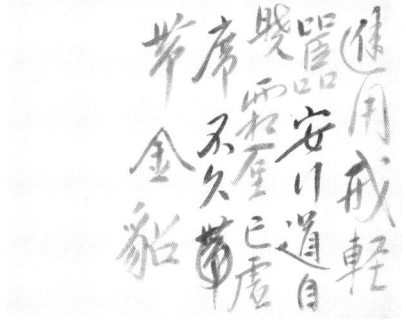
〈도9〉 사도세자 예제 오언절구 [RD02105]

22　『凌虛關漫稿』卷1,「書與說者」【丙子】.
23　전술했듯이 『예제시민당초본』 목록에 의하면 권2에 오언시와 칠언시가 20여 수 수록되어 있었으나 후반부가 결락되어 한 수도 전하지 않는다.

시편의 내용을 살펴보면 오랫동안 초야에 머물다가 벼슬길에 오른 인물에 관한 이야기다. [RD02108]은 뜻을 얻은 대장부의 기개를 묻혀 있던 보검과 붕새의 날갯짓에 비견했고, [RD02107]은 활기찬 사환 생활과 보장된 출세를 묘사했으며, [RD02106]은 비범한 아들이 가문을 일으키는 모습을 형용했고, [RD02105]는 머잖아 어사대에 오를 테니 경박함을 경계하라는 뜻을 담았다.

정조는 사도 시문을 편차하면서 [RD02105]를 따로 떼어「서증書贈」이라는 시제를 붙이고 계유년(1753) 작품에 포함시켰다.[24] 그리고 나머지 [RD02108], [RD02107], [RD02106]과 황석기에게 써 준 [RD02104]를 하나의 작품으로 묶더니「증인贈人」이라는 제목을 붙인 뒤 병자년(1756)에 편차했다.[25] 1제 4수의 연작시가 새로 만들어진 순간이다. 상대에 대한 축원의 뜻이 4수 속에 공히 담겨 있고 4수가 다 칠언절구라는 공통점을 지니지만 [RD02108], [RD02107], [RD02106]에「증인」이라는 시제를 붙일 근거가 없고 4수가 하나의 시제로 묶일 이유도 없다. [RD02104]는 서체, 먹의 농도, 지질, 내용의 측면에서 나머지 3수와 무관하거니와 [RD02104]의 수신자인 별감 황석기의 삶은 대장부의 기개, 어사대, 가문의 영화 따위와 어울리지 않는다. 정조가 임의로 하나의 연작시로 묶고 시제와 제작 시기를 정한 것이다. 정조는 시편 내용도 일부 수정했다.

[RD02108] 靈劒久埋光射斗, 大鵬一起翼翩翩. 丈夫得志皆如此, 何必林泉滯遷延.
⇒ 靈劒久湮光鑠鑠, 大鵬初起翼翩翩. 丈夫得志皆如此, 何必林泉歲月延.

[RD02107] 五鼓喧喧不可閑, 一條雲路兩重山. 明珠已見滄浪上, 此去驪龍必可攀.
⇒ 五鼓喧喧不暫閒, 一條雲磴兩重山. 明珠已見滄波底, 此去驪龍儻可攀.

[RD02106] 起家一子最非常, 門戶榮華萬事昌. 從此有名並有利, 目前蠱壞總增光.
⇒ 起家年少最非常, 門戶榮華占後昌. 從此成名知不偶, 目前輵軻祇含光.

[RD02105] 進用戒輕躐, 安行道自曉. 霜臺已虛席, 不久帶金貂.
⇒ 進用戒輕躐, 安行道自饒. 霜臺已虛席, 非久帶金貂.

밑줄 표시에서 볼 수 있듯이 내용과 표현상에 큰 변화가 없다. 다만 [RD02108]의 경우는 기구의 '사두射斗'를 '삭삭鑠鑠'으로 고침으로써 승구의 '편편翩翩'과 공교로운 대우를 유도했다. 지면상의 한계로 상술하지는 않겠지만 4수의 시편은 애당초 평측이나 압운의 측면에서 하자가 없다. 여기서 두 가지 의문점이

---

24 『凌虛關漫稿』卷1.
25 『凌虛關漫稿』卷1.

생긴다. 첫째는 앞의 4수가 전술한 2수와 다르게 근체시의 격률에 부합하는 이유이고, 둘째는 그럼에도 불구하고 정조가 수정을 가한 까닭이다.

　　전술한 [RD02104]와 [RD02111]뿐만 아니라 여타 예필 원고에도 작성 시기와 수신자가 적혀 있다.[26] 그런데 정조가 「증인」, 「서증」이라는 제목을 붙인 예필 4점에는 시편만 적혀 있다. 기실 4수의 시편은 사도의 작품이 아니라, 송나라 학자 진단陳摶의 작품이다. 4수 모두 진단의 『하락진수河洛眞數』에 실려 있다. 진단의 시편은 『주역』 64괘 전체를 대상으로 개별 효사爻辭의 의미를 운문으로 풀이한 것이다. 글씨 연습 때문인지, 혹은 점괘를 치고 나서 해당 시편을 적은 것인지 분명치 않으나 사도가 『하락진수』에서 4수의 절구를 그대로 옮겨 적은 것은 분명하다. 사도 장서에 『하락진수』가 포함되어 있던 것이다. 사도가 옮겨 적은 4수의 시편이 근체시 율격에 맞는 것은 송대 학자의 저술이기 때문이고, 하자가 없는 시편을 정조가 굳이 수정한 까닭은 사도 예필을 문집에 편입하되 혹시라도 있을지 모를 표절에 대한 혐의를 피하기 위한 조처일 것이다.[27] 정조가 생부 시문을 교정·편차하는 과정에서 자의적 판단이 개입되어 원작의 훼손이 이루어진 것은 명백한 사실이다.[28] 타인의 시편을 다소 손보아 생부의 작품으로 탈바꿈한 것도 엄연한 위작 행위다.

4. 『능허관만고』 소재 「정성왕후 홍릉지」의 찬술 경위

　　『능허관만고』에 「정성왕후 홍릉지聖王后弘陵誌」가 수록되어 있다.[29] 1757년(영조 33) 2월 15일에 승하한 정성왕후의 행적을 기술한 지문이다. 지문의 후반부에 1757년 3월 21일 찬술했다는 기록이 보인다.[30] 이날 사도가 모친 정성왕후의 지문을 완성했고 추후 이 글이 문집에 수록되었다는 가설이 성립된다. 왕후의 양아들이자 일국의 세자로서 당연한 일로 여겨진다.

26　예컨대 [RD02109]는 1761년에 장단(長湍)의 김성집(金聖集)에게, [RD02103]은 동년에 평양의 이대심(李大心)에게, [RD02101]은 동년에 평양의 서필영(徐必榮)에게 써 준 것이다.

27　정조는 사도 소장 서책을 그대로 인계받은 것으로 여겨지는바, 사도 예필 4점과 「하락진수」와의 관련성을 인지하지 못했을 가능성은 희박하다.

28　1761년 장단(長湍)의 김성집(金聖集)에게 써 준 칠언절구 [RD02109]의 경우도 28글자 중에서 무려 16자를 수정했다. 이 시편은 사도 예제예필이 분명하지만 단순한 교정의 차원을 넘어선다. 1761년 4언 4구로 지어 평양의 이대심(李大心)에게 준 영지(令旨) [RD02103]의 경우도 16글자 중에서 9글자를 수정하되 거성(去聲) 원운(願韻)으로 운(韻)까지 맞추었다.

29　『凌虛關漫稿』 卷7. 이하 「정성왕후홍릉지」는 「홍릉지」로 약칭하겠다.

30　"崇歲崇禎紀元後三丁丑季春念一日."

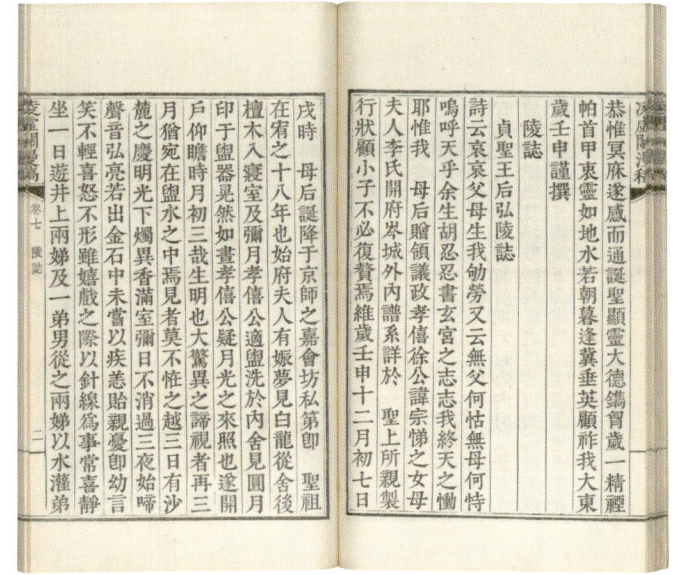

〈도10〉「貞聖王后弘陵誌」,(『능허관만고』 권7)

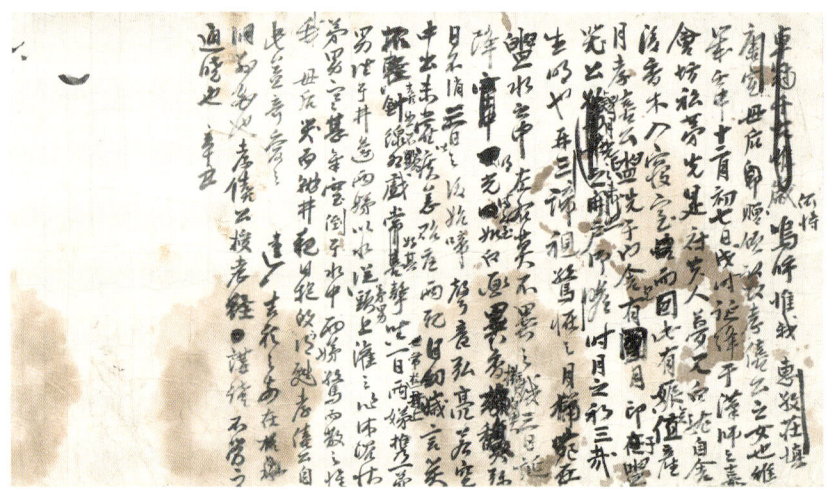

〈도11〉「貞聖王后弘陵誌」 草稿 [RD02102]

　　장서각 소장 [RD02102]는 문집에 수록된 최종본「홍릉지」의 전반부에 해당하는 초고다. 유려한 행초서로 거침없이 쓰여 있는데 자구를 지우고 첨삭한 흔적이 낭자하다.[31] 이 초고는 정성왕후 탄생 전후와 소싯적 일화가 근간을 이룬다.

31　원고에는 찬자 본인만 알아볼 수 있도록 표시해 놓은 기록이 여럿 보인다. 추후 수정본 제작을 염두에 두고 작품의 개략적 구성을 표시한 것이다. 예컨대 지문의 서두를 "卓冠千古. 惟歲"로 시작했다가 이 부분을 삭제한 뒤 바로 옆에 '何恃' 두 글자를 세필로 기입해 두었다. 이것은 지문의 서두를 "詩云, 哀哀父母, 生我劬勞, 又云, 無父何怙, 無母何恃."로 시작하겠다는 표시다. 그리고 끝에서 3번째 행에 '達'이라 적은 것은 1704년(숙종 30) 연잉군과 혼인하여 '達城郡夫人'에 봉해진 사실을 해당 부분에 기술하겠다는 뜻이다. 원고 찬술자 본인만 이해할 수 있는 일종의 불망기(不忘記)이자 메모이다.

① 임신년 12월 7일 술시에 한양 가회방嘉會坊 집에서 태어났다. 이에 앞서 부부인
府夫人이 백룡白龍이 집 뒤의 향나무에서 침실로 들어오는 꿈을 꾸었고 이로 인
해 임신했다. 산달이 되었을 때 효희공[孝僖公: 서종제徐宗悌]이 안채에서 손을 씻
으며 둥근 달이 세숫대야에 어려 있는 것을 보았다. 공은 달빛이 비치는 것인
가 의아해하며 문을 열고 올려다보았는데 당시는 달빛이 생기기 시작하는 초
사흘이었다. 두세 번 살펴보면서 놀라고 괴이하게 여겼다. 달은 여전히 세숫물
속에 어려 있었고 주변 사람들이 모두 다 기이하게 여겼다. 사흘 후에 태어났
는데 밝은 빛이 방에 가득하여 대낮과 같았고 기이한 향기가 코에 감돌며 종일
사라지지 않았다. 사흘이 지나 울기 시작했다. 울음소리가 마치 하늘에서 나오
는 것처럼 크고 맑았다.[32]

② 일찍이 질병으로 부모에게 걱정을 끼친 적이 없었다. 어려서부터 말과 웃음이
가볍지 않았고 기쁨과 노여움을 드러내지 않았으며 바느질하며 놀았고 고요
히 앉아 있기를 좋아했다. 항상 우물가에서 놀았는데 하루는 두 언니가 남동생
을 데리고 우물가로 갔다. 두 언니가 남동생 정수리부터 물을 부으며 목욕하는
흉내를 내자 남동생이 한기가 심해지고 기운이 막히더니 물속으로 넘어졌다.
두 언니는 놀라 흩어졌으나 오직 우리 왕후께서는 울면서 우물로 나아가 친히
동생을 안고 돌아와 소생할 수 있었다. 효희공이 이로부터 더욱 기특하게 여기
며 사랑했다. 達. 길례 전 별궁에 계실 때 효희공이 『효경』을 가르치며 강독했
는데 애쓰지 않아도 환하게 깨달았다.[33]

탄생 전후 일화는 정성왕후 모친이 백룡 태몽을 꾸고 임신했다는 점, 태어나
기 며칠 전 초사흘임에도 불구하고 세숫대야에 보름달이 계속 어렸다는 점, 태어
난 날 빛과 향기가 방에 가득했다는 점, 사흘 만에 큰 소리로 울었다는 점이다. 소
싯적 일화는 조신한 성품과 행실, 우물에 빠진 남동생을 구한 일, 길례 전 『효경』
을 배운 일 등이다.

사도 문집에 실린 「홍릉지」에서는 해당 일화를 이렇게 서술하고 있다.

① 임신년 12월 7일 술시에 모후께서 한양 가회방嘉會坊 집에서 태어나셨으니 서
성조聖祖 즉위 18년이다. 처음 부부인府夫人께서 임신할 때 백룡白龍이 집 뒤의

---

32 "維歲壬申十二月初七日戌時, 誕降于漢師之嘉會坊私第. 先是, 府夫人夢見白龍自舍後香木入寢室, 而因此有娠〔矣〕. 值產月, 孝僖公盥洗于內舍, 〔見〕有團月印在〔于〕盥器, 公驚怪之〔疑月光之來照〕, 開戶仰瞻, 時月之初三哉生明也. 再三諦視, 驚怪之, 月印猶宛在盥水之中, 左右莫不異之. 越三日誕降, 室中有〔明〕光明〔滿室〕如白晝, 異香芬馥〔擁鼻〕, 彌日不消. 三日之後始啼, 聲音弘亮, 若空中出."

33 "未嘗〔以〕疾恙貽憂兩親. 自幼歲, 言笑不輕, 〔喜怒不顯〕, 針線爲戲, 嬉戲之際, 常喜〔好其〕靜坐〔也〕. 〔常遊井上〕, 一日兩姊携一弟男, 往于井邊. 兩姊以水從〔弟男〕頭上灌之, 作沐浴狀. 弟男寒甚氣窒, 倒于水中, 兩姊驚而散之, 惟我母后哭而就井, 親自抱歸〔而〕得甦. 孝僖公自此益奇愛之. 達. 吉禮之前, 在於義洞別宮也, 孝僖公授孝經而講讀, 不勞而通曉也."

박달나무에서 침실로 들어오는 꿈을 꾸었다. 산달이 찼을 때 효희공孝僖公이 마침 안채에서 손을 씻으며 둥근 달이 세숫대야에 어려 있는 것을 보았는데 대낮처럼 환했다. 효희공은 달빛이 비치는 것인가 의아해하며 마침내 문을 열고 올려다보았다. 당시는 달빛이 생기기 시작하는 초사흘이었다. 깜짝 놀라 괴이하게 여기면서 자세히 살핀 것이 두세 번이었으나 달은 여전히 세숫물 속에 어려 있었고 주변 사람들이 모두 다 괴이하게 여겼다. 사흘 후에 왕비 탄생의 경사가 있자 밝은 빛이 내리비추었고 기이한 향기가 방에 가득하여 종일 사라지지 않았다. 사흘 밤이 지나 울기 시작했는데 울음소리가 마치 금석에서 나오는 것처럼 크고 맑았다.[34]

② 일찍이 질병으로 부모님께 걱정을 끼친 적이 없으셨다. 어려서부터 말과 웃음이 가볍지 않았고 기쁨과 노여움을 드러내지 않았으며 장난할 때조차도 바느질을 일삼았고 항상 고요히 앉아 있기를 좋아했다. 하루는 우물가에서 놀았는데 두 언니와 남동생이 따라왔다. 두 언니가 남동생 머리에 물을 부으며 목욕하는 흉내를 내자 남동생이 한기가 심해지고 기운이 막히더니 물속으로 엎어졌다. 두 언니가 모두 놀라 달아났으나 모후께서는 울면서 우물로 나아가 친히 동생을 안고 돌아와 마침내 소생할 수 있었다. 대개 인자하고 측은한 마음이 천성에 뿌리를 두었거니와 침착하고 원대한 도량이 급박하다는 이유로 평소 법도를 조금도 잃지 않음이 이와 같았다. 효희공이 더욱 기특하게 여기며 사랑했다. 갑신년 성조聖祖의 간택을 입어 우리 성상의 배후자가 되었다. 이때 춘추가 13세로서 달성군부인達城郡夫人에 봉해졌다. 길례 전 별궁에 계실 때 효희공이 『효경』을 가르치며 강독했는데 애쓰지 않아도 환하게 깨달았다.[35]

초고에서 제시한 여러 일화는 최종본 「홍릉지」에 대부분 수용되었고 추가로 수정하거나 덧붙인 곳도 다소 보인다. 초고 작성 후에도 누차 교정을 수행한 것이다. 자구 수정은 전아한 문장을 만들거나 내용과 통사 구조를 자연스럽게 연결하는 방향으로 진행됐다. 예컨대 "항상 우물가에서 놀았는데 하루는 두 언니가 남동생을 데리고 우물가로 갔다. 두 언니가 남동생 정수리부터 물을 부으며 목욕하는 흉내를 냈다"를 "하루는 우물가에서 놀았는데 두 언니와 남동생이 따라왔다. 두 언니가 남동생 머리에 물을 부으며 목욕하는 흉내를 냈다"의 경우가 그 실례다.

---

[34] "維歲壬申十二月初七日戊時, 母后誕降于京師之嘉會坊私第. 卽聖祖在宥之十八年也. 始府夫人有娠, 夢見白龍從舍後檀木入寢室. 及彌月, 孝僖公適盥洗於內舍, 見圓月印于盥器, 晃然如晝, 孝僖公疑月光之來照也, 遂開戶仰瞻, 時月初三哉生明也. 大驚異之, 諦視者再三, 月猶宛在盥水之中焉, 見者莫不怪之. 越三日有沙麓之慶, 明光下燭, 異香滿室, 彌日不消. 過三夜始啼, 聲音弘亮, 若出金石中."

[35] "未嘗以疾恙貽親憂. 卽幼言笑不輕, 喜怒不形, 雖嬉戲之際, 以針線爲事, 常喜靜坐. 一日遊井上, 兩娣及一弟男從之, 兩娣以水灌弟男頭, 作沐浴狀, 弟男寒甚氣窒, 仆水中. 兩娣皆驚走, 母后哭而就井, 親自抱歸, 遂得甦. 蓋慈仁惻怛之心, 根於天性, 而沉重弘遠之量, 不以急遽而少失常度也類如此. 孝僖公益奇愛之. 歲甲申, 被聖祖揀擇, 配我聖上. 是時春秋十三歲也, 封達城郡夫人. 吉禮之前, 在別宮也, 孝僖公授孝經講讀, 不勞而通曉."

그리고 '산달이 되었을 때'를 '치산월値産月'에서 '급마월及彌月'로 고치고, '탄생하다'를 '탄강誕降'에서 '유사록지경有沙麓之慶'으로 고친 사례에서 알 수 있듯이 보다 문예적이고 전중典重한 표현을 추구했다.[36]

결론부터 말하자면 필자는 「홍릉지」의 초고 작성부터 최종 교정까지 일련의 과정을 정조가 직접 수행했을 것으로 판단한다. 초고 [RD02102]는 유려한 행초서로 쓰여 있다. 본문뿐만 아니라 삭제 표시, 보록補錄 부분조차 속도감이 느껴진다. 이러한 특징은 3장에서 보았던 사도의 필적과 비교했을 때 간극이 너무 크다. 임오화변 직전까지 투박한 서체를 구사하던 사도가 위의 초고를 짓고 쓰고 수정했을 가능성은 매우 희박해 보인다.

장서각 소장 왕실 고문서 중에는 다수의 어제·어필, 혹은 예제·예필 원고가 포함되어 있다. 이 가운데 초서로 쓴 필적은 모두 국왕의 필적이다. 초서로 쓰인 원고도 그렇고 초서로 첨삭한 부분도 그렇다. 드물게 신하가 의견을 제시할 때는 방정한 해서로 적는다. 국왕의 열람을 염두에 두기 때문이다. 국왕이나 세자의 원고 위에 신하가 초서로 쓴 경우는 전무하다. 특히 정조는 자신의 원고를 교정할 때 사자관이 방정한 해서로 선사繕寫해 오면 그 위에 초서로 교정을 보았는데 이런 패턴은 여러 차례 반복된다.[37] 아래 제시한 도판에서 오른쪽 원고는 정조의 친필 교정본이고 왼쪽 원고는 친필 교정본의 수정 사항을 반영하여 정조가 직접 초서로 옮겨적은 전사본이다.[38] 오른쪽 원고에는 사자관이 정서한 원고를 저본으로 정조가 행초서로 교정을 본 흔적이 역력하고, 왼쪽 원고에는 정조의 행초서 운필이 호쾌하기 그지없다.

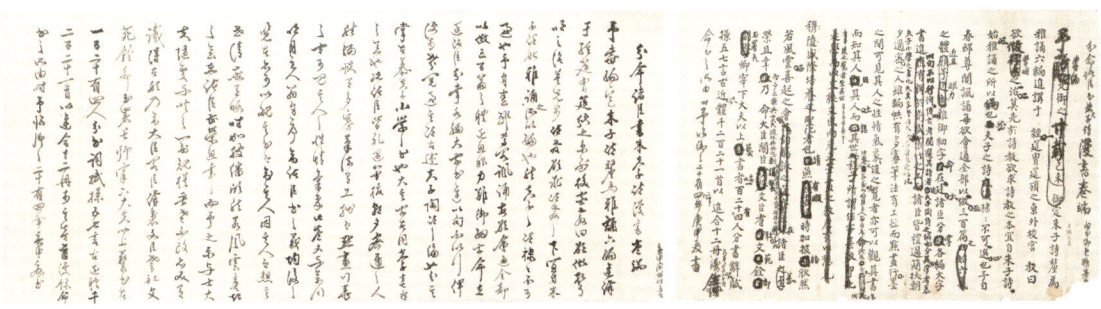

〈도12〉「分命諸臣書朱夫子詩, 漫書卷端」[RD02196] : 정조 친필 교정본[右]과 정조 친필 전사본[左]

더욱이 정성왕후 국장과 관련된 어떤 의궤에도 사도가 지문을 찬술했다는 기록이 없거니와 『열성지장통기』, 『승정원일기』에도 해당 기록이 보이지 않는다.[39]

---

36 미월(彌月)은 『시경(詩經)』에, 사록지경(沙麓之慶)은 『한서(漢書)』에 출전을 둔 표현이다.

37 김덕수, 「정조 예제·어제 원고의 텍스트 비평」, 『장서각』 46, 2021, 53~72쪽.

38 두 원고 모두 정조가 승하하기 직전인 1800년 4월 이후에 작성한 것이다.

39 『정성왕후국장도감도청의궤(貞聖王后國葬都監都廳儀軌)』 2책과 『열성지장통기(列聖誌狀通紀)』 권2에 영조가

더욱이 당시 사도는 중증 마마[重痘]에 걸려 아직 회복되지 않은 상태인 데다가 정성왕후의 상을 당해 20일 이상 소선素膳을 들었기 때문에 열이 심하게 났고 원기가 손상된 상태였다. 그럼에도 불구하고 빈전殯殿을 지키며 대리청정의 역할까지 가까스로 수행했다.[40] 즉 사도가 지문을 찬술하고 수정할 수 있는 상황이 아니었다. 또한 사도의 시문을 정조가 직접 정리한『예제시민당초본』에 「홍릉지」가 실리지 않은 점도 필자의 추론에 힘을 실어 준다. 「홍릉지」를 정조가 찬술했다면 초고에 기록된 일화들의 출전은 어디일까?

정성왕후 승하 이튿날에 지문, 시책문, 애책문 제술관 및 서사관에 대해 논의했다. 정성왕후의 친척 서종급徐宗伋(1688~1762)이 지문 제술관이 되었는데, 20여 일 후에 영조는 정성왕후 행장을 짓기 위해 서종급에게 세계世系를 적어 올리게 했다. 3월 12일 행장을 완성한 영조는 서종급에게 행장을 내리며 지문 찬술을 명했다. 하지만 대신들의 의견에 따라 지문은 따로 짓지 않고 어제 행장을 지문으로 사용하기로 결정했다. 그런데도 영조는 서종급이 지문 부록을 찬술하여 어제 지문의 미진처를 보완해 주기를 원했다. 정성왕후 소싯적 일화는 친족만이 알 수 있기 때문이다. 이에 서종급이 「의홍릉지문부록擬弘陵誌文附錄」을 지었으나 끝내 채택되지 않았다.[41]

이후 정조가 「홍릉지」를 지을 때 서종급의 「의홍릉지문부록」을 참조했을 개연성이 높다. 백룡 태몽, 출생 전 세숫대야에 보름달이 어리고 태어나던 날 빛과 향기가 방에 가득했다는 일화, 소싯적 조신한 성품과 행실, 우물에 빠진 남동생을 구한 얘기 등은 다 서종급의 글에서 가져온 것이다.[42] 서종급은 임오화변이 일어나던 해에 사망했다. 그의 시문은 문집으로 간행되지 못하고 10권 5책의 필사본으로 전한다. 지문으로 채택되지 않아 상자 속에 보관되던 「의홍릉지문부록」 원고이든, 필사본 문집에 정리된 기록이든 정조가 그것을 활용했을 가능성이 지배적이다. 정조가 사도의 명의로 「홍릉지」를 찬술한 까닭은 왕후의 아들로서, 일국의 세자로서 생부의 당위적 면모를 보여주기 위해서다.[43]

    1757년 3월에 친히 지은 「정성왕후홍릉지문(貞聖王后弘陵誌文)」이 실려 있을 뿐이다.

40 『承政院日記』, 英祖 33年(1757) 3月 11日, 3月 13日, 3月 15日.

41 서종급의 『퇴헌유고(退軒遺稿)』 권8에 「의홍릉지문부록(擬弘陵誌文附錄)」이 실려 있다. 제목에 적힌 '擬'에서 알 수 있듯이 애초에 홍릉지문 부록으로 사용하고자 지은 것이나 끝내 채택되지 않았다.

42 『退軒遺稿』 卷8, 墓誌, 〈擬弘陵誌文附錄〉, "盖后之就娠也, 府夫人夢白龍自庭樹而入寢室. 將降之前四日, 卽載生明, 而府院君見圓月印在盥盆. 及其旣誕也, 暗室如晝, 異香彌日, 其徵祥之絶異如此. 自幼少時, 言笑不輕, 動止有常處. 六歲與諸兄弟嬉戲, 適天大雨, 雷車閃過于前, 人皆怖匿, 后獨凝立不動. 家有井泉, 兩姊嘗携一幼弟, 就井傍灌其頂而浴之, 氣縮跌倒于水. 兩姊驚散, 后哭而就井, 抱歸得活. 德度之天成又如此."

5. 맺음말

국왕 정조는 비명에 생을 달리한 생부 사도세자의 추숭을 위해 다방면으로 노력을 기울였다. 시호와 존호를 추상하고 묘소와 사당을 격상하고 정비했으며 『선원계보기략』에 사도의 자손록을 만들고 태실을 가봉하고 영우원을 최고의 길지로 천장했다. 생부 추숭의 종착지는 행장 찬술과 문집 간행이었다. 사도의 삶을 재구하고 시문을 판각하여 생부의 자취가 문자 속에서나마 불후하기를 염원한 것이다. 이에 생부의 글을 모아 『예제시민당초본』을 만들었고 사도의 친필 원고를 널리 수집한 뒤 『능허관만고』의 교정과 편집까지 손수 진행한 것이다. 하지만 정조는 문집 교정과 편집 과정에서 한편으로는 작품의 완성도를 제고하기 위해, 다른 한편으로는 왕세자로서 부친의 소양과 자질을 현양하기 위해 시문 원고를 대폭 개작했으며 심지어 위작을 제작하여 문집에 싣기도 했다. 물론 모든 작품에서 이러한 정황을 확인할 수 있는 것은 아니다. 개작 및 위작 양상을 파악하기 위해서는 해당 작품의 초고나 관련 문헌 기록이 있어야 가능하기 때문이다. 이 글에서는 『예제시민당초본』과 『능허관만고』 수록 작품, 사도의 예제·예필 원고와 『능허관만고』 수록 작품, 『능허관만고』 수록 「정성왕후홍릉지」와 해당 지문의 초고를 비교·분석함으로써 사도 시문에 대한 개작 및 위작 양상을 검토했다. 이러한 일련의 과정을 통해 정조가 생부 시문의 개작 및 위작에 적극 관여했음을 확인했다.

---

43 한편 『능허관만고』 권6에 「화첩제어(畫帖題語)」가 실려 있는데 동일 제목하에 「후제(後題)」가 딸려 있다. 국립중앙도서관 소장 『중국소설회모본(中國小說繪模本)』이 바로 두 글의 저본이자 출처다. 『중국소설회모본』에는 사도가 뒤주에 갇히기 나흘 전에 쓴 예제예필 「서(序)」와 「소서(小敍)」가 실려 있다. 정조가 부친 시문을 교정·편차할 때 두 글을 수정한 뒤 제목을 '화첩제어'와 '후제'로 바꾸었다. 수정이라고 말하기 어려울 만큼 대폭 개작함으로써 엉성한 문장을 짜임새 있게 만들었고 무엇보다 소설과 잡서를 읽던 사도의 입장을 변호하는 한편 논란의 소지가 있는 연의소설(演義小說)과 염정소설, 음란소설 및 춘화류 서명은 모두 삭제하고 경전과 사서(史書), 이정(二程), 주자(朱子), 당송팔가(唐宋八家)의 저술만 남겨 두었다. 특정 작품을 생부의 문집에 수록하되 부실한 내용과 문장을 대폭 수정하고 해당 작품에서 부끄러운 기록을 선별적으로 제거하는 것은 생부의 삶과 문학을 부정하는 행위다. 그럼에도 불구하고 정조가 결행한 까닭은 세자로서 당위적인 면모와 자질을 보여주는 것이 급선무였기 때문이다.

# 도판 목록

01.
『효장세자 상례등록孝章世子喪禮謄錄』

1731년(영조 7)
1책, 필사본
40.0×25.6cm
K2-3048

02.
어제『효장세자 연보孝章世子年譜』

1728년(영조 4)
1책, 목판본
26.5×17.7cm
K2-4715

03.
어제『행록行錄』

1728년(영조 4)
1책, 필사본
30.4×22.1cm
K2-678

04.
〈효장세자 묘지석 탑본〉

1729년(영조 5)
1축, 탑본
199.5×87.7cm(지석 표제)
K2-5284-1

05.
어제『제문祭文』

1729년(영조 5)
1책, 필사본
30.3×22.1cm
K4-5692

06.
어제어필『감회感懷』

1729년(영조 5)
2첩, 필사본
27.0×14.6cm
K4-417

07.
『왕세자 책봉죽책王世子冊封竹冊』

1736년(영조 12)
24.7×14.5cm(총 길이 95.4cm)
국립고궁박물관

08.
『왕세자 가례등록王世子嘉禮謄錄』

1744년(영조 20)
1책, 필사본
42.7×27.0cm
K2-2681

09.
『세자빈 보첩世子嬪譜牒』

1882년(고종 19)
2책, 필사본
45.7×34.7cm
K2-1692

10.
『어제 춘궁육잠御製春宮六箴』

1736년(영조 12)
1책, 필사본
32.6×22.3cm
K2-1957

11.
『경모궁 보양청일기景慕宮輔養廳日記』

1736년(영조 12)
1책, 필사본
36.4×24.0cm
서울대학교 규장각한국학연구원

12.
『훈유訓諭』

1743년(영조 19)
1첩, 탁인본
52.7×32.7cm
K2-1963

13.
어제「노인이 스스로 탄식하는 것을 흉내낸 회문시倣老人自歎回文詩」

『열성어제』 권19
1776년(정조 즉위)
39권 21책, 금속활자본(현종실록자)
34.6×22.5cm
K4-11

14.
『어제 상훈御製常訓』

1745년(영조 21)
1책, 목판본
32.0×20.5cm
K2-1854

15.
『어제 상훈언해御製常訓諺解』

1745년(영조 21)
1책, 금속활자본(무신자)
31.5×20.8cm
K2-1855

16.
『어제 자성편御製自省篇』

1746년(영조 22)
2책, 목판본
33.7×21.2cm
K4-4104

17.
『어제 자성편언해御製自省篇諺解』

1746년(영조 22)
2책, 필사본
37.6×24.2cm
K4-4106

18.
『어제 정훈御製政訓』

1749년(영조 25)
1책, 금속활자본(무신자)
30.7×19.5cm
K2-1880

19.
『어제 훈서御製訓書』

1756년(영조 32)
1책, 목판본
31.5×20.2cm
K2-1903

20.
『어제 속상훈御製續常訓』

1758년(영조 34)
1책, 목판본
32.0×22.0cm
K2-1857

21.
『동궁보묵東宮寶墨』

1746년(영조 22)
1첩, 필사본
37.5×22.9cm
서울대학교 규장각한국학연구원

22.
『춘궁육잠급계유집春宮六箴及戒諭集』

1756년(영조 32)
1책, 필사본
30.8×20.1cm
K2-1958

23.
〈춘방에 내린 윤음[下春坊綸音] 현판〉

1747년(영조 23)
1판, 목각
41.4×102.0cm
국립고궁박물관

24.
〈춘방 관원에게 써서 보이다[書示春坊官] 현판〉

1747년(영조 23)
1판, 목각
52.3×86.0cm
국립고궁박물관

25.
『장헌세자 동궁일기莊獻世子東宮日記』

1736년(영조 12)~1762년(영조 38)
30책, 필사본
33.8×23.4cm
서울대학교 규장각한국학연구원

26.
『시강원지侍講院志』

1784년(정조 8)
4권 4책(전 6권 6책), 필사본
34.3×22.3cm
K2-2031

27.
『사도세자 예찰첩』

일본 야마구치 현립도서관
(국외소재문화유산재단 사진 제공)

28.
사도세자 예필, 송나라 진단陳摶 칠언절구

28-1.
1장, 필사
34.0×43.0cm
RD02108

28-2.
1758년(영조 34)
1장, 필사
34.0×43.0cm
RD02107

28-3
1장, 필사
34.0×43.0cm
RD02106

28-4.
1장, 필사
34.0×43.0cm
RD02105

29.
사도세자 예제예필
「1758년에 별감 황석기黃錫耆에게 써 준 칠언절구」

1758년(영조 34)
1장, 필사
33.0×55.0cm
RD02104

30.
사도세자 예제예필
「1758년에 별감 최선기崔善起에게 써 준 칠언절구」

1758년(영조 34)
1장, 필사
31.0×44.0cm
RD02111

31.
사도세자 예제예필
「1761년 장단에 사는 김성집金聖集에게 써 준 칠언절구」

1761년(영조 37)
1장, 필사
34.0×43.0cm
RD02109

32.
사도세자 예제예필「1761년 평양에 사는 서필영徐必榮 자손에게 써 준 영지令旨」

1761년(영조 37)
1장, 필사
47.0×36.0cm
RD02101

33.
사도세자 예제예필
「1761년 평양에 사는 이대심李大心에게 써 준 영지令旨」

1761년(영조 37)
1장, 필사
34.0×59.0cm
RD02103

34.
사도세자 예제예필
「1761년 이대심李大心의 회답과 이대심에게 다시 써 준 글」

1761년(영조 37)
1장, 필사
33.0×72.0cm
RD02100

35.
사도세자 예필
가학헌駕鶴軒 편액 제서題書

1761년(영조 37)
1장, 필사
21.0×43.0cm
RD02110

도판 목록 201

36.
「행행일기幸行日記」

1761년(영조 37) 이후
1장, 필사
29.3×165.0cm
국립중앙박물관

37.
『중국소설 회모본中國小說繪模本』

1762년(영조 37)
1책, 필사본
27.9×19.0cm
국립중앙도서관

38.
『강서원일록講書院日錄』

1761년(영조 37)
4책, 필사본
30.6×20.0cm
K3-1

39.
『어제 경현당여세손회강략기
御製景賢堂與世孫會講略記』

1762년(영조 38)
1첩, 탁인본
48.3×28.3cm
K2-4376

40.
『어제御製』

1763년(영조 39)
1책, 필사본
19.8×13.2cm
K4-6906

41.
『영조실록』 38년(1762) 윤5월 13일 기사

『영조실록』
국가기록원 역사기록관

42.
임오화변 당일의 삼엄한 경계와 호위

42-1.
『호위청등록扈衛廳謄錄』
1660년(현종 1)~1806년(순조 6)
5책, 필사본
34.0×37.0cm
K2-3390

42-2.
『훈국집사청등록訓局執事廳謄錄』
1721년(경종 1)~1824년(순조 24)
5책, 필사본
33.0×23.0cm
K2-3404

43.
「폐세자반교문廢世子頒敎文」

43-1.
『대천록待闡錄』
1807년(순조 7)
10권 10책, 필사본
25.7×19.3cm
K2-193

43-2.
『현구기玄駒記』
18세기 후반
4권 2책, 필사본
21.5×13.8cm
K2-311

44.
『임오일기壬午日記』

1924년
1책, 필사본
32.6×21.5cm
K2-272

45.
사도세자 사망일 『영조실록』 기사

『영조실록』
국가기록원 역사기록관

46.
사도세자 훙서 전후의 『승정원일기』 기사

『승정원일기』
서울대학교 규장각한국학연구원

47.
『사도세자 상등록思悼世子喪謄錄』

1764년(영조 40)
1책, 필사본
40.9×25.1cm
K2-2952

48.
「영조 제사도세자문英祖祭思悼世子文」

『제문등초祭文謄抄』
1917년
1책, 필사본
27.4×18.3cm
국립중앙도서관

49.
《어제 사도세자 묘지御製思悼世子墓誌》

1762년(영조 38)
5장, 청화백자
16.7×21.8×2.0cm
국립중앙박물관

50.
「이십일일 연제문二十一日練祭文」

『영종대왕어제』 제2책
1763년(영조 39)
2책, 필사본
33.4×22.1cm
K4-5654

51.
『어제 세손면유御製世孫面諭』

1764년(영조 40)
1첩, 필사본
34.0×20.0cm
K4-2705

52.
사도묘思悼廟의 최초 묘우廟宇 형세 도면과 최종 묘우廟宇 설계 도면

52-1.
〈세심궁도洗心宮圖〉
1764년(영조 40)
1장, 종이에 수묵
99.0×115.6cm
국립고궁박물관
(국립문화유산연구원 사진 제공)

52-2.
〈경모궁구묘도景慕宮舊廟圖〉
1764년(영조 40)
1장, 종이에 주묵
98.5×75.1cm
국립고궁박물관
(국립문화유산연구원 사진 제공)

53.
영조 어필
〈전자은어사묘全慈恩於斯廟 현판〉

1764년(영조 40)
1판, 목각
42.2×79.3cm
국립고궁박물관

54.
영조 어필 영빈이씨 신주 글씨

1764년(영조 40)
1장, 필사
38.0×19.0cm
RD02470

55.
〈의열묘도義烈墓圖〉

1764년(영조 40)
1장, 종이에 채색
75.0×112.0cm
RD04420

56.
영조 어필 〈의열묘義烈墓 현판〉

1764년(영조 40)
1판, 목각
21.2×49.0cm
연세대학교 박물관

57.
의열묘義烈墓 소게所揭 영조 어필
현판 등본謄本

1765년(영조 41) 이후
1장, 필사
35.0×60.0cm
RD04359

58.
영조 어필 〈수의보사守義保社 현판〉

1764년(영조 40)
1판, 목각
48.5×117.5cm
국립고궁박물관

59.
의열묘義烈廟 소게所揭
영조 어필「현판 등본謄本」

영조 연간
1장, 필사
24.0×33.0cm
RD04353

60.
『어제 표의록御製表義錄』

1764년(영조 40)
1책, 목판본
35.0×22.9cm
K4-5253

61.
《어제 영빈이씨 묘지御製暎嬪李氏墓誌》

1764년(영조 40)
2벌 9장, 청화백자
연세대학교 박물관
서울특별시 유형문화유산

62.
「영빈이씨 증시교지暎嬪李氏贈諡敎旨」

1765년(영조 41)
1장, 필사
60.6×109.5cm
RD00113

63.
영조 어제「영빈이씨 증시교문暎嬪李氏贈諡敎文」

1765년(영조 41)
1장, 필사
126.5×190.8cm
RD00144

64.
영조 어제「영빈이씨 대상일 제문暎嬪李氏大祥日祭文」

1766년(영조 42)
1장, 필사
59.0×86.0cm
RD02790

65.
『의열궁 거둥시 전교義烈宮擧動時傳敎』

1766년(영조 42)
1책, 필사본
35.3×25.7cm
K2-2899

66.
세손(정조) 예제「영빈 행장暎嬪行狀」

1770년(영조 46)경
1장, 필사
33.0×230.0cm
RD02327

67.
세손(정조) 예제
「영빈이씨 친제문暎嬪李氏親祭文」

1770년(영조 46)
1장, 필사
55.0×170.0cm
RD02767

68.
『임진예찰壬辰睿札』

1772년(영조 48)
1첩, 필사
30.5×49.0cm(간찰)
장서각(고양 일산 류성권 소장 전적)

69.
『양조홍륜록兩朝弘倫錄』

19세기
3책, 필사본
23.4×16.7cm
K2-663

70.
〈효손 은인孝孫銀印〉

1776년(영조 52)
은제, 10.2×10.2×9.5cm
국립고궁박물관
보물, 유네스코 세계기록유산

71.
영조어제「유세손서諭世孫書」

1776년(영조 52)
1축, 69.5×178.0cm
국립고궁박물관
보물, 유네스코 세계기록유산

72.
『승정원일기』 소재 임오화변 기록 세초 부분

『승정원일기』
서울대학교 규장각한국학연구원

73.
『정조실록』 즉위년(1776) 3월 20일 기사

『정조실록』
국가기록원 역사기록관

74.
『추숭봉원일기追崇封園日記』

1776년(정조 즉위)
1책, 필사본
37.5×24.0cm
K2-2852

75.
『상시봉원도감의궤上諡封園都監儀軌』

1776년(정조 즉위)
1책, 필사본
43.9×33.5cm
K2-3070
보물, 유네스코 세계기록유산

76.
『개건도감의궤改建都監儀軌』

1776년(정조 즉위)
1책, 필사본
45.4×33.4cm
K2-3556
보물, 유네스코 세계기록유산

77.
영우원永祐園, 현륭원顯隆園, 융릉隆陵 표석 탑본

77-1.
〈영우원 표석 전면 탑본〉
1776년(정조 즉위), 1축, 탑본
210.4×79.0cm
K2-5286

77-2.
〈현륭원 표석 전면 탑본〉
1789년(정조 13), 1축, 탑본
246.7×100.8cm
K2-5287-1

77-3.
〈융릉 표석 전면 탑본〉
1899년(광무 4), 1축, 탑본
257.8×92.7cm
K2-5288

78.
『선원계보기략璿源系譜紀略』

1779년(정조 3)
18권 8책, 목판본
36.2×25.2cm
K2-994-2

79.
〈진하도병陳賀圖屛〉

1783년(정조 7)
8폭 병풍, 비단에 채색
182.0×59.0cm(각 폭)
국립중앙박물관

80.
『장헌세자
추상존호옥책문莊獻世子追上尊號玉冊文』

1795년(정조 19)
1첩, 탁인본
28.5×19.5cm
K2-4122

81.
『경모궁의궤景慕宮儀軌』

1784년(정조 8)
4권 3책, 필사본
49.0×33.0cm
K2-2410
보물, 유네스코 세계기록유산

82.
『대동방여전도大東方輿全圖』

19세기 중반
21첩, 필사본
32.2×20.7cm
서울대학교 규장각한국학연구원

83.
『영우원 보토소등록永祐園補土所謄錄』

1785년(정조 9)
1책, 필사본
36.5×25.5cm
K2-2348

84.
〈경모궁 태실표석景慕宮胎室表石 탑본〉

1785년(정조 9)
1축, 탑본
183.5×66.0cm
K2-5290

85.
〈장조 태봉도莊祖胎封圖〉

1785년(정조 9)경
1폭, 종이에 채색
158.0×75.1cm
장서각
보물

86.
경모궁 예제예필
〈무안왕묘비명武安王廟碑銘 탑본〉

1752년(영조 28) 撰
1785년(정조 9) 竪
1축, 탑본
292.4×120.4cm
K2-5343

87.
『어제 공묵합입시시
면유御製恭默閤入侍時面諭』

1764년(영조 40), 1788년(정조 12)
1첩, 필사본
34.8×19.9cm
K2-1837

88.
『영우원 천봉등록永祐園遷奉謄錄』

1789년(정조 13)
2책, 필사본
40.0×26.4cm
K2-2349

89.
정조 어제어필
「경모궁 원호의정 계원택일
고유제문景慕宮園號議定啓園擇日告由祭文」

1789년(정조 13)
1장, 필사
33.0×24.0cm
RD02857

90.
정조 어제어필「안원전 축문安園奠祝文」

1789년(정조 13)
1장, 필사
30.0×40.0cm
RD02491

91.
정조 어제『현륭원 행장顯隆園行狀』

1789년(정조 13)
1책, 필사본
35.6×23.2cm
K2-679

92.
『현륭원 등록顯隆園謄錄』

1793년(정조 17)
1책, 필사본
39.2×25.6cm
K2-2383

93.
『어제 영괴대명靈槐臺銘』

1795년(정조 19)
1첩, 탁인본
45.3×34.0cm
K2-3961

94.
정조 어제어필
「온궁 영괴대명溫宮靈槐臺銘」 원고

1795년(정조 19)
1장, 필사
36.0×49.0cm
RD02326

95.
〈온궁 영괴대도溫宮靈槐臺圖〉

1795년(정조 19)
1축, 종이에 채색
126.5×58.0cm
국립중앙박물관

96.
『예제시민당초본睿製時敏堂草本』

18세기 후반(정조 즉위 직전)
2권 1책, 필사본
30.2×18.9cm
K4-6934

97.
『능허관만고凌虛關漫稿』

1814년(순조 14)
7권 3책, 금속활자본(정리자整理字)
30.9×19.9cm
K4-429

사도세자와
두 임금의 시선
The Two King's Different Perspectives
of Crown Prince Sado

편	한국학중앙연구원 장서각
제1판 제1쇄	2024년 10월 7일 발행
발행처	한국학중앙연구원 출판부
발행인	김낙년
출판등록	제1979-000002호(1979년 3월 31일)
주소	경기도 성남시 분당구 하오개로 323
전화	031-730-8773
팩스	031-730-8775
전자우편	akspress@aks.ac.kr
홈페이지	www.aks.ac.kr
ISBN	979-11-5866-771-9-93910

ⓒ 한국학중앙연구원 2024

이 책의 출판권 및 저작권은 한국학중앙연구원에 있습니다.
이 책 내용의 전부 또는 일부를 재사용하려면 반드시 서면 동의를 받아야 합니다.
잘못된 책은 바꿔드립니다.